Nena & George O'Neill

Die offene Ehe

Konzept für einen neuen Typus der Monogamie

rororo

Rowohlt

Einzig berechtigte Übersetzung aus dem Amerikanischen von Evelyn Linke
Titel des Originals: «Open Marriage». Für die Verhältnisse in den deutschsprachigen Ländern bearbeitete und eingerichtete Fassung
Gegenüber der 1972 im Verlag M. Evans & Co, New York, erschienenen Originalausgabe sind einige Kürzungen im Originaltext, in den Quellenvermerken und Zitaten vorgenommen worden
Erste Auflage 1972
Umschlagentwurf Jan Buchholz und Reni Hinsch

Ungekürzte Ausgabe

Für einander

Veröffentlicht im Rowohlt Taschenbuch Verlag GmbH,
Reinbek bei Hamburg, Januar 1975

Satz Aldus (Linotron 505 C)
Gesamtherstellung Clausen & Bosse, Leck/Schleswig
Printed in Germany
ISBN 3 499 16891 X

Inhalt

Vorwort

Wenn wir nicht an die vielfältigen Möglichkeiten des Menschen, seine schöpferische Kraft und seine angeborene Neugier glauben und die Zukunft der Ehe nicht optimistisch beurteilen würden, hätten wir uns nicht für das Thema interessiert und das vorliegende Buch nicht schreiben können. Der stärkste Antrieb für unsere Untersuchungen waren Feststellungen, wie sich Veränderungen in unserer Gesellschaft auf die Ehe auswirken, und unser anhaltendes Interesse an Menschen und den Kräften, die menschliche Verhaltensweisen prägen.

Im Jahre 1967 begannen wir mit Untersuchungen über die Ehe in unserer Zeit, über Neuorientierung und Wandel des Lebensstils bei Paaren des Mittelstands in größeren Städten und Vorstadtgemeinden. Wir befragten Menschen, die sich zu den verschiedensten Formen des Zusammenlebens gefunden hatten – vom unverheirateten Paar bis zur Gruppenehe. Im Laufe unserer Untersuchungen stellten wir fest, daß die Menschen nicht nur deshalb nach Alternativen suchen, weil ihnen die traditionelle Form der Ehe nichts mehr sagt, sondern vor allem, weil sie mehr Freiheit für ihre persönliche Entwicklung brauchen. So gingen wir daran, all die Eigenschaften und Bedingungen zusammenzustellen und zu ordnen, die uns am wichtigsten für das geistige Wachstum eines Mannes und einer Frau erschienen, die in der heutigen Zeit zusammen leben. In dem Entwurf, den wir 1968 über dieses Thema ausarbeiteten, definierten wir eine solche Verbindung als «offene Ehe» bzw. «Partnerschaftsehe».

Unser Buch bliebe unvollständig ohne eine Erwähnung all derer, die uns durch ihre Arbeit und ihre Aussagen in vielerlei Hinsicht beeinflußt haben, darunter die Anthropologin Dr. Ruth Benedict und der Psychologe Dr. Abraham Maslow, deren bahnbrechende Studien auf ihren Fachgebieten unsere eigene Perspektive vertieft haben; ferner all die Forscher auf dem vieldiskutierten Gebiet der humanistischen Psychologie, deren Arbeit wertvolle Erkenntnisse und fortschrittliche Methoden für die Entwicklung besserer zwischenmenschlicher Beziehungen erbracht hat; und Dr. David Kahn, klinischer Psychologe und guter Freund, der uns mit dieser Richtung in der Psychologie bekannt machte.

Außer den vielen verständnisvollen Helfern in unserem Bekanntenkreis und unter den Mitarbeitern des Verlages gilt unser besonderer Dank allen jenen, denen wir endlose Fragen stellten, die uns ihre Zeit und Energie, ihr Vertrauen und ihre aktive Mitarbeit schenkten und uns bereitwillig einen Blick in ihr Privatleben gestatteten, in ihre Hoffnungen und Träume und manchmal auch in die schmerzhaften Realitäten, die ihr Leben bestimmen.

Zwei Leitmotive tauchten in allen Interviews immer wieder auf: der Wunsch nach Freiheit und die Sehnsucht nach der Zusammengehörigkeit mit dem Partner – die Suche nach einer zutiefst persönlichen und beiderseitigen Verpflichtung in einer Verbindung, die das geistige Wachstum nicht einengen oder in vorbestimmte Bahnen zwingen würde. Wir hoffen, daß das Konzept der offenen Partnerschaft vielen Ehepaaren zu der Erkenntnis verhelfen kann, daß in der Ehe sowohl Zusammengehörigkeit als auch Freiheit miteinander bestehen können und daß diese Freiheit – mit der Entwicklungsmöglichkeit und dem Verantwortungsbewußtsein, die zu ihr gehören – die Basis für engste Vertrautheit und Liebe sein kann.

August 1971

Nena O'Neill
George O'Neill

1. Warum soll die Institution der Ehe überhaupt erhalten bleiben?

Was dagegen spricht

«Die Ehe ist eine Gemeinschaft, die aus einem Herrn, einer Herrin und zwei Sklaven besteht, insgesamt also aus zwei Menschen.» Diese sarkastische Definition der Ehe wurde um die Jahrhundertwende von dem amerikanischen Satiriker Ambrose Bierce geprägt. Ätzende Kommentare über die Ehe sind nichts Neues. Seit Jahrhunderten haben geistreiche Spötter mit derartigen Aussprüchen ihren Ruf begründet. Aber in den letzten zwanzig Jahren hat diese ehrwürdigste aller menschlichen Institutionen immer mehr harte Schläge hinnehmen müssen, und zwar nicht nur von literarischen Spöttern.

Heute ist es die ständig wachsende Legion der Geschiedenen, der unglücklich Verheirateten und der durch die bitteren Erfahrungen der Älteren kopfscheu gemachten jungen Leute, die laut und deutlich auf die Unzulänglichkeit der Ehe hinweist. Viele der Enttäuschten ziehen nicht nur gegen die Institution der Ehe zu Felde, sondern sprechen ihr darüber hinaus jede Notwendigkeit ab. Geschiedene schwören, nie wieder zu heiraten, unglücklich Verheiratete suchen verzweifelt nach einem Gefährten außerhalb ihrer Ehegemeinschaft, und die Jungen ziehen einfach zusammen und verzichten auf jede Formalität. Dazu kommen noch die unzähligen Paare, die sich resigniert mit einer reinen Zweckehe abfinden und wie Fremde nebeneinanderher leben.

Wer die Ehe anzweifelt, hat sicher eine Menge stichhaltiger Argumente auf seiner Seite. Das eheliche Glück ist zu einem Wunschbild geworden, das immer weiter in die Ferne entschwindet, sich immer mehr unserem Griff entzieht. Fast ein Drittel aller Ehen endet in Scheidung, und einige Forscher behaupten, daß mindestens fünfundsiebzig Prozent der heutigen Ehen krank sind. Mit diesen Statistiken konfrontiert, fragen sich viele, warum sie ein solches Risiko noch eingehen sollen, warum soll man in einer Welt der spontanen und sorglosen sexuellen Freiheit, der liberalisierten Moral und der frei nach Bedarf ausgelegten Ethik überhaupt heiraten? Warum nicht einfach eine gemeinsame Wohnung nehmen oder zwanglos in einer Gruppe leben?

Junge Leute experimentieren mit der Gruppenehe, Verheiratete treiben Partnertausch für einen Abend, Filmstars reden in aller Öffentlichkeit freizügig über ihre früher sorgfältig geheimgehaltenen Liebesaffären. Es gibt alle möglichen Arten und Formen von Kommunen, utopisch oder zweckgerichtet, manche mit völliger sexueller Freiheit, andere, die bemüht sind, wenigstens die Monogamie – wenn schon nicht die Ehe – beizubehalten. Junge Frauen, in wachsendem Maße von der durch die Ehe bedingten Einengung ihrer persönlichen Freiheit abgestoßen, ziehen es vor, gar nicht zu heiraten. Unverheiratete Mütter nehmen es tapfer auf sich, ihre Kinder allein aufzuziehen, ja, man kann heute sogar Kinder adoptieren, auch wenn man unverheiratet ist.

Andere suchen die Lösung ihrer Probleme in der Polygamie. Das Dreiecksverhältnis ist nichts Außergewöhnliches mehr. Auch Anhänger der Monogamie praktizieren heute vielfach eine Serienmonogamie oder eine Monogamie in Fortsetzungen, denn wer sich immer wieder scheiden läßt und neu heiratet, sammelt im Laufe der Zeit genauso viele Ehepartner wie ein Polygamist.

Immer mehr Männer und Frauen lehnen jede legalisierte Form einer Verbindung ab und ziehen andere Arrangements vor. Die einzigen, für die der Begriff der altmodischen Ehe noch mystisch verklärt zu sein scheint, sind die Homosexuellen, die diese Form erstmals offen praktizieren dürfen.

Psychologen und Soziologen haben angesichts dieser mannigfachen Anzeichen für den Zerfall einer alten Institution vielerlei radikale oder neuartige – wenn auch nicht immer durchführbare – Alternativen zur traditionellen Ehe vorgeschlagen. Zum Beispiel, daß zwei Ehepaare zusammen mit ihren Kindern eine korporative Ehegemeinschaft eingehen und alles Kapital – sowohl sexueller und emotionaler als auch wirtschaftlicher Art – zusammenwerfen, um aus der Gemeinsamkeit doppelten Genuß zu ziehen. In einem schwedischen Versuchsmodell blieb der Ehemann zu Hause und versorgte das Baby, während die Frau die Brötchen verdiente. Großfamilien und staatliche Tageskindergärten wurden vorgeschlagen; die einen, um mehr gegenseitige Unterstützung zu liefern und die Verantwortung für die Erziehung der Kinder auf mehrere zu verteilen, die anderen, um die Eltern von lästigen Kinder-Alltagspflichten zu befreien. Dann gibt es Pläne, die Ehe auf Zeit einzuführen, sie also je nach Alter, Reifegrad und Verpflichtungen in Stadien zu unterteilen, die der Situation des einzelnen angepaßt scheinen. Andere gehen noch weiter und fordern die zwangsweise Geburtenkontrolle sowie die Erfüllung strenger Voraussetzungen für die Erteilung der Heiratserlaubnis.

Der Vorschläge sind viele, doch haben alle bisher nur eines bewirkt: allgemeine Verwirrung. Was für die eine Ehe gut ist, kann eine andere zerstören. Mit einem so widersprüchlichen Angebot von hypothetischen Lösungen konfrontiert, gibt es für viele Leute nur noch die eine Gewißheit, daß die Ehe nach traditionellem Muster wenigstens die Sicherheit des Herkömmlichen und Bekannten bietet.

Spricht für die Ehe nur noch die Erkenntnis, daß die meisten Alternativen noch riskanter sind? Ist die Ehe es tatsächlich wert, erhalten zu bleiben?

Ob Blue jeans oder Brautkleid – geheiratet wird

Die Ehe ist eine jahrtausendealte Institution. Wenn bei uns auch viele alte Gebräuche wie etwa Aussteuer und Mitgift verschwunden und andere zum Aussterben verurteilt sind, so ist die Ehe doch zu stark in unserer Kultur verankert, um durch den Verlust von ein paar Äußerlichkeiten geschwächt zu werden. Ob in Blue jeans oder im Brautkleid – auch die heutige Jugend will noch heiraten.

Aber es gibt auch viele unkonventionelle junge Leute, für die die Tatsache, daß alle Welt heiratet, der beste Grund dafür ist, es selbst *nicht* zu tun. In einer Zeit, in welcher der Wechsel die einzige Konstante ist, kann die Tradition als solche nur ein armseliges Argument für die Erhaltung irgendwelcher Sitten und Gebräuche sein. Und genau das ist heute die Meinung vieler junger Menschen. «Tradition ist bloß eine Fessel», sagte ein Taxifahrer, der uns über sein Verhältnis mit einer Tänzerin erzählte. «Glauben Sie, daß ein Stück Papier uns glücklicher macht? Wir leben und lieben, und ich brauche keine Regeln, die uns vorschreiben, wie wir das zu tun haben. Wenn ich jemals heirate, dann nur, weil ich meiner Sache ganz sicher bin, und inzwischen versuchen wir's eben miteinander.»

Paare wie dieses üben ihr Recht auf ein erfülltes Sexualleben und eine sinnvolle Gemeinschaft ohne Ehe und ohne Kinder aus. Aber auch wenn Kinder vorhanden sind, verliert die Tradition immer mehr an Boden. Nehmen wir die Filmschauspielerin, die sich mit ihrem außerehelich geborenen Kind fotografieren läßt. Sie sagt: «Ein Kind führt einen zurück zu den Wurzeln, zu den einfachen Dingen – und es ist mir egal, ob ich verheiratet bin oder nicht. Ich bin weder für noch gegen die Ehe, sie ist mir ganz einfach gleichgültig. Das ist doch heute nicht mehr nötig.» Das mag einige Leute schockieren, aber die Mehrheit des Publikums nimmt es gelassen zur Kenntnis.

Es ist jedoch leichter, die Tradition als abstrakten Begriff zu mißachten, als sie unter dem ständigen subtilen Druck im Alltagsleben abzulehnen. Einer Mutter mag das Privatleben gewisser Filmstars völlig gleichgültig sein, aber wenn es um ihre eigene Tochter geht, sieht die Sache anders aus. Wenn die 27jährige Christine von ihrem Onkel gefragt wird: «Warum bist du eigentlich noch nicht verheiratet?», so erwidert sie zwar diskret: «Weil ich den Richtigen noch nicht gefunden habe.» In Wirklichkeit aber hat sie ihn längst gefunden und lebt seit zwei Jahren mit ihm zusammen. Eltern und Verwandten macht sie vor, bei einer Freundin zu wohnen, um Diskussionen aus dem Weg zu gehen. Eines Tages wird der Schwindel natürlich herauskommen, aber das wartet Christine in aller Ruhe ab.

Auch männliche Junggesellen sind vor diesem sachten Druck nicht sicher, allerdings mit leicht verschobener Perspektive. Ein unverheirateter Mann um die Vierzig wird oft mit leichtem Mißtrauen betrachtet: «Und Sie sind noch nie verheiratet gewesen?» fragt der neue Geschäftspartner beiläufig beim Essen, woraufhin der Junggeselle sich bemüßigt fühlt, ein paar Bemerkungen über die hübschen Beine der Kellnerin zu machen.

Und dann sind da die noch unauffälligeren Beeinflussungen, denen man auf Schritt und Tritt begegnet – all die Werbeanzeigen, wie man sich das Leben schöner machen kann (und in denen schlicht vorausgesetzt wird, daß der Leser verheiratet ist), die Familienserien im Fernsehen, die Parties, zu denen man in dem Maße, wie Freunde und Bekannte sich verheiraten, immer seltener eingeladen wird. Im gesellschaftlichen Leben, von der Hausparty bis zur Gesellschaftsreise, steht nun einmal das verheiratete Paar im Mittelpunkt, und Junggesellen sind praktisch Außenseiter.

Aber die Junggesellen holen immer mehr zum Gegenschlag aus. Es gibt Apartmenthäuser für Ledige, Urlaubsreisen für Junggesellen und anderes, womit man den Verheirateten zu verstehen gibt: «Ihr könnt gerne euren geheiligten Ehestand haben, *wir* haben lieber unseren Spaß.» Es sind natürlich die Ehepaare selbst, die den Junggesellen den stichhaltigsten Grund liefern, *nicht* zu heiraten – die Zahl der Scheidungen wächst von Tag zu Tag. Das Beispiel der jungen Frau unter dreißig, die zwei Kinder, aber keinen Ehemann mehr hat, der Unmut, mit dem der Ex-Ehemann jeden Monat die Alimente zahlt, sind schlagkräftige Argumente gegen die Ehe schlechthin und gegen eine Wiederverheiratung im besonderen.

Geht der Mann jedoch eine freie Bindung mit einer anderen Frau ein, so wird er vielleicht bald erkennen müssen, wie sehr seine Gefährtin sich eben doch nach einem gesellschaftlich anerkannten Status sehnt, nach einer Klassifikation, die ihre Stellung nach außen hin charakterisiert. Wir haben keine gesellschaftlich akzeptable Bezeichnung für ein Paar, dessen Verbindung nicht durch die Ehe «legalisiert» ist. Diese Tatsache *ist* für manche junge Frau ein ständiger Kummer, ebenso wie das – wenn auch noch so vorsichtig ausgedrückte – Mißfallen ihrer Eltern: «Warum denkst du nicht an deine Zukunft, Kind?» fragen sie und meinen damit: «Warum trennst du dich nicht von diesem Mann, der wird dich doch nie heiraten.»

Und damit sind wir wieder beim Druck der Konvention angelangt. Natürlich kann man so tun, als ob es diesen Druck nicht gäbe, aber man braucht viel Entschlossenheit, um das durchzuhalten. Wenn man den Heiratsstatistiken glauben will, scheint die Zahl solch Entschlossener nicht sonderlich hoch. In einer Zeit, in der die Institution der Ehe so heftig kritisiert wird wie nie zuvor, heiraten paradoxerweise immer mehr Leute. Noch mehr werden allerdings geschieden, heiraten aber wieder. Was treibt die Menschen in diese legalisierte Form des Zusammenlebens? Es muß mehr als nur der Druck von gesellschaftlichen Konventionen und Traditionen dahinterstecken.

Der Mensch und sein Bedürfnis nach Struktur

Eine der einfachsten Erklärungen für den Fortbestand der Ehe – trotz der weitverbreiteten Ernüchterung, mit der sie heute betrachtet wird – ist das angeborene Bedürfnis des Menschen nach einem festen sozialen Gefüge. Struktur und Form sind die Grundbedingungen der Existenz und die

Voraussetzung für die schöpferische Kraft des Menschen; nur sie ermöglichen ein annehmbares Dasein und die sinnvolle Auswertung und Einordnung von Erfahrungen und Erkenntnissen. Zur Struktur gehört das Wissen um die Schaltphasen von Verkehrsampeln, das Wissen, daß auf den Tag die Nacht folgt, daß die Miete am Monatsersten fällig ist. Adressen und Rechenmaschinen, Rechnungen und Banken, Uhren und Kalender – die Liste der strukturellen Hilfsmittel des modernen Menschen ist endlos. Und in dem Maße, wie unsere Gesellschaft komplexer wird und die Bevölkerungszahl weiter ansteigt, werden mehr und mehr neuartige strukturelle Formen notwendig.

Institutionen, also feste Einrichtungen, sind lediglich unsere Methode, einigen der Strukturen, welche die Grundlagen des menschlichen Verhaltens bilden, Form zu geben. Die Institutionen der Ehe und Familie, gleichgültig wie unterschiedlich ihr äußeres Erscheinungsbild sein mag, sind der Grundstein jeder Gesellschaft. Jede Form der Ehe übt innerhalb ihres spezifischen Kulturkreises auf die anderen zugehörigen und untereinander abhängigen Faktoren – seien diese nun familiärer, sozialer, politischer oder wirtschaftlicher Art – ihren Einfluß aus. Diese enge Verquickung der einzelnen Institutionen bedeutet, daß ihre Anpassungen oder Umgruppierungen beim Wandel der Gesellschaft immer in einer Wechselbeziehung stehen. Die Ehe, als ein sehr privater Bestandteil unserer Gesellschaft, hat sich dem Wandel wesentlich langsamer angepaßt als andere Institutionen; aber auch sie muß und wird sich verändern.

Das patriarchalische System der jüdisch-christlichen Tradition, das auf einer Agrargesellschaft beruhte, ist heute einfach überholt. In den alten Tagen zogen Mann und Frau im wahrsten Sinne des Wortes gemeinsam den Pflug und bildeten eine korporative Einheit, um überleben zu können. Die wirtschaftliche und psychologische gegenseitige Abhängigkeit dieser Ehe-Einheit vollzog sich in einer Umwelt, die durch gesellschaftliche Sanktionen und das gesamte soziale Gefüge die Voraussetzung für den ewigen Bestand dieser Einheit bot. Die Ehe-Struktur entsprach genau der Ehe-Funktion. Aber die Zeiten haben sich geändert.

Heute leben wir in einer hochentwickelten, technisierten Welt, die nur den ständigen Wechsel kennt, und es dürfte klar sein, daß die alte Struktur der Ehe für die moderne Zeit nicht mehr ausreicht. Der neue und komplexere Lebensstil erfordert eine neue Form der Ehe. Da wir daran gewöhnt sind, Altes über Bord zu werfen, könnten wir versucht sein, die Ehe nun völlig abzuschaffen. Aber die patriarchalische Ehe ist nur *eine* unter den vielen Möglichkeiten, ein fundamentales strukturelles Bedürfnis zu befriedigen. Doch inwieweit kann das Dickicht einer uralten Tradition gelichtet werden? Und was ist es eigentlich, was vom Kulturschutt vergangener Jahrhunderte befreit werden muß, also das innere Wesen der Ehe ausmacht?

Zwei Einzelpersonen verbinden sich miteinander

Die Ehe entstand nicht einfach von ungefähr. Sie wurde vom Menschen geschaffen, um seine Bedürfnisse zu erfüllen. Aber wo und wie hat sie begonnen? So reizvoll die Karikatur des Höhlenmannes, der seine Braut mit einer Keule bearbeitet und an den Haaren in seine Höhle schleift, für manche Männer sein mag, sie entspricht nicht den Uranfängen der Ehe. Romantischere Naturen stellen sich vielleicht vor, daß der Mensch zuerst in lose zusammengeschlossenen Horden lebte, in denen Sex, Frauen und Kinder sowie Nahrung und Waffen freizügig geteilt wurden. Aber so fesselnd diese Auffassung einer Frühzeit-Kommune sich auch darbietet, sie wird von den modernen Anthropologen nicht geteilt. Selbst die uns am nächsten verwandten Primaten leben nicht in völliger sexueller Ungebundenheit – sie mögen zwar innerhalb ihrer Gruppe die Partner öfter wechseln, als wir das tun, aber auch sie folgen bei der Paarung einem bestimmten Muster.

Schlicht gesagt, wir wissen nichts über die frühesten Formen der Ehe, obwohl Desmond Morris in seinem Buch «Der nackte Affe» die Ansicht äußert, daß die Paar-Bindung im frühesten Entwicklungsstadium des Menschen die grundlegende Struktur war. Aber das ist nur eine Hypothese; die Geschichte und die Ergebnisse der anthropologischen Forschung zeigen deutlich, wie unterschiedlich die Formen der Ehe in der menschlichen Gesellschaft sind, von der Einehe über die Vielehe bis zur Gruppenehe. Aber selbst in den Gesellschaften, die andere Formen der Ehe als die Einehe bevorzugen, existiert auch diese. Es gibt sie bei allen Völkern auf der ganzen Welt. Doch ist diese Art der Verbindung zwischen Mann und Frau nicht überall gleichbedeutend mit sexueller Bindung an einen einzigen Partner oder mit einer Bindung auf Lebenszeit, aber ihr Vorhandensein überall auf der Welt untermauert die Tatsache, daß die Einehe einem fundamentalen Verhaltensmuster des Menschen entspricht. Der Anthropologe Bronislaw Malinowski argumentiert sogar, daß selbst die Viel- oder Gruppenehe aus einer Serie von individuellen Vereinbarungen oder Verbindungen zwischen Einzelpartnern besteht.

Eine solche Verbindung, ob sie nun in der Einehe oder in anderen Formen der Ehe verwirklicht wird, erfüllt die tiefsten Bedürfnisse des Menschen – sein Bedürfnis nach Intimität, Vertrauen, Zärtlichkeit und Zusammengehörigkeit und nach einer gültigen Auswertung seiner Erfahrungen. Die Verbindung von zwei Einzelpartnern braucht weder von Dauer noch ausschließlich zu sein, noch braucht sie eine gegenseitige Abhängigkeit zu bedeuten, aber sie bietet eine Gemeinsamkeit und sichere Vertrautheit, wie man sie in keiner anderen Form des Zusammenlebens finden kann.

Alle Karten auf den Tisch

Theoretisch sollte die Ehe nicht die Voraussetzung für eine Verbindung zwischen zwei Einzelpartnern sein. Sie sollte nicht einmal nötig sein, um ein Kind für legitim zu erklären. Ein Kind sollte allein durch die Tatsache seiner Geburt legitim sein. Alle Bedingungen für das Aufziehen eines Kindes – mütterliche Sorge, Sicherheit durch gegenseitige Bindung und natürliche Beziehung zur Umwelt sowie menschliche Vertrautheit – können auch ohne das Bestehen einer rechtmäßigen Ehe erfüllt werden. Die Liebe und die Vertrautheit zwischen zwei Menschen ist nicht von einem Stück Papier, einem Trauschein abhängig, um funktionieren, bestehen und fortdauern zu können. Oder doch?

Die Verpflichtung gegenüber einem anderen Menschen kann nicht durch ein Gesetz geregelt werden. Eine echte Verpflichtung kann sich nur innerhalb einer Verbindung entwickeln, nicht aber von außen in sie hineingetragen werden. Die Unterzeichnung eines Vertrages kann keine Garantie für eine Verpflichtung des Partners im emotionalen Sinn sein. Warum sollte das Nichtvorhandensein eines solchen Vertrages das Fehlen gegenseitiger Verpflichtung bedeuten?

Das sollte es nicht, ist aber doch sehr häufig der Fall. Der Trauschein wäre in der Tat überflüssig, wenn wir ein Entwicklungsstadium erreicht hätten, das Verantwortung füreinander und Vertrauen zwischen allen Menschen garantieren würde. Aber das wird wohl ein Wunschtraum bleiben. In unserer nur allzu realen Welt ist der Trauschein immer noch die wichtigste Vorbedingung für das Entstehen eines Vertrauensverhältnisses zwischen Mann und Frau. Mit diesem letzten, endgültigen Schritt sagt praktisch ein Partner zum anderen: Hiermit lege ich uneingeschränkt alle meine Karten auf den Tisch.

Wer die außergesetzliche Form des Zusammenlebens wählt, sich gegen eine rechtsgültige Ehe sträubt, ist in Wirklichkeit meist nicht bereit, sich uneingeschränkt dem Partner auszuliefern. Aus irgendeinem Grund – in den meisten Fällen ist er im nicht mehr zeitgemäßen Konzept der Ehe zu suchen – sind viele nicht mehr gewillt, es auf eine totale Bindung ankommen zu lassen. Angesichts dieses überholten Ehekonzepts, das tatsächlich unhaltbar, antiquiert und reformbedürftig ist, kann man ihnen kaum Vorwürfe machen. Der alte, traditionelle Ehevertrag *ist* unrealistisch und verlangt in seinen veralteten Klauseln unvernünftige Verpflichtungen. Trotzdem sollte man die Ehe nicht wegwerfen wie ein gebrauchtes Papiertaschentuch. Die psychologischen und strukturellen Gebote, die für die Ehe sprechen, sind stark. Die wirkliche Aufgabe besteht darin, die Ehe von altmodischen Idealen und romantischen Gefühlsduseleien zu befreien und Wege zu finden, sie unserer Zeit anzupassen, sie in das Muster der vielen Veränderungen einzufügen, die in der modernen Gesellschaft stattgefunden haben.

Wir müssen in der Gegenwart leben

Vielleicht kommt es wirklich einmal soweit, daß die Ehe völlig ausstirbt, wie einige Futuristen vorhersagen. Aber diese Entwicklung liegt in weiter Ferne. Wir müssen in und mit unserer Zeit leben, und in dieser Welt des ständigen Wandels begreift der Mensch mehr und mehr, daß er nur in seinem persönlichen Verhältnis zur Umwelt einen Sinn für sein Leben finden kann. Unser Streben nach Mitgliedschaft in der menschlichen Gesellschaft maskiert ein tiefer verwurzeltes Bedürfnis. Nur wenn wir von unseren Mitmenschen ein klares und unverfälschtes Bild haben, können wir lieben, unsere eigenen und die Fähigkeiten anderer erforschen und uns vor der Entpersönlichung unserer Zeit schützen. Und immer noch ist es einzig und allein die Ehe, gleichgültig in welcher Form, die dem Menschen die Möglichkeit bietet, die Sicherheit und Ausgeglichenheit zu finden, die er braucht, um die Intimität einer Mann- und Frau-Bindung in vollem Maße erleben zu können. Das starke Bedürfnis nach einer solchen Bindung kann nicht besser ausgedrückt werden als durch die Aussage einer Frau, die bis zu ihrem 34. Lebensjahr der Ehe aus dem Weg ging und offen die Ängste und Befürchtungen eingestand, die sie empfand, als sie dann doch heiratete. Sie sagte: «Vor der Ehe hatte ich einige länger dauernde intime Freundschaften, aber ich fühlte mich niemals ernsthaft gebunden. Jetzt, da ich verheiratet bin, weiß ich, daß ich mich auf keine andere Art und Weise hätte weiterentwickeln können. Die Ehe bietet Entwicklungsmöglichkeiten, weil man Neues hinzugewinnt und Altes abwirft. Was habe ich abgeworfen, und was habe ich dazugewonnen? Ich glaube, ich habe das Schneckenhaus abgeworfen, in dem ich bis dahin lebte, und dafür die Fähigkeit gewonnen, mich gegenüber einem anderen Menschen zu öffnen. Das ist es, wozu man sich verpflichtet – dem Partner offen Zugang zu sich selbst zu gewähren.» Nur durch eine solche klare Verpflichtung können wir uns selbst und unsere Entwicklungsmöglichkeiten wirklich erkennen. Wir sollten also nicht die Ehe als ein saft- und kraftloses Überbleibsel aus der Vergangenheit einfach abtun, sondern uns ernsthaft darum bemühen, diese Institution so zu verändern, daß sie unserer Zeit entspricht. Wie aber können wir die Institution der Ehe so individualisieren, daß sie den Bedürfnissen der einzelnen Paare entspricht? Eine Ehe darf keine Massenkonfektion sein. Sie muß sich wie nach Maß gearbeitet den Bedürfnissen derjenigen anpassen, die von ihr Gebrauch machen. Und da die Institution der Ehe offensichtlich noch für lange Zeit bestehenbleiben wird, sollten wir sie nicht als eine bloße Notwendigkeit betrachten, sondern als eine Bejahung und Bestätigung unseres Bedürfnisses, mit und durch die Liebe zum Partner zu wachsen und zu reifen.

Das Erbe des Viktorianischen Zeitalters

Wenn die Ehe überleben soll, muß sie offen und frei sein statt geschlossen und einengend. In den vergangenen fünfzig Jahren haben wir wenigstens ein kleines Stück des Weges in Richtung auf ein neues Verständnis der Ehe zurückgelegt: Das Recht der Frau auf ihre eigene Sexualität, das ihr in der Viktorianischen Ära vollkommen versagt wurde, ist allmählich zu einer allgemein akzeptierten Tatsache geworden.

Es waren vor allem die beiden Weltkriege, die der Liberalisierung des viktorianischen Ehegedankens wesentlich weiterhalfen. Die Frauen stellten fest, daß sie sehr gut allein zurechtkamen, wenn der Ehemann eingezogen war. In den Rüstungsbetrieben, aber auch zu Hause, allein mit der Verantwortung für die Familie, bewiesen sie sich selbst und der Umwelt ihre Selbständigkeit. Diese Beweglichkeit und ein verschärfter Sinn für den Augenblick («Lebe heute, morgen bist du vielleicht schon tot») lockerte erheblich die Grenzen der gültigen Sexualethik. Die Beurteilung der Frauen, die Sex ohne Ehe genossen, wurde milder, und viele Ehen überlebten Fälle von «Untreue» auf beiden Seiten, durch die sie in normalen Zeiten zerstört worden wären.

Aber diese berauschenden neuen Freiheiten wurden in den Nachkriegsjahren schnell erstickt, als der Arbeitsmarkt von heimkehrenden Soldaten überflutet und die Frauen wieder an den häuslichen Herd gelockt wurden. Und jetzt ergoß sich eine wahre Sturmflut von Ratschlägen über die Frau, mit denen ihr unmißverständlich eingehämmert wurde, was ihre Ehe sein *sollte*. Was man ihr tagtäglich vorerzählte, diente dazu, sie genauso vollständig an Haus und Familie zu binden wie die viktorianische Ehefrau. Einen großen Unterschied gab es allerdings: Sie durfte ein eigenes Sexualleben haben und es genießen. Aber selbst dieser Fortschritt erwies sich nicht als reine Freude.

In ihrem Buch «Der Weiblichkeitswahn» katalogisiert Betty Friedan mit brillanter Schärfe die in den fünfziger Jahren von der Gesellschaft ausgeübten Arten von Druck, die dann mit der Schützenhilfe der aus dem Boden schießenden Massenmedien das Schlagwort «Zusammensein ist alles» kreierten. Die Werbung, in enger Verbindung mit den Frauenzeitschriften, hämmerte den Frauen unaufhörlich ein, ihr Schicksal läge in der Küche beim fröhlichen Topfscheuern, im Eßzimmer beim Polieren der Tischplatte und Blümchengießen oder im Kinderzimmer, um dort in glücklicher Erwartung des zweiten Sprößlings neue Vorhänge anzubringen. Ehe und Mutterschaft wurden von allen Seiten glorifiziert und pausenlos angepriesen. Alles, aber auch alles, was Frauen sich vom Leben wünschen könnten, sei in ihrem Heim, bei ihrem Mann und ihren Kindern zu finden. So wurden die Frauen von der Gesellschaft und den Massenmedien erneut in ein Schema gepreßt, das sie praktisch ihrer Individualität beraubte. Und daraus entwickelten sich Gefühle der Enttäuschung, eine vage, aber beständige Unzufriedenheit, ja, sogar Resignation und Apathie, kindisches Getue und die Furcht vor dem Verlust der Liebesfähigkeit. Aber die attraktiv aufgemachten Frauenzeitschriften ignorierten all diese Anzeichen für eine Störung und blieben bei ihrem Jubelruf: Alles, was eine Frau braucht, um sich ausgefüllt zu fühlen, ist «Zusammensein».

Aber dazu gehörte der Sex – denn den konnte man jetzt nicht mehr unberücksichtigt lassen. Die Kriegsheimkehrer brachten viel umfangreichere Erfahrungen über Sexualität und sexuelles Verhalten mit nach Hause, als der durchschnittliche Mann sie jemals zuvor gesammelt hatte. Die ausländischen «Verflossenen» wurden zu Rivalinnen der Ehefrauen, ob die Männer es zugaben oder nicht. Jeder Wettkampf führte zu Experimenten. Außerdem bewies die aufkommende Flut von Reportern und Sex-Handbüchern ja, daß jedermann «das» tat. Wissenschaftlich durchgeführte Untersuchungen legten dar, was im Sexualleben wirklich vor sich ging. Hemmungen bekamen den Anstrich der Lächerlichkeit. Jetzt konnten Mann und Frau sich aus dem riesigen Wust der Ehe- und Sex-Handbücher die passende Antwort heraussuchen, wie sie ihr «Zusammensein» im Bett möglichst lustbringend gestalten konnten. Und wenn die Frau doch noch Zweifel hatte, so war die an sie gerichtete Botschaft ihrer Frauenzeitschrift klar und unmißverständlich: Wenn sie ihren Mann zu Hause behalten und glücklich machen wollte, dann mußte sie alles über Sex lernen. So konnte nun also auch die Sexualität auf die ständig länger werdende Liste der Fertigkeiten gesetzt werden, die man von einem fröhlichen Heimchen am Herd erwartete.

Die Frau, die alles können muß

Mit dieser Erweiterung ihres Aufgaben-Katalogs war die Frau nun fest an ihr Heim gekettet. Zusätzlich zu ihren Pflichten als Ehefrau, Mutter und Erzieherin mußte sie jetzt auch noch eine perfekte Geliebte sein – um ganz sicherzugehen, daß ihr Mann nicht anderswo eine suchte. Mit dieser neuen Fähigkeit, so behaupteten die Zeitschriften, dürfe die Ehefrau gewiß sein, daß ihr Mann sich zu Hause am glücklichsten fühle.

Das Schlagwort «Zusammensein ist alles» war aber nicht nur für die Frauen geprägt worden. Ehefrau *und* Ehemann wurden zu dem Glauben geführt, daß jeder von ihnen dem Partner *alles* bedeuten könne. Aber der größte Teil der Last fiel doch auf die Frau. Schließlich hatte sie kein Berufsleben oder irgendwelche intellektuellen Interessen, die ihr heiteres Herz beschwerten und ihr Spatzengehirn beanspruchten. Warum sollte sie also ihre Zeit nicht nutzen, um zu lernen, das achte Weltwunder zu sein?

Ist es da ein Wunder, daß die Zahl der Scheidungen immer mehr anstieg? Wer könnte diese Erwartungen erfüllen? Bestimmt nicht eine normale Durchschnittsfrau, für die nach einem mit Putzen, Windelwaschen und Kochen ausgefüllten Tag sogar ein harmloses Brettspiel zu anstrengend ist. Und selbst wenn es so eine Superfrau gäbe, würde der Durchschnittsmann sie wirklich haben wollen? Diese in den fünfziger Jahren propagierte Ideal-Frau war, richtig betrachtet, ein Monstrum. Vielleicht hat Ashley Montagu mit seiner These über die natürliche Überlegenheit der Frau recht. Andernfalls wäre sie wohl in den fünfziger Jahren ausgestorben, erschöpft von der Anstrengung, die Unzahl von Rollen zu spielen, die ihr von der Gesellschaft diktiert wurden.

Eine solche Frau – die eigentlich Schauspielerin sein müßte – gehört zu der traditionellen Ehe. Und wir meinen, daß gerade dieses veraltete Ehe-Muster schuld an der heute so weit verbreiteten desillusionierten Einstellung gegenüber der Ehe ist. Die traditionelle Ehe ist ein kulturelles Ideal, das uns von Kindheit an äußerst geschickt eingeimpft wird; es wird von Kirche und Staat offiziell gutgeheißen und erhält durch den Druck der Gesellschaft noch mehr Gewicht. Nicht bevor man selbst verheiratet ist und einige der Männer der Ehe entdeckt hat, kann man ermessen, wie sehr man getäuscht wurde, wie traurig die Irreführung ist, eine solche Ehe könnte die Erfüllung aller Träume sein. Die Bestimmungen der konventionell-bürgerlichen Ehe diktieren, daß Mann und Frau immer als Paar auftreten müssen, nur gemeinsame Freunde haben dürfen und alle Bekanntschaften aufgeben, die dem Partner nicht passen, daß einer die Launen des anderen erträgt, seine Ferien und Hobbies teilt und ständig in seiner Nähe ist, daß beide ihr Geld in einen Topf werfen und niemals Interesse für einen Vertreter des anderen Geschlechts zeigen.

Die Mausefalle der ehelichen Treue

In den fünfziger Jahren hatte das konventionell-bürgerliche Eheideal wie gesagt den Höhepunkt seiner Entwicklung erreicht. Aber es trug den Keim seiner eigenen Zerstörung in sich, besonders weil es für die Sexualität zwei verschiedene Maßstäbe setzte. Der Frau war gestattet worden, die Bedeutung der Sexualität zu entdecken. Der Mann hatte natürlich schon längst darüber Bescheid gewußt, was wohl mit ein Grund dafür war, daß er für einen gelegentlichen Seitensprung immer Nachsicht fand – Männer müssen eben so sein, nicht wahr? Jetzt war die Sexualität auch für die Frau wichtig geworden, aber bedeutete das, daß auch sie bei einem kleinen Seitensprung auf Nachsicht rechnen durfte? Keineswegs. Man fabrizierte flugs eine neue Grundsatzidee, um die Frauen zu bewegen, ihre sexuelle Aktivität nur auf den Ehemann zu konzentrieren. Sex war das Mittel, den Ehemann fest im Griff zu behalten; Sex war der Köder in der Mausefalle der ehelichen Treue.

Nun galt es aber, diesen Köder so attraktiv wie möglich zu gestalten. Das eigene sexuelle Vergnügen war dabei nebensächlich; man unterrichtete die Frau nur darin, wie sie die Bedürfnisse des Ehemannes am besten befriedigen könnte. Diese Instruktionen, die in den Frauenzeitschriften der fünfziger Jahre endlos wiederholt wurden, beruhten auf der Freudschen Interpretation der Sexualität der Frau. Zwei der bekanntesten Verfechter dieser Auffassung waren die Psychoanalytikerinnen Dr. Helene Deutsch und Dr. Marynia Farnham, die aus der Freudschen Doktrin der Unzulänglichkeit der Frau das Grundprinzip der Passivität und Abhängigkeit ableiteten. Dr. Farnham fügte jedoch einen neuen Punkt hinzu, nämlich den, die «Charaktereigenschaften, die für das Erlangen sexuellen Vergnügens notwendig sind», seien «Rezeptivität und Passivität, der Wille, ohne Furcht oder Groll Abhängigkeit zu akzeptieren, und eine tiefinnerliche Bereitschaft, das Endziel des Sexuallebens zu erreichen, nämlich – die Befruchtung». So diente der Mythos der Mutterschaft, der als die Erfüllung des Lebens der Frau proklamiert wurde, dazu, die Frau ebenso wie den Mann in die Falle zu locken.

Freuds Beitrag zum Selbstverständnis des Menschen ist unbestritten. Aber bei aller Genialität war Freud ein Gefangener der fortschrittshemmenden viktorianischen Gesellschaft, in der er aufgewachsen war, und der patriarchalischen Traditionen seines kulturellen Erbes. Diese beiden Faktoren haben ihn bei der Entwicklung seiner These über die biologische und intellektuelle Unterlegenheit der Frau deutlich beeinflußt. Er schuf ein um den Mann herum konzentriertes Entwicklungsschema, das wir zusammen mit seinen für uns unentbehrlichen Erkenntnissen über das Unbewußte, die Traumdeutung und den Selbsterhaltungstrieb übernommen haben. Für Freud war die Frau nur ein unvollständiger Mann, anomal, unterlegen und durch ihre Anatomie für immer dazu verdammt, ihre Unvollständigkeit zu beklagen und nach dem zu suchen, was den Mann zu einem vollkommenen Wesen macht – dem Penis. Es war nicht genug, ihr ebenbürtige geistige Fähigkeiten abzusprechen; sie wurde auch im sexuellen Bereich praktisch in ein Halbleben gedrängt, denn aus dem Werk von Freud und seinen Schülern entstand der Mythos des vaginalen Orgasmus, der bis weit in die sechziger Jahre hinein erhalten bleiben sollte. In den fünfziger Jahren stand er in voller Blüte.

Obwohl sexuelle Fragen mit immer mehr Offenheit und größerem Sachwissen behandelt wurden, blieb die Sexualität in der Ehe so sehr von allen möglichen Illusionen überdeckt (z. B. über die Natur der weiblichen Sexualität) und mit Phantasien verbrämt (die romantische Propagierung des Zusammenseins), daß eine echte, offene Kommunikation zwischen Mann und Frau, sei es im Bett oder außerhalb des Bettes, praktisch unmöglich war. Und die Zahl der Scheidungen wuchs weiter. Und wenn die Frau irgendwelche Zweifel über die ihr zugeteilte Rolle als passive Bettgenossin und nimmermüdes Dienstmädchen hatte, gab es immer wieder einen neuen Experten, der sie zurechtwies.

Im Jahre 1959 erschien das Buch «Die Macht der sexuellen Unterwerfung» von Dr. Marie Robinson, ein schier unglaubliches Dokument, in dem die Schuld an allen Problemen in der Ehe und im Geschlechtsleben schlicht und einfach der Frau zugeschoben wird. «Der Mann», sagt die Autorin, «hat selten schuld, wenn seine Frau frigide ist.» In diesem Buch voller Klischees und absurder Behauptungen wird jede Frau, die einen klitoralen Orgasmus hat, als frigide verurteilt. Selbständigkeitsbestrebungen werden für unrecht und die völlige Unterwerfung zum einzig sicheren Weg zur Liebe erklärt. Sensible und sinnliche Frauen, die dieses Buch ernst nahmen, mußten von seinem Inhalt in Zweifel und Selbstvorwürfe getrieben werden.

Kein Wunder, denn die Autorin befiehlt nicht nur die physische, sondern auch die vorbehaltlose psychische Unterwerfung:

«Aber noch wichtiger als das Vertrauen zum Partner und die Bereitschaft zur Unterwerfung ist die psychische Vorbereitung auf den Orgasmus . . . beim Orgasmus der Frau hat die Erregung ihren Ursprung in dem Akt der Unterwerfung. Die Hingabe als solche, das Gefühl, das passive Instrument eines anderen Menschen zu sein, unter ihm zu liegen und von seiner Leidenschaft willenlos mitgerissen zu werden, löst eine ungeheure körperliche Ekstase aus.»

Sosehr man diese Aussagen heute belächeln mag, die Ergebnisse dieser Art von Ratschlägen waren höchst schädlich. Zuerst war die Frau als geschlechtsloses Wesen betrachtet worden, danach hatte sie sich mit dem Schuldgefühl auseinanderzusetzen, weil sie es nicht war. Dann hatte man ihr gesagt, daß nur der vaginale Orgasmus der echte sei, dadurch ein weiteres Schuldgefühl in ihr erweckt und sie gezwungen zu versuchen, sich biologisch diesem Mythos anzupassen. Und jetzt wurde von ihr auch noch die physische und psychische Unterwerfung verlangt. All diese Forderungen waren in vielerlei Hinsicht falsch, sie entsprachen weder der Natur der Frau noch dem Verhältnis zwischen Mann und Frau.

Es war nämlich nicht nur die Frau, die darunter litt. Die «Experten» impften nicht nur der Frau ein falsches Schuldgefühl ein, sie untergruben auch das psycho-sexuelle Leben des Mannes – und durch die Propagierung dieser zwei negativen Ziele fügten sie natürlich der Institution der Ehe selbst erheblichen Schaden zu. Die plötzliche Überbetonung des weiblichen Orgasmus machte die Männer glauben, ihre Männlichkeit und ihr sexuelles Leistungsvermögen könnten nur an ihrer Fähigkeit, die Ehefrau zum Orgasmus zu bringen, gemessen werden. «Bist du gekommen?» flüstert *er* eindringlich. Und in dieser gespannten Atmosphäre fühlt *sie* sich zu größerer Aktivität verpflichtet, was dazu führt, daß sie ihre Reaktion vortäuscht. Wenn man zu dieser Doppelaufgabe (die Frau muß zum Orgasmus kommen, der Mann muß sie dazu bringen, und zwar jedesmal!) noch das zusätzliche Muß des gleichzeitigen Orgasmus addiert, hat man das perfekte Rezept für eine Katastrophe im Ehebett. Unter diesen Bedingungen konnte weder der Mann noch die Frau jemals hoffen, die wahren Gefühle und Bedürfnisse des Partners zu verstehen. Statt ein einigendes Band und ein Ausdruck der Liebe zu sein, wurde das eheliche Geschlechtsleben zu einer der vielen Hürden, die genommen werden mußten.

Ist die Sexualität alles?

Die sechziger Jahre brachten ein Nachlassen der sexuellen Spannungen, die durch unrealistische Erwartungen hervorgebracht worden waren. In ihren Büchern «Die sexuelle Reaktion» und «Funktionelle Sexualstörung» haben Masters und Johnson ein für allemal dem Mythos des vaginalen Orgasmus den Garaus gemacht und mit Hilfe der von ihnen entwickelten Gemeinschaftstherapie für Ehepaare die Verantwortung für die sexuelle Befriedigung wieder so verteilt, wie es sich gehört, nämlich auf beide Partner. Gleichzeitig brachte die Pille der Frau zum erstenmal in der Geschichte eine sichere Möglichkeit der Empfängnisverhütung und ermöglichte es ihr, sich von allen sexuellen Hemmungen zu befreien. Jetzt konnte die Frau sich vorbehaltlos am Geschlechtsverkehr erfreuen; das bisherige biologische Vorrecht des Mannes, nämlich Sex ohne Folgen, war damit auf die Frau übergegangen. Durch die Entwicklung von immer zuverlässigeren empfängnisverhütenden Mitteln ist die sexuelle Gleichstellung der Frau nach einem Jahrhundert erbitterter Kämpfe zu einer vollendeten Tatsache geworden.

Aber sosehr diese neue sexuelle Gleichberechtigung in vielen Ehen die Spannungen minderte, die aus falschen Voraussetzungen und Erwartungen entstanden waren, sie schien doch nicht die letzte Antwort auf die alten Probleme zu sein. Zwar brauchte kein Ehepaar sich mehr gezwungen zu fühlen, sein Geschlechtsleben nach dem von irgendeinem Bestseller vorgeschriebenen Muster einzurichten, aber viele andere unrealistische Erwartungen blieben nach wie vor bestehen. Allmählich erwachte die Erkenntnis, daß andere Aspekte des Ehevertrages Probleme aufwerfen, die genauso kompliziert und schwerwiegend sind wie das Sexualproblem. Die in der traditionellen Ehe fest vorgeschriebene Rollenverteilung kann genauso zerstörerisch und hemmend wirken wie die Forderung nach sexueller Unterwerfung und gemeinsamem Orgasmus. Nehmen wir zum Beispiel Richard, einen jungen Ehemann, der ein paar Geschäftsfreunde zum Essen eingeladen hatte. Vor seiner Heirat mit Barbara hatte er zwei Jahre in Paris gearbeitet und in dieser Zeit gelernt, ein paar typisch französische Spezialitäten zu kochen. Er möchte den Gästen *coq au vin* vorsetzen. Aber Barbara jammert: «Wie stehe ich vor den Leuten da, wenn du kochst?» Die Tradition siegt. Richards Unternehmungslust ist erstickt, aber Barbara hat ihr Gesicht gerettet, und die Gäste bekommen einen Schweinebraten.

Die Regeln schreiben vor, daß die Frau kocht, putzt, Staub wischt, Geschirr spült und die zerschrammten Knie der Kinder verpflastert. Der Mann muß hinaus in die Welt und Geld verdienen und im übrigen der Fels in der Brandung sein. Er trifft alle wichtigen Entscheidungen. Die Befehlsgewalt und die Vorherrschaft des Mannes sind die Kernpunkte der traditionellen Ehe. Jedes Selbständigkeitsgelüst der Frau bedroht seine Stellung. Und die Frau, die ihre untergeordnete Rolle wie eine Fessel empfindet und ihren Enttäuschungen oder Wünschen, die so gar nicht zum Image einer Frau und Mutter passen, nicht Ausdruck geben kann, fängt an zu nörgeln und bittere Anklagen auszustoßen. Ihre Unsicherheit über die eigenen Gefühle kann bis zur Selbstverachtung führen.

Welchen Preis man für die Aufrechterhaltung dieser starren Rollenverteilung und ein aufgezwungenes ständiges Beisammensein zahlen muß, berichtet Anne. Sie ist seit zehn Jahren mit dem Leiter eines Ateliers für Gebrauchsgraphik verheiratet, der so gut wie keine privaten Interessen hat. Sie prangert die Barrieren, die diese falschen Ideale und Vorstellungen zwischen ihr und ihrem Mann errichtet haben, unumwunden an: «Der herkömmliche Begriff von der Ehe gestattet uns nicht, verschiedener Ansicht zu sein, und engt für uns beide jede Zielsetzung ein. Aber wir können nicht immer alles gleich bewerten. Wenn ich nur an meine Gesangstunden denke! Genaugenommen hat ihn daran nur gestört, daß ich mich weiterentwickeln wollte. Aber er gab vor, meine Übungen nicht aushalten zu können, und so hatte ich beim Singen immer Hemmungen. Ständig beklagte er sich. Heute weiß ich, daß er das auch getan hätte, wenn ich gesungen hätte wie die Callas. Aber nicht nur das, er hatte auch etwas gegen die Abendproben unserer kleinen Theatergruppe. Und warum? Er war der Ansicht, daß seine Frau immer bei ihm zu Hause sein müßte. Er war nicht gern allein. Natürlich war es für mich schmeichelhaft, daß er mich immer um sich haben wollte. Aber was nützt mir das? Damit kann ich mich nicht weiterentwickeln.»

Trotz (oder vielleicht wegen) des ständigen Zusammenseins kommt es zwischen Mann und Frau nur selten zum Austausch von geheimsten Gedanken, von offenen und ehrlichen Enthüllungen. Indem sie sich von jeder Möglichkeit der Weiterentwicklung abschneiden, verbauen sie sich den Weg zum eigenen Selbstverständnis und schließlich zueinander. Jeder paßt die Kommunikation mit dem Partner den eigenen engen und idealisierten Vorstellungen über das Image von Ehemann und Ehefrau an. Weil Mann und Frau selten offen miteinander über sich selbst sprechen und glauben, sie müßten den ihnen zugeteilten Rollen gemäß leben, kann in einer traditionellen Ehe keiner von beiden seine Persönlichkeit entfalten. Wie kann es da Zuneigung und Achtung, die Vorbedingungen für die Liebe, zwischen ihnen geben?

Aber ist *alles*, was wir von der Ehe erwarten, unrealistisch? Wie gründlich sind wir irregeführt worden? In welchem Ausmaß sind wir das Opfer unseres eigenen Idealismus geworden? Viele unserer Erwartungen von der Ehe sind in der Tat unrealistisch, aber die Hoffnung, durch die eheliche Verbindung mit einem anderen Menschen Gemeinsamkeit, Wärme, Verständnis und seelische Entwicklungsmöglichkeiten zu finden, ist sicher keine Vermessenheit. Diese Hoffnung ist durchaus gerechtfertigt. Die Erwartung jedoch, daß die Ehe nach altem Muster das *Mittel* sein kann, um diese Ziele zu erreichen, entbehrt der Realität. Der entscheidende Unterschied muß zwischen der realistischen Erwartung einer fruchtbaren *Beziehung* und der unrealistischen *Methode*, sie herzustellen, gemacht werden. Ein altmodisches, einengendes Ehesystem verdirbt jede Chance, das angestrebte Ziel zu erreichen.

Eine eingetopfte Pflanze muß sich nach der Größe ihres Behälters richten. Wenn die Pflanze jedoch in Freiheit wachsen kann, geschieht etwas ganz anderes: Sie wird sich bis an die Grenzen ihres Wachstumsvermögens entwickeln. Die Vorschriften und Regeln des traditionellen Ehesystems haben einen hemmenden Einfluß auf das geistige Wachstum und die Wechselbeziehung, die wir realistischerweise von einer Ehe erwarten können. Wir brauchen heute eine Ehe, die aus der Isolation hervortritt und die der natürlichen Entwicklung des einzelnen Platz bietet. Aus den Schatten der Vergangenheit müssen wir in die offene Arena unserer Zeit treten, einer Zeit, in der Männer und Frauen gemeinsam an der gegenseitigen Erfüllung durch individuelle seelische Entwicklung arbeiten.

Der Begriff der offenen Ehe

Die offene Ehe bedeutet eine ehrliche Beziehung zwischen zwei Menschen, die auf gleicher Freiheit und gleichem Recht auf Persönlichkeit beider Partner beruht.

Die offene Partnerschaft ist eine nichtmanipulierte Beziehung zwischen Mann und Frau. Keiner darf das Opfer der Unzulänglichkeiten und Enttäuschungen des anderen sein. Sie ist eine Verbindung zwischen Ebenbürtigen, in der es keinen Herrscher und keinen Untergebenen, keine aufgezwungenen Einschränkungen oder erstickenden Besitzansprüche zu geben braucht. Die Frau ist nicht die Wirtschafterin, der Mann nicht der Diktator. Weil ihre Beziehung auf gegenseitiger Zuneigung und auf gegenseitigem Vertrauen aufgebaut ist, hat jeder genug geistige und emotionale Freiheit, um seine Persönlichkeit zu entwickeln. Sowohl die Frau wie der Mann dürfen ihre Beziehungen zur Umwelt in Übereinstimmung mit der eigenen Entwicklung gestalten. Jeder hat die Chance, Entwicklungsmöglichkeiten und Erfahrungen auch außerhalb der Ehe wahrzunehmen. Durch individuelles Reifen und unterstützt von der Liebe, die sie füreinander empfinden, bleibt ihre Kraft als Paar lebendig und verstärkt sich. Durch ein neues dynamisches Prinzip wird die Verbindung gefestigt und bereichert. Weil jeder sich frei entwickeln und seine Persönlichkeit reifen lassen kann, seinen Erfahrungsschatz durch Einflüsse von außen vergrößert und gleichzeitig von den Erfahrungen profitiert, die der Partner in der Umwelt sammelt, entwickelt sich die Verbindung in einer ständig ansteigenden Spirale. Die offene Partnerschaft basiert also auf der *Synergie*, dem Zusammenwirken verschiedener Kräfte, wonach eins plus eins mehr als zwei und die Summe der zusammenwirkenden Teile größer ist als die Summe der getrennt wirkenden.

In der traditionellen Ehe leben Mann und Frau nicht in einer Eins-plus-eins-Beziehung. Ihr Ideal ist es, zu einer Einheit zu verschmelzen – zu einem Paar. Getrennte Erfahrungen, außer denen, die sich zwangsläufig daraus ergeben, daß der Mann zur Arbeit geht und die Frau zu Hause bleibt, sind nicht gestattet, mit Ausnahme eines gelegentlichen Herrenabends für ihn oder eines Kaffeekränzchens für sie. In einer solchen Ehe kommt es häufig vor, daß die Persönlichkeit des Mannes sich schneller entwickelt als die der Frau, weil er mehr Kontakt mit der Umwelt hat. Daraus entsteht eine Störung des Gleichgewichts, und der Ehepartner, dessen Wachstum eingeschränkt ist, neigt dazu, die Entwicklung des anderen übelzunehmen.

Im Gegensatz dazu fördert die offene Partnerschaft beim Mann wie bei der Frau die seelische und geistige Entwicklung. Auf ihre Verbindung haben Veränderungen und neue Erfahrungen einen günstigen Einfluß. Durch Veränderungen werden neue Verhaltensweisen, neue Beziehungen, neue Selbsterkenntnisse und eine gesteigerte Dynamik der Wechselbeziehung zwischen den Partnern möglich. Sogar die Liebe zum Partner kann zu einem zyklisch auftretenden Ereignis werden. Da jeder durch seine individuelle Entwicklung und die wachsende Kenntnis des anderen für den Partner attraktiver wird, verstärkt und festigt sich ihre Verbindung, wird immer wieder neu belebt und kann ständig wachsen.

Zweifellos suchen unzählige Paare heute nach einem Ausweg aus der Falle ihrer traditionellen Ehe. In den letzten Jahren sind viele therapeutische Hilfsmittel erprobt worden, die eine zeitweise Befreiung vom ehelichen Streß versprechen. Man lehrt die Paare, wie sie in einem therapeutisch kontrollierten Kampf ihre feindlichen Gefühle und Aggressionen abreagieren können. In der immer häufiger angewendeten Gruppenbehandlung lernen sie, über ihr aufgestautes Schuldbewußtsein und über ihre unterdrückten Gefühle zu reden, um auf diese Weise zu versuchen, die Schranken zu durchbrechen und durch turbulente und oftmals heftige physische und verbale Anstrengungen eine Kommunikation zum Ehepartner herzustellen. Oder sie lernen, wie sie selbst einmal im Jahr ihren emotionalen Zustand überprüfen können, genauso wie man ein Auto zur Revision gibt oder eine Lagerinventur macht. Manche Paare finden tatsächlich auf diese Weise Trost und Erleichterung. Aber ebenso wie ein Hausmittel nur die Verdauungsbeschwerden erleichtern, nicht aber das Magengeschwür beseitigen kann, erweisen sich diese Methoden nur als ein Notventil.

Was wir mit der offenen Partnerschaft erreichen wollen, ist eine totale Revision innerhalb der Ehe selbst – eine Revision, die von den beiden Beteiligten abhängt und nicht von dem, was in der Vergangenheit üblich war. Die offene Ehe ist nicht ein abstraktes Ideal; sie ist ein Vorschlag, den Ehevertrag gemäß den individuellen Bedürfnissen der Partner in eine daseins- und zeitgerechte Form umzuschreiben.

Die Bedeutung einer Ehe in unserer Zeit muß von einem Mann und einer Frau, die beide unabhängig und völlig frei den Sinn des eigenen und des gemeinsamen Lebens gefunden haben, geprägt werden. Die Ehe muß sich auf einer neuen Offenheit aufbauen – Offenheit gegenüber sich selbst, dem Partner und der Umwelt. Nur wenn ein Ehepaar seinen eigenen Partnerschaftsvertrag ausarbeitet, kann es die Flexibilität erreichen, die es für seine Weiterentwicklung braucht. Die Partnerschaftsehe ist eine erweiterte Monogamie; sie bietet die erfüllenden und lohnenden Aspekte einer engen inneren Beziehung zweier Menschen, beseitigt aber die Einschränkungen, die uns früher als wesentlicher Bestandteil der Monogamie eingeredet wurden.

Im Laufe des vergangenen Jahrhunderts haben wir uns weit von dem einengenden viktorianischen Begriff der Ehe als goldenem Käfig entfernt. Im vorigen Jahrzehnt haben wir endlich entdeckt, daß jeder Partner nicht nur das Recht auf den eigenen Sexualgenuß hat, sondern sich auch bemühen soll, den anderen zu befriedigen; und heute wissen wir, wie man ein solches gegenseitiges Geben und Nehmen erreichen kann. Aber wir haben auch gelernt, daß eine gute sexuelle Beziehung mehr erfordert als die bloße Lust am Sex. Und was noch wichtiger ist, wir haben gelernt, daß die Sexualität bestimmt nicht das Wichtigste in der Ehe ist – diesen Anschein hatte es nur, solange Mann und Frau durch verzerrte Ansichten und Überlieferungen daran gehindert wurden, ihre eigene Sexualität zu begreifen. Albert Ellis hat über dieses Thema folgendes geschrieben:

«Die sexuelle Erregung . . . ist in der Hauptsache . . . das Ergebnis von Prozessen, die im Gehirn ablaufen: von Denken und Fühlen. Die Kunst der Sexualität ist daher, wie Ovid schon vor Jahrhunderten sagte, die Kunst der Liebe – das heißt die Kunst, rücksichtsvoll, gütig, liebevoll, interessant, selbstsicher, kommunikativ, phantasievoll, verständnisvoll und experimentierfreudig zu sein.»

Die Pflege dieser grundlegenden Eigenschaften ist unsere wichtigste Aufgabe. Wir glauben, daß die Konzeption der offenen Ehe, wird sie richtig angewendet, zur Entwicklung einer Beziehung zwischen Mann und Frau führen kann, die das Gedeihen dieser Eigenschaft fördert. Der goldene Käfig der viktorianischen Ehe hat heute keine Funktion mehr, das Gold ist abgeschabt, und der Rost frißt sich immer tiefer. Es ist an der Zeit, diesen Käfig endgültig abzuschaffen und unsere Ehen in Freiheit und Unabhängigkeit aufzubauen.

2. Wer lebt in offener Ehe?

Urteilen Sie nicht nach dem Anschein: 3 Beispiele

Die folgenden Szenen sollen Ihre Fähigkeit prüfen, eine offene Partnerschaft in der Praxis des Alltags zu erkennen. Es handelt sich um Ausschnitte aus dem Leben von drei Paaren, die wir jeweils um 18 Uhr an einem beliebig gewählten Abend beobachten.

Erstes Paar

Die Umgebung: Ein luxuriöses Appartement. Große Fenster bieten eine herrliche Aussicht. Das Wohnzimmer ist kostspielig und modern eingerichtet.

Else, eine attraktive Blondine Anfang Dreißig, hält sich für eine selbständige Frau. Als Einkäuferin eines großen Kaufhauses könnte sie sich von ihrem Gehalt ohne weiteres auch allein die elegante Wohnung leisten, aber seit sechs Jahren lebt sie mit Robert, einem Rechtsanwalt, zusammen. Sie betrachten sich als verheiratet und gelten auch in den Augen ihrer Freunde als Ehepaar. Heute abend ist Else kurz vor sechs Uhr nach Hause gekommen. Sie räumt das Wohnzimmer auf, zieht die schweren Vorhänge zu, schüttelt die Kissen auf der weißen Ledercouch auf. Sie hat schon den Salat angerichtet und das Steak bratfertig gemacht. Jetzt zieht sie einen Kaminrock an und kann ausgeruht lächelnd Robert begrüßen, der wenig später hereinkommt. Er wirft seine Aktentasche irgendwohin und sagt: «Ich könnte wirklich was zu trinken vertragen.» Else küßt ihn, und zwar auf eine Art, die gleichzeitig kokett und mütterlich ist, und macht ihm einen Drink zurecht.

Zweites Paar
Umgebung: Eine kleine Wohnung in einem Altbau. Eine gemütliche Unordnung aus Samowar, indischem Kunsthandwerk, Bücherstapeln, mexikanischen Korbmöbeln und Polstersesseln.

Laura ist seit acht Jahren mit Paul verheiratet, der es zum leitenden Angestellten in einem Büroeinrichtungshaus gebracht hat; sie lernten sich als Studenten auf der Kunstakademie kennen. Laura ist in der Küche und beeilt sich, bis sechs Uhr mit Kochen fertig zu sein, damit gleich gegessen werden kann, sobald Paul zu Hause ist. Paul kommt, drückt Laura an sich und sagt: «Ich sterbe vor Hunger», während er den Mantel auszieht. Laura ist eilig in die Küche zurückgegangen und ruft: «Komm her und schenke uns was zu trinken ein, ich mache inzwischen das Essen fertig.» Paul geht in die Küche, und sie erzählen sich in vergnügter Stimmung, was sie tagsüber erlebt haben, während Laura die Koteletts brät. Dann setzen sie sich an den Tisch und essen hastig. Laura will um acht Uhr in der Volkshochschule sein, und Paul geht in eine Kunstgalerie, wo ein gemeinsamer Bekannter zum erstenmal ausstellt.

Drittes Paar
Umgebung: Ein kleines Reihenhaus in einem Vorort. Die Einrichtung hat durch eine interessante Mischung aus Antiquitäten, moderner Kunst und ultramodernen Möbeln eine sehr persönliche Note.

Werner, Dozent für Literatur an der nahe gelegenen Universität, ist gerade von seiner Frau Katrin angerufen worden. Sie ist noch in der Stadt und wird sich verspäten. Als sie vor fünf Jahren heirateten, arbeitete Katrin in einem Verlag, und sie hat trotz des langen Anfahrtsweges ihre Stelle nicht aufgegeben. Werner, der sich für ihre Arbeit lebhaft interessiert und froh ist, einen gebildeten Gesprächspartner zu haben, geht in die Küche und bereitet das Abendessen vor. Schließlich ist er schon seit Stunden zu Hause, seine letzte Vorlesung war um drei Uhr zu Ende. Am Sonnabend haben Katrin und er eingekauft, und der Kühlschrank ist voll. Als Katrin nach Hause kommt, ist der Tisch gedeckt und das Essen fast fertig.

Haben Sie erraten, welches der drei Paare in einer offenen Partnerschaft lebt? Können Sie sagen, welches die alte Ehevorstellung abgeändert und den eigenen Bedürfnissen angepaßt hat? Urteilen Sie nicht nach dem Anschein, denn hinter jedem dieser drei Beispiele verbirgt sich mehr, als man meint. Bevor Sie irgendwelche Schlußfolgerungen ziehen, wollen wir die drei Paare noch ein Weilchen länger beobachten.

Erstes Paar
Nach einem Abendessen bei Kerzenlicht stellt Else das Geschirr in die Spülmaschine, Robert legt sich auf die Couch und schaltet den Fernseher

ein. Als Else in der Küche fertig ist, kommt sie zu ihm, schmiegt sich an ihn, und sie reden ziemlich zusammenhanglos über dies und das, während das Programm weiterläuft. Dann geht er in sein Arbeitszimmer, um einen Schriftsatz zu entwerfen. Else bleibt auf der Couch liegen und sieht sich die Fernsehsendung weiter an. Das Telefon klingelt, und sie unterhält sich lebhaft mit dem Anrufer. Nach ein paar Minuten kommt Robert herein und bleibt neben dem Telefon stehen. Sie streckt eine Hand aus und streichelt ihm über den Arm, als ob sie ihn besänftigen wolle. Als das Gespräch zu Ende ist, erklärt sie, daß es ein Arbeitskollege war, der etwas über die neue Kollektion wissen wollte, aber Robert macht ein mürrisches Gesicht und glaubt ihr nicht ganz. «Ich begreife nicht, weshalb dir deine Arbeit bis nach Hause nachläuft. Von Privatleben hat bei euch wohl noch niemand was gehört.» – «Aber Liebling», erwidert Else, «gewisse Dinge kann man eben nicht auf den nächsten Tag verschieben, nanu, du bist ja richtig eifersüchtig!» Robert schnaubt verächtlich, geht in sein Arbeitszimmer zurück und knallt die Tür hinter sich zu. Aber ein paar Minuten später ist er wieder da und hat plötzlich Lust auf Sex. Else willigt sofort ein.

Zweites Paar
Nachdem Laura zu ihrem Kurs gegangen ist, spült Paul das Geschirr und geht dann in die Kunstgalerie. Er kommt gerade noch rechtzeitig zur Eröffnung, bleibt eine halbe Stunde dort und fährt dann zu einer Party, zu der er und Laura eingeladen sind. Er kommt lange vor ihr dort an; sie erscheint erst um halb elf. Er macht sie mit ein paar Leuten bekannt, die er inzwischen kennengelernt hat, und sie bleiben noch eine Stunde gemeinsam dort. Um Mitternacht sind sie zu Hause, setzen sich gemütlich hin, essen den Nachtisch, den sie aus Zeitmangel stehengelassen hatten, und erzählen sich, was sie in den Stunden erlebt haben, die sie getrennt verbrachten. Es ist schon spät, und Paul muß am nächsten Morgen sehr früh aufstehen. Trotzdem lieben sie sich noch, bevor sie einschlafen.

Drittes Paar
Katrin und Werner essen gemütlich zu Abend, und langsam entspannt Katrin sich vom Trubel des Tages. Aber sie ist sehr erschöpft und legt sich aufs Sofa. Werner erinnert sich daran, daß sie zu einer Party eingeladen sind. Er würde gern hingehen, aber Katrin sagt, sie sei zu müde. «Wollen wir lieber ins Kino gehen?» Aber auch dazu ist sie zu müde und meint, sie würde im Kino einfach einschlafen. Und tatsächlich fallen ihr die Augen zu, und sie schläft auf dem Sofa ein, während Werner die Unterlagen für seine nächsten Vorlesungen durchsieht.

Es kommt nicht darauf an, wer das Geschirr spült

Welches Paar lebt in offener Ehe?

Wenn Sie auf das 1. Paar tippen, irren Sie sich. Trotz Elses beruflicher Karriere und der Tatsache, daß sie ohne Trauschein mit Robert zusammen lebt, ist ihre Verbindung in jeder Hinsicht traditionell. Else ist praktisch eine gehorsame Sklavin und bedient Robert von vorn bis hinten. Er bringt es fertig, gleichzeitig autoritärer Patriarch und schmollender kleiner Junge zu sein. Er war eifersüchtig, als Else telefonierte, und es war nur diese Eifersucht, die sein sexuelles Verlangen auslöste. Zwar kann Else finanziell selbst für sich sorgen, aber in emotionaler Hinsicht ist sie von ihm abhängig und benutzt ihre hausfraulichen Dienstleistungen dazu, ihn wiederum von ihr abhängig zu machen. Ihre Intimität basiert auf dieser gegenseitigen Abhängigkeit: Er ist auf sie angewiesen, damit sie ihn in seiner Männlichkeit bestätigt und außerdem für sein leibliches Wohl sorgt, sie ist auf ihn angewiesen, um das Gefühl zu haben, daß sie gebraucht wird.

Wenn Else wirklich mit Robert verheiratet wäre und zwei Kinder hätte, würde sie nichts weiter sein als eine typische Hausfrau, die sich an die Regeln eines ebenso typischen Vertrages hält – allerdings wäre in diesem Fall vielleicht eine echte wirtschaftliche Abhängigkeit die Grundlage ihrer Beziehung. Wie die Dinge liegen, ist sie in anderen Punkten von ihm abhängig: Ohne seine besitzergreifende, fordernde Liebe würde sie sich verloren fühlen. Sie könnte sich ohne weiteres eine Haushalthilfe leisten, aber sie fürchtet, daß Robert das Interesse an ihr verlieren könnte, wenn sie nicht eifrig jedes seiner leiblichen Bedürfnisse erfüllt. Robert wiederum verlangt ihre ungeteilte Aufmerksamkeit, so wie er es als Einzelkind von seiner Mutter gewöhnt war. Er überwacht sogar Elses berufliche Beziehungen, und auf Parties weicht er nicht von ihrer Seite und registriert jede Nuance ihres Verhaltens. Sie ist sich natürlich über seinen Hang zur Herrschsucht im klaren und bemüht sich, ihr Temperament im Zaum zu halten. Beide haben sich für die traditionelle Form und somit für eine totale gegenseitige Abhängigkeit entschieden; sein Verhalten ist autoritär, sie übt die «erwartete» weibliche Passivität. Von allen drei Paaren sind es tatsächlich Else und Robert, deren Beziehung den traditionell-erstarrten Regeln am engsten folgt.

Es wäre auch falsch, anzunehmen, daß das 3. Paar in offener Partnerschaft lebt. Obwohl beide fähig sind, die traditionelle Rollenverteilung zu durchbrechen und die häuslichen Pflichten so aufzuteilen, wie es dem gesunden Menschenverstand und der gegebenen Situation entspricht, gleichgültig ob diese Pflichten als typisch männlich oder typisch weiblich gelten, leben auch sie in der Abgeschlossenheit einer eng umrissenen Zweisamkeit. Aber er gesteht seiner Frau wenigstens das Recht auf persönliche Selbständigkeit zu, weil er der Meinung ist, daß eine Frau, die sich geistig und seelisch weiterentwickelt und das Gefühl hat, auch als Einzelperson etwas wert zu sein, ihm viel mehr geben kann. Er sagt: «Ich halte nichts von der Theorie der gegenseitigen Ergänzung in der Ehe, wonach jeder Partner Aufgaben hat, die von vornherein als männlich beziehungsweise weiblich abgestempelt sind – letzten Endes würde das dazu führen, daß wir in zwei verschiedenen Welten leben, jeder sich sozusagen zu einer anderen Art Mensch entwickelt und keiner mehr die seelische Verbindung zum Partner herstellen kann. Ein Austausch der

Pflichten bedeutet, daß man mehr miteinander teilt.»

Er hat sich in seiner Einstellung zu seiner Frau also schon bis zu diesem Punkt hin entwickelt, während sie die freie Entfaltung seiner Persönlichkeit und seine Selbständigkeit in mancher Hinsicht beeinträchtigt. Da sie den ganzen Tag lang im Büro unter Menschen ist, bedeutet es für sie eine Entspannung, mit Werner allein zu sein – und sich auszuruhen. Für Werner, der viele Stunden am Tag allein ist oder Vorlesungen hat, bedeutet das Zusammensein und der Gedankenaustausch mit anderen Menschen Entspannung. Aber der traditionelle Ehevertrag schreibt vor, daß ein Paar alles zusammen tun muß – wenn der eine Partner zu müde zum Ausgehen ist, muß der andere sich opfern und ebenfalls inaktiv oder müde sein. Der alte Vertrag gestattet keinen Unterschied in der Stimmung, in den Bedürfnissen oder Wünschen. Er diktiert, daß ein Paar nur gemeinsam handeln darf, daß man, auch wenn man nicht in der gleichen Stimmung ist wie der Partner, zumindest so tut, als ob man es wäre. Werner und Katrin halten sich nach wie vor an diese Regel. Wenn Katrin nicht auf die Party geht, darf Werner auch nicht gehen. Bei aller Offenheit und Flexibilität, die sie in vieler Hinsicht beweisen, leben sie immer noch nicht in einer echten offenen Ehe.

Wenn Katrin ihren Beruf für ihre Weiterentwicklung und für die Bestätigung ihrer Persönlichkeit braucht, so ist das ihre Verantwortung und nicht die von Werner. Hat das zur Folge, daß sie abends müde ist, dann muß sie bereit sein, Werner seine eigenen Wege gehen zu lassen, anstatt ihn zu einer Form der Entspannung zu zwingen, die nur den Anforderungen ihres Berufs entspricht, nicht aber denen des seinen. Beide sind außerhalb der Ehe unabhängige und selbständige Persönlichkeiten, aber Katrin beschneidet Werners Unabhängigkeit innerhalb der Ehe. Sie sind Sklaven der traditionellen Idee, daß ein Paar stets zusammen in Erscheinung treten muß.

Das 2. Paar lebt in einer echten offenen Ehe. Das Paar Nr. 1 – Robert und Else – hat Persönlichkeit und Gleichberechtigung einer wechselseitigen Abhängigkeit geopfert. Paar Nr. 3 – Werner und Katrin – hat zwar die erforderliche Gleichberechtigung und freie Entfaltung der Persönlichkeit bis zu einem gewissen Grad erreicht, nicht jedoch das Stadium des echten *gegenseitigen* Vertrauens, das die Voraussetzung für die persönliche Freiheit ist. Wir haben gezeigt, daß man die für eine offene Partnerschaft charakteristische Gleichberechtigung und freie Entfaltung der Persönlichkeit sowie das gegenseitige Vertrauen nicht daran messen kann, wer das Geschirr spült oder das Essen kocht. Wenn Laura z. B. schon um sechs Uhr in den Kurs geht und erst um halb neun nach Hause kommt, ißt Paul allein, wenn er Hunger hat, oder er bereitet alles vor und wartet mit dem Essen auf sie. Wer zuerst zu Hause ist, macht das Abendessen. Aber sie sind nicht nur in der Verteilung der häuslichen Pflichten flexibel, sondern auch im gesellschaftlichen Bereich.

Für Laura ist der Abendkurs wichtiger als die Ausstellung in der Kunstgalerie. Das heißt aber nicht, daß Paul zu Hause bleiben muß. Wenn er hingehen will, dann soll er das tun. Er kann die Ausstellung genießen, und sie kann an diesem Genuß teilhaben, wenn er ihr später darüber berichtet. Falls irgendein Bekannter auf die Idee verfallen sollte, daß bei ihnen etwas nicht stimmt, weil Paul allein war, dann ist Laura der Ansicht, daß alles, was solch ein Mensch sagt, sowieso bedeutungslos ist. Paul erscheint vor ihr auf der Party, und wiederum ist ihm die Vorschrift über das gemeinsame Auftreten eines Ehepaares völlig gleichgültig. Wenn Laura zu müde gewesen und gar nicht gekommen wäre, hätte ihn das keineswegs verärgert. Es war ihre freie Entscheidung, in den Kurs zu gehen, auf die Ausstellung zu verzichten und verspätet auf die Party zu kommen. Aber im Gegensatz zu Katrin zwingt sie ihrem Mann nicht die Folgen ihrer Entscheidung auf. Als sie endlich wieder zusammen sind, können sie sich von ihren getrennt gemachten Erfahrungen erzählen und haben viel mehr Gesprächsstoff, als es bei einem Paar der Fall wäre, das nach den Regeln der traditionellen Ehe alles gemeinsam tun muß. Und da sie sich gegenseitig vollkommen vertrauen, auch wenn sie getrennte Wege gehen, können sie einander mit mehr Offenheit begegnen als Else und Robert, die ihre Erfahrungen aus Angst, den Partner zu verärgern oder zu verletzen, weitgehend für sich behalten müssen.

Diese drei Paare illustrieren eine der wichtigsten Tatsachen der offenen Ehe: daß diese Eheform nicht aus einer neuen Garnitur von Regeln besteht, die einem vorschreiben, was man zu tun und zu lassen hat, sondern daß sie das Prinzip einführt, kritisch zu betrachten, was man tut. Eine offene Partnerschaft bedeutet, daß man das gemeinsame Leben zwar als ein gemeinschaftliches Unternehmen ansieht, in dem aber die Bedürfnisse eines jeden Partners erfüllt werden können, ohne daß der andere in eine Abhängigkeit gedrängt wird, die seine Persönlichkeit unterdrückt. Dann kann man die Liebe als Anteilnahme am unabhängigen Wachstum des Partners verstehen und nicht als eine besitzgierige Beeinträchtigung seiner Entwicklung. In der Partnerschaftsehe ist die Gleichberechtigung ein geistiger Zustand, der auf gegenseitiger Achtung und Rücksichtnahme auf die Wünsche und Bedürfnisse des Partners beruht. Auf diese Art und Weise kann die Rollenverteilung flexibel und austauschbar sein. Auch in der Partnerschaftsehe kocht meistens die Frau das Essen, gehen Mann und Frau oft zusammen aus. Aber wenn sie das tun, dann geschieht es aus freier Wahl und nicht, weil der Partner es *verlangt*. Der Unterschied zwischen der traditionellen Ehe und der offenen Ehe ist der Unterschied zwischen Zwang und freier Entscheidung.

3. Der Vertrag wird umgeschrieben

Die psychologischen Verpflichtungen der traditionellen Ehe

Die Ehe ist ein Vertrag. Aber sie ist mehr als nur ein juristischer Vertrag zwischen dem Ehepaar und der Gesellschaft im allgemeinen – sie ist auch ein psychologischer Vertrag zwischen Mann und Frau, dessen Klauseln in erheblichem Grade schon lange Zeit vor dem Beginn der Ehe festgelegt sind. In mancherlei Hinsicht könnte man es einen in Unkenntnis der genauen Sachlage abgeschlossenen Vertrag nennen. Aber das macht ihn in bezug auf unsere Beziehung zu dem gewählten Ehepartner, unser Verhalten als Ehepaar und unsere Einstellung zum Sinn der Ehe nicht weniger bindend.

Unser Verhalten in der Ehe hängt von unserer Erziehung ab und bis zu einem gewissen Grade auch von persönlichen Erfahrungen. Wir werden von Idealen aus der Vergangenheit gelenkt. Wenn die Eltern eine unglückliche Ehe führten, wird man sich versichern wollen, daß die eigene anders wird, aber auch diese Unterschiede bleiben innerhalb der Richtlinien der traditionellen Ehe, wie sie seit Jahrhunderten für die westlichen Zivilisationen in Kraft sind. Man beschließt zum Beispiel, nicht jeden Samstagabend in die Kneipe zu gehen, wie es der eigene Vater tat, weil das zu ständigen Reibereien in der Ehe der Eltern führte, aber wenn man nur solche oberflächlichen Erscheinungen ändert, dann behandelt man nur die sichtbaren Symptome, nicht aber die eigentliche Krankheit.

Die traditionelle Ehe ist für den Mann wie für die Frau eine Art von Leibeigenschaft. Der ihr zugrunde liegende Vertrag ist so starr und unrealistisch, daß der verstorbene Psychologe Dr. Henry Guze nicht anders konnte, als folgendes zu schreiben:

«Es ist durchaus möglich, daß die Beteiligten sich durch die Annahme des Vertrages zu einem Verhalten verpflichten, das nicht nur ihre eigene, sondern vielleicht sogar die menschliche Natur überhaupt überfordert. Dieser unwirkliche Zustand schafft einen Nährboden für ein neurotisches Verhältnis zwischen den Partnern und gestattet die Entwicklung einer gesteigerten gegenseitigen Ausbeutung.»

Statt den alten Vertrag widerspruchslos hinzunehmen, nur weil unsere Eltern es taten und unsere Nachbarn es weiterhin tun, sollte jeder seinen eigenen Vertrag ausarbeiten. Aber bevor man mit der Ausarbeitung des eigenen Vertrages beginnt, der so flexibel gehalten sein muß, daß er der Entwicklung der Partner sowohl innerhalb als auch außerhalb der Ehe angepaßt werden kann, muß man einige der versteckten Forderungen und Gebote der traditionellen Ehe verstehen. Was bedeuten die psychologischen Verpflichtungen in der traditionellen Ehe?

In der Ehe . . .

. . . so meinte Molière, gehe, wie auch sonst, Zufriedenheit über Reichtum. Nur stellt sich weder das eine noch das andere von selbst ein wie ein Schnupfen im Herbst. Und weder folgt das eine dem anderen zwangsläufig, noch muß es ihm unbedingt vorausgehen.
Es gibt überhaupt kein Rezept, wie man das eine oder andere erreiche. Nur soviel läßt sich sagen: Finanzielle Sorgen sind der Zufriedenheit etwa so zuträglich wie Dauerregen dem Fremdenverkehr.

Der traditionelle Ehevertrag

Klausel Nr. 1: Besitz- und Eigentumsrechte am Partner. (Ehemann und Ehefrau sind beide Leibeigene: «Du gehörst mir.» Jemandem zu gehören ist allerdings etwas ganz anderes, als *zu* jemandem zu gehören.)

Klausel Nr. 2: Selbstverleugnung. (Man opfert das eigene Selbst und die eigene Identität.)

Klausel Nr. 3: Gemeinsames Auftreten. (Wir müssen wie siamesische Zwillinge immer als Paar auftreten. Die Ehe als solche wird zum Personalausweis, ohne den man praktisch nicht existiert.)

Klausel Nr. 4: Starre Verteilung der Rollen. (Pflichten, Verhalten und Ansichten sind nach einem vorbestimmten Muster und in Übereinstimmung mit altmodischen Begriffen über «männliche» und «weibliche» Aufgaben streng getrennt.)

Klausel Nr. 5: Absolute Treue. (Körperliche und auch seelische Treue, und zwar mehr durch Zwang als durch freie Wahl.)

Klausel Nr. 6: Totale Ausschließlichkeit. (Ständiges, wenn auch oft erzwungenes Zusammensein sichert den Bestand der Verbindung.)

Vielleicht sind Sie, verehrter Leser, nicht der Ansicht, einen derartigen psychologischen Vertrag abgeschlossen zu haben. *Sie* haben geheiratet, um Liebe, Wärme und Gemeinschaft zu finden. Das haben Sie auch. Aber unterschwellig, ohne daß Sie es merken, beginnen die Regeln des traditionellen Ehevertrages Ihre Freiheit und Persönlichkeit immer mehr zu unterdrücken und machen Sie zum Sklaven Ihrer Ehe. Außerdem ziehen die oben angeführten sechs Hauptregeln zusätzliche Unterklauseln nach sich, die ebenfalls Ihr Verhalten in der Ehe bestimmen.

Betrachten wir an einem Beispiel, wie leicht die Ehe nach altem Muster zu einem von einer Mauer umschlossenen Raum wird und wie diese Mauer nicht nur von der Außenwelt isoliert, sondern auch zwischen den Partnern und ihren inneren Bedürfnissen steht. Wir wollen ein jungverheiratetes Paar eine Woche lang beobachten und dabei die Situationen hervorheben, in denen die Eheleute sich den Vorschriften des traditionellen Ehevertrages unterwerfen, manchmal sogar gegen ihr besseres Wissen.

Zur Verdeutlichung sind die jeweils ihr Verhalten bestimmenden psychologischen Klauseln in Klammern eingefügt.

Die Bindung wird zur Fessel: Acht Tage, in denen ein traditioneller Ehevertrag entsteht

Hans und Susanne haben vor zwei Wochen aus Liebe geheiratet. Anschließend waren sie ein paar Tage an der See. Jetzt leben sie in der Wohnung, die Hans schon als Junggeselle bewohnte. Er ist angestellter Architekt, Susanne arbeitet weiter als Sekretärin. Als sie ihr neues Heim betreten, bringen sie nicht nur ihre Koffer mit, sondern auch das zwar unsichtbare, aber belastende Gepäck ihrer bisherigen persönlichen Erfahrungen, ihrer Bildung und Erziehung und ihrer idealistischen Erwartungen. Sie haben nur den Wunsch, einander glücklich zu machen und ihrer Liebe Ausdruck zu geben, und doch beginnen sie unbewußt, sich an einen traditionellen Vertrag zu binden. Sie sind glücklich, fröhlich und verliebt, denn noch sind alle Eindrücke frisch und neu, und doch gleiten sie, ohne es zu merken, in ein starres Rollenschema hinein, das ihnen mit Sicherheit Enttäuschungen und unglückliche Stunden bringen wird.

1. Tag: Es ist Sonntagmorgen. Verschlafen geht Susanne in die Küche und fängt an, das Frühstück zuzubereiten. Hans holt sich eine Zeitung und geht ebenfalls in die Küche. Während Susanne die Eier kocht, sitzt Hans am Küchentisch und liest die Zeitung. Jedesmal, wenn sie zwischen Herd und Tisch hin und her geht, streckt er zärtlich die Hand nach ihr aus. Ein reizendes Bild, zugegeben. Aber unter der Oberfläche formieren sich bindende Voraussetzungen. (*Klausel:* Die Frau muß kochen.) Als Junggeselle hat Hans oft selbst gekocht. Aber jetzt, als Ehemann, will er nie wieder am Herd stehen, es sei denn, daß sie sich später einmal ein Ferienhäuschen leisten können, und dann kann man mit ziemlicher Sicherheit von ihm erwarten, daß er sich ab und zu am Gartengrill betätigt. Es ist nicht so, daß Hans nicht gern kocht. Er hat sich zwar nie an komplizierten Gerichten versucht, aber er empfand die Küchenarbeit als eine angenehme Entspannung. Und doch setzt er jetzt einfach voraus, daß Susanne immer kochen wird. Heute leistet er ihr noch verliebt Gesellschaft, aber eines Tages wird er anfangen, die Zeitung im Wohnzimmer zu lesen, wo er mehr Platz hat. Das könnte dann durchaus für Susanne der Tag sein, an dem sie ihrerseits anfängt, sich über ihre ständige Rolle als Köchin vom Dienst zu ärgern.

Wenig später klingelt das Telefon.

«Liebling», flüstert Susanne, «es ist Mutter. Sie und Vater möchten vorbeikommen und uns guten Tag sagen. Du weißt ja, wie gern sie von unserer Hochzeitsreise hören wollen. Ist es dir recht?»

«Aber ja, mein Herz», erwidert er liebenswürdig. (*Klausel:* Man heiratet nicht nur den Ehepartner, sondern auch das ganze Netzwerk seiner Verwandtschaft und die dazugehörigen Verpflichtungen.) Hans fällt plötzlich ein, daß sie mit Linda und Jochen, ihren besten Freunden, durch die sie sich auch kennengelernt haben, verabredet sind. Natürlich erwartet Susanne, daß Hans einverstanden ist, wenn sie am ersten Tag nach ihrer Rückkehr ihre Eltern einladen will und die andere Verabredung absagt. Sie nimmt auch als selbstverständlich an, daß die Eltern nicht nur zu ihr, sondern zu ihnen beiden kommen. Susanne legt also eine weitere Regel fest: «Mach dir wegen Linda und Jochen keine Gedanken», sagt sie, «ich rufe Linda an. Wir können uns ja mal unter der Woche treffen, aber meine Eltern haben nur am Wochenende Zeit.» (*Klausel:* Zur Rolle der Frau gehört es, über das gesellschaftliche Leben des Partners zu bestimmen. Und das setzt als selbstverständlich voraus, daß sie über die Freizeit ihres Mannes verfügt. (Daran muß er sich eben gewöhnen.)

2. Tag: Susanne macht das Frühstück, stellt das Geschirr ins Spülbekken, und dann ist es für beide höchste Zeit, ins Büro zu fahren. Hans hat an diesem Tag ziemlich viel Ärger. Am Abend ist er vor Susanne zu Hause und macht sich einen Drink. Dann kommt Susanne, beladen mit zwei schweren Einkaufstaschen. (*Klausel:* Einkaufen gehört zu den Aufgaben der Frau.) Er hilft beim Auspacken und mixt für sie gleichfalls einen Drink, während sie das Frühstücksgeschirr spült und das Abendessen zubereitet. (*Klausel:* Das Mixen von Drinks ist Sache des Mannes, Geschirrspülen und Zubereitung des Abendessens sind Aufgaben der Frau.) Hans ist in Gedanken bei seiner Arbeit, bemüht sich aber, so zu tun, als sei alles in bester Ordnung. (*Klausel:* Der Mann muß immer stark sein; wenn er berufliche Probleme hat, darf er nicht seine Frau damit belasten, weil er dadurch seine Position schwächen könnte.)

Sie essen, unterhalten sich über dies und das, hauptsächlich über Susannes Arbeit und wann sie sich mit Linda und Jochen treffen wollen. Hans denkt die ganze Zeit an die Schwierigkeiten im Büro, aber er schweigt weiter. (*Klausel:* Man muß sich immer bemühen, die Idealvorstellung von der Rolle als Ehemann oder Ehefrau zu erfüllen.) Außerdem, so sagt er sich, würde Susanne vermutlich gar nicht begreifen, wovon er redet, was versteht sie schon von Bauplänen. (*Klausel:* Frauen haben andere Denkprozesse als Männer – der Mann denkt abstrakt, die Frau intuitiv.)

Selbst wenn es zuträfe, daß Susanne von Hans' Problemen nichts versteht (wir wissen, daß diese Annahme ein Rückfall in die viktorianische Auffassung über die geistige Kapazität der Frau ist), müßte das nicht unbedingt bedeuten, daß sie Hans nicht doch irgendwie helfen könnte. Vielleicht würde es ihn erleichtern, mit ihr darüber zu reden. Aber durch sein Schweigen schafft er die Basis dafür, immer wieder beruflichen Ärger in sich hineinzufressen; die versteckten Leitklauseln des Vertrages verpflichten ihn zum Verzicht auf die Kommunikation mit seiner Frau. Jetzt fällt ihm diese Täuschung noch nicht schwer, aber im Laufe der Jahre wird ihn das immer mehr Anstrengung kosten. Natürlich wird seine Frau das allmählich merken, auch wenn sie die Ursache nicht kennt, und sie wird sich ausgeschlossen fühlen. Eine solche Situation führt unausweichlich zu Mißverständnissen zwischen den Ehepartnern. Und all das sind die Folgen des Versuchs, die Klauseln eines stillschweigend akzeptierten Vertrages zu erfüllen, der die persönliche Freiheit einengt.

3. Tag: Susanne ruft Hans im Büro an und schlägt vor, heute abend mit Linda und Jochen essen zu gehen. Obwohl Hans gehofft hatte, sich zu Hause eine Weile ungestört mit seinen beruflichen Problemen befassen zu können, sagt er «einverstanden, Liebling», und so treffen sie sich mit ihren Freunden. (*Klausel:* Mann und Frau müssen Freunden und Bekannten gegenüber stets als Paar auftreten.) Hans ist todmüde, und als sie endlich zu Hause sind, fällt er ins Bett, ohne einen Blick auf die Pläne zu werfen, die er vom Büro mitgebracht hat.

4. Tag: Als Hans abends nach Hause kommt, ist Susanne noch nicht da. Beim Einkaufen kann sie nicht sein, denn im Kühlschrank sind noch genug Vorräte. Hans ist daran gewöhnt, um neunzehn Uhr zu essen, aber um Viertel vor sieben ist Susanne immer noch nicht zurück. Er ist müde und hungrig und fängt an, ärgerlich zu werden. (*Klausel:* Kochen ist Aufgabe der Frau.) Aber es fällt ihm nicht im Traum ein, sich selbst um das Abendessen zu kümmern. Für ihn ist die Küche Susannes Bereich und Verantwortung; er ist völlig an den veralteten Begriff von der Verteilung der Rollen in der Ehe gebunden. Er ist nicht nur unfähig, sich der gegebenen Situation anzupassen und das zu tun, was vernünftig wäre – nämlich die Mahlzeit vorzubereiten –, sondern er ist auch so verstört darüber, daß Susanne nicht da ist und das tut, was er als ihre Aufgabe ansieht, daß er sich nicht einmal in Ruhe auf seine berufliche Arbeit konzentrieren kann, obwohl er jetzt Zeit hätte. (*Klausel:* Mann und Frau müssen ihre Individualität dem Erscheinungsbild des Paares opfern.) Hans ist schon so im Mythos des Paar-Seins gefangen, daß er die Fähigkeit zum selbständigen Handeln verliert.

Ein paar Minuten später wirbelt Susanne gut gelaunt herein. Sie hat sich verspätet, weil sie einen alten Schulfreund traf, gerade als sie aus dem Büro kam. «Harry Bühler, ich hab dir von ihm erzählt. Na, jedenfalls sind wir schnell was trinken gegangen, und dann habe ich ihm alles über meinen wunderbaren Ehemann erzählt.» Hans lächelt und drückt Susanne an sich, aber insgeheim ist er immer noch etwas verschnupft. (*Klausel:* Mann und Frau dürfen nur dem Ehepartner und sonst niemandem gehören.) Diese Art von Besitzergefühl beruht auf einem unrealistischen Ideal (*Klausel:* Ich will dir alles sein, du sollst mir alles sein) und führt zu mangelndem Vertrauen und einem Gefühl der Unsicherheit. Im Grunde ihres Herzens wissen Mann und Frau sehr wohl, daß sie einander nicht alles sein können, aber da dieses Eingeständnis nicht bewußt erfolgt, bahnt es sich in der Form von Mißtrauen den Weg an die Oberfläche. Hans zum Beispiel kann die Frage «Mußtest du dich denn unbedingt zu einem Drink einladen lassen?» nicht unterdrücken. Susanne erwidert: «Ach, weißt du, das Lokal war ja gleich nebenan, und er kommt sicherlich nicht so bald wieder her.»

Das ist ein guter Nährboden für weitere Mißverständnisse. Hans, der an seine beruflichen Probleme denkt, ist beim Essen schweigsamer als sonst. Das verleitet Susanne zu der unzutreffenden Annahme, er sei verärgert, weil sie mit Harry etwas trinken gegangen ist. «Du bist mir doch nicht böse?» fragt sie, und Hans, der sie gerade fragen wollte, ob sie etwas dagegen hätte, wenn er nach dem Essen ein Weilchen arbeitet, fühlt sich jetzt veranlaßt, den Abend mit ihr zusammen vor dem Fernseher zu verbringen. Würde er jetzt sagen, er wolle allein sein, wäre sie verletzt und überzeugt davon, daß er ihr doch böse ist. (*Klausel:* Das Zusammensein gehört zu den wichtigsten Dingen in der Ehe. Man muß immer gewillt sein, die eigenen Wünsche auf dem Altar des Zusammenseins zu opfern.)

Dieses Beispiel zeigt deutlich, wie das Zusammenwirken ganz verschiedener psychologischer Klauseln die Partner immer fester in das Gefüge der traditionellen Ehe bindet. Hätte Hans von Anfang an offen mit Susanne über seine beruflichen Schwierigkeiten gesprochen (statt auf seine Rolle als «starker Mann» bedacht zu sein), wäre die Gefahr, daß sie sein Schweigen mißversteht, erheblich verringert worden. Statt zu fragen «Bist du mir böse?», wäre sie in der Lage gewesen, auf seine Stimmung einzugehen und ganz selbstverständlich die Frage an ihn zu richten: «Machst du dir immer noch Sorgen wegen der Baupläne?» Dann hätte er antworten können: «Ja, ich glaube, ich sollte nach dem Essen noch ein Weilchen arbeiten.» Er hätte nicht einmal zu fragen brauchen: «Hast du etwas dagegen?», denn in der offenen Ehe braucht man keineswegs um Erlaubnis zu bitten – man weiß im voraus, daß einem das Recht auf die Erfüllung der persönlichen Bedürfnisse uneingeschränkt gewährt wird.

5. Tag: Es ist Morgen. Hans fühlt sich wie zerschlagen, weil er schlecht geschlafen hat. Bis drei Uhr früh hat er wach gelegen, die nervliche Anspannung ließ ihn nicht einschlafen, trotzdem war er zu müde, nun auch nur halbwegs vernünftig über seine Probleme nachzudenken. Aber beim Frühstück verliert er kein Wort darüber, noch sagt er Susanne, daß er keinen Appetit hat. Irgendwie würgt er herunter, was sie ihm vorsetzt, aber den ganzen Vormittag lang hat er Sodbrennen. Und dabei war die Zubereitung eines ausgiebigen Frühstücks gerade heute das letzte, wozu Susanne Lust hatte. So hat jeder von ihnen im Namen der Liebe und auf Kosten des eigenen Selbst etwas getan, das er gar nicht wollte und das ganz überflüssig war, nur weil beide sich von den Klauseln des traditionellen Vertrages lenken ließen. Jeder reagiert so, wie er annimmt, daß der Partner es von ihm erwartet, statt herauszufinden, was tatsächlich von ihm erwartet wird.

Georg, ein alter Freund von Hans, ruft ihn im Büro an und schlägt vor, sich mal nach Feierabend auf ein Bier zu treffen oder am Samstag abend zusammen mit Susanne zum Essen zu gehen. Sosehr er eine kleine Abwechslung begrüßen würde und so gern er Georg auch mag, Hans lehnt ab, jedenfalls für diesen Abend, und sagt, er würde Susanne fragen, was sie für Samstag vorhat. (*Klausel:* Die Frau verfügt über die Zeit des Ehemannes, mit Ausnahme der tatsächlichen Arbeitsstunden.) Er hat Bedenken über Georgs Vorschlag für Samstag, weil Susanne sich von Georgs Unverblümtheit und seinem derben Humor immer abgestoßen gefühlt hat. Wie er geahnt hat, ist Susanne dagegen. «Ich mache mir nichts aus Georg», sagt sie und erinnert Hans daran, daß die Müllers, ein Ehepaar, das im gleichen Stockwerk wohnt und mit dem sie sich angefreundet hat, sie für Samstag zu einer Party eingeladen haben. (*Klausel:* Alle Freunde des Ehepaares müssen gemeinsame Freunde sein.)

6. Tag: Es ist Freitag, endlich. Susanne erinnert Hans daran, daß sie später nach Hause kommen wird, weil sie zum Friseur geht. Als Hans Georg anruft und für Samstag absagt, schlägt Georg vor, Hans heute nach Feierabend zu treffen. Er bringe eine Freundin mit. Da Susanne sowieso später kommen wird, sagt Hans zu, aber er fühlt sich von Anfang an schuldbewußt. Wenn Susanne wirklich etwas gegen Georg hat, dann könnte es fast ein bißchen brutal wirken, daß er sich nun gleich am nächsten Tag mit ihm trifft – fast als ob er Susanne um zwei Ecken herum die Meinung sagt, was keineswegs seine Absicht ist.

Hans unterhält sich so gut mit Georg und dessen Freundin, daß die Zeit schneller vergeht, als er merkt. Er ruft Susanne an und sagt ihr Bescheid. Sie sei selbst erst vor ein paar Minuten nach Hause gekommen, sagt sie, und habe gerade angefangen, sich Sorgen um ihn zu machen. Unterwegs kauft Hans ein Dutzend Rosen und beginnt somit die Besänftigungspolitik, die sich in traditionellen Ehen zwangsläufig entwickelt. Natürlich kauft er die Rosen nicht nur, weil er Susanne besänftigen will. Er ist jung verheiratet und sehr verliebt. Trotzdem ist ein Schuldgefühl mit im Spiel – weil er nicht zu Hause war, als sie heimkam, und weil er sich mit Georg getroffen hat. Und noch ein Gedanke bedrückt ihn – er weiß, daß es das nächste Mal für ihn noch schwieriger sein wird, sich mit Georg zu treffen, so daß ihm nichts anderes übrigbleibt, als diese Freundschaft aufzugeben. Da er Georg sehr gern hat, fühlt er sich auch deswegen schuldbewußt.

In einer Partnerschaftsehe würde keines dieser beiden verschiedenen, aber ineinandergreifenden Schuldgefühle notwendig sein, denn da gibt es keine Klauseln über das Eigentumsrecht am Partner und das Auftreten des Paares als geschlossene Einheit. Keiner der Partner braucht sich schuldbewußt zu fühlen, wenn er einen Freund hat, den der andere nicht leiden kann, oder weil er etwas später nach Hause kommt. Solche Freundschaften bzw. Vorkommnisse werden in der offenen Ehe als ganz normaler Bestandteil des Lebens akzeptiert, was sie ja auch sind. Man kann von zwei Menschen wirklich nicht erwarten, daß sie genau die gleichen Freunde haben. Und doch ist es genau diese Art von unrealistischer Erwartung, von der Partner in einer traditionellen Ehe glauben, sie sei erfüllbar.

7. Tag: Während Susanne vormittags die Wohnung saubermacht, bringt Hans die Wäsche in den Waschsalon. Eigentlich gehört das seiner Ansicht nach zu den Aufgaben der Frau. Aber er hat ja nicht vor, zu warten, bis die Wäsche fertig ist, lieber gibt er jemandem vom Bedienungspersonal ein Trinkgeld und holt sie später wieder ab. Außerdem ist der Wäschesack schwer und unhandlich, und Susanne würde sich beim Tragen schwertun. (*Klausel:* Der Ehemann darf nie etwas tun, das nicht zu dem Image paßt, das er von sich selbst als «Mann» hat.) Hans' Überlegungen über das Gewicht des Wäschesacks sind natürlich lächerlich, aber genau solche Gedankengänge sind typisch für ein übermäßiges Rollen-Bewußtsein.

Als sie sich abends für die Party bei den Müllers fertigmachen, fragt Susanne Hans, was sie anziehen soll. «Du siehst immer hübsch aus», sagt er galant, aber als sie dann in einem enganliegenden, paillettenbestickten Kleid im Stil der zwanziger Jahre erscheint, sagt er: «Mein Gott, Susanne, wir gehen doch nicht zu einem Kostümfest!» (*Klausel:* Mann und Frau reflektieren den Geschmack des Partners; daher darf keiner von beiden etwas anziehen, das dem anderen nicht gefällt.) Obgleich Susanne entzückend aussieht und das Kleid für die Party genau richtig ist, folgt sie Hans' Gebot und zieht sich um. Hier zeigt sich Hans' und Susannes Mangel an Persönlichkeit und Selbstbewußtsein. Sie wählte zwar instinktiv das passende Kleid, aber dadurch, daß sie ihn überhaupt fragte und sich umzog, als er sich abfällig äußerte, bewies sie, daß sie kein Selbstvertrauen hat. Das soll nicht heißen, daß man sich in einer Partnerschaftsehe nicht gegenseitig fragt, was man anziehen soll. Wenn Susanne wirklich Zweifel gehabt hätte und tatsächlich Hans' Rat hören wollte, wäre es ganz vernünftig gewesen, ihn zu fragen. Aber ihn zu fragen, wenn sie genau weiß, was sie anziehen will, ist dumm und schadet ihrer eigenen Persönlichkeit. Was Hans betrifft, so ist seine Kritik an der Kleidung seiner Frau ganz einfach der Ausdruck seines mangelnden Selbstvertrauens: Wenn ihn das Kleid, das seine Frau tragen will, so aus der Fassung bringen kann, dann fehlt es ihm in bedenklichem Maße an Selbstsicherheit.

Auf der Party bleiben Hans und Susanne die meiste Zeit eisern zusammen (*Klausel:* Mann und Frau existieren in erster Linie als Paar und müssen als geschlossene Einheit auftreten. Sonst könnte vielleicht jemand denken, sie seien nicht verheiratet, oder – was noch schlimmer wäre – sie würden sich nicht vertragen.) Aber als die Gastgeberin Susanne bittet, ihr einen Moment in der Küche zu helfen, trennen sie sich doch. Als Susanne ins Wohnzimmer zurückkommt, sieht sie Hans und eine ihr unbekannte Frau in angeregter Unterhaltung auf dem Sofa sitzen. Susanne geht eilig zu ihnen hin. (*Klausel:* Weder der Mann noch die Frau darf jemals Interesse an einem Vertreter des anderen Geschlechts zeigen, es sei denn, der Ehepartner ist dabei.) Als Hans sie mit der Dame bekannt macht, ist Susanne so höflich, wie es sich gehört. Aber ihr physisches Verhalten, nämlich ihre Eile beim Durchqueren des Zimmers, gibt der anderen Frau zu verstehen, daß sie als Eindringling betrachtet wird. Tatsächlich hat die Fremde die Andeutung verstanden und zieht sich zurück. Es stellt sich heraus, daß sie ebenfalls Architektin ist und den Kunden kennt, der Hans zur Zeit so viele Schwierigkeiten macht. Sie hatte Hans ein paar Tips gegeben, wie er mit dem Mann am besten fertig würde, aber Susannes Eifersucht hat das Gespräch abgewürgt. Mit ihrem Verhalten sagte Susanne der Fremden deutlich «er gehört mir», und zu Hans sagte sie ebenso deutlich «ich traue dir nicht». Natürlich traut sie Hans nicht – wie könnte sie auch? Schließlich hat man ihr eingeimpft, daß der Begriff der Treue mit der folgenden starren und mechanischen Regel gleichbedeutend ist: Interessiere dich niemals für einen Vertreter des anderen Geschlechts. Tief im Herzen weiß Susanne – genauso wie jeder von uns –, daß Hans diesem Standard unmöglich gerecht werden kann. Denn welcher Partner könnte bei dieser Auslegung des Begriffs der Treue dem anderen vertrauen?

8. Tag: Es ist wieder Sonntag. Und genau wie vor acht Tagen rufen Susannes Eltern an und kündigen ihren Besuch an. «Du hast doch nichts dagegen, Liebling, nicht wahr?» fragt Susanne. Hans wäre lieber mit Susanne ins Kino gegangen, aber eine ablehnende Antwort würde sie verletzen. «Natürlich nicht», sagt er. Und das Muster der traditionellen Ehe prägt sich immer deutlicher aus.

Der ungeschriebene Vertrag ist von beiden akzeptiert worden.

4. Offene Ehe gegen traditionelle Ehe: Die Richtlinien

Die vorgezeichnete Form

Ohne daß auch nur ein Wort darüber gesprochen wurde, haben Hans und Susanne in der ersten Woche ihrer Ehe die Grundlage für einen Vertrag geschaffen, der ihr Verhalten bestimmen wird, solange sie miteinander verheiratet sind. Susanne kocht und macht die Hausarbeit, Hans bringt die Wäsche weg und holt sie wieder ab, keiner hat ein Privatleben, und jeder überwacht den Bekanntenkreis des Partners. Sie treten immer als Paar auf, ohne Rücksicht auf die eigenen Interessen. Und man kann erwarten, daß sie im Laufe der Zeit noch mehr «zusammenwachsen». Im Sinne des traditionellen Ehevertrags bedeutet das, daß sie individuelle Wünsche und Fähigkeiten ersticken und nur diejenigen dulden werden, die für beide erfreulich und akzeptabel sind. Im Namen der Liebe, die sie füreinander empfinden, werden sie beharrlich genau die individualistischen Neigungen in sich ausrotten, welche die Basis für das persönliche Wachstum sein sollten, ohne daß jede Ehe auf einen toten Punkt gerät.

Die Form, in die sie sich eingepaßt haben, war schon vorgezeichnet, ihre Konturen von längst überholten gesellschaftlichen Traditionen bestimmt. Hans erwartet, daß sein Haushalt genauso geführt wird, wie er es von seiner Mutter gewöhnt ist. Natürlich ist er auf Grund der veränderten Lebensbedingungen zu ein paar Zugeständnissen bereit. Seine Mutter wusch die Wäsche zu Hause, aber sie hatte eine eigene Waschmaschine und konnte die Wäsche im Hof aufhängen. Susanne hat durch Erziehung und einschlägige Publikationen gelernt, daß eine gute Ehefrau klug daran tut, ihren Haushalt so zu führen, wie ihr Mann es wünscht. Die Tatsache, daß sie ganztägig im Büro arbeitet, was weder ihre noch die Mutter von Hans jemals getan haben, wird nicht berücksichtigt. Aber eines Tages wird Susanne darüber nachdenken und verärgert und unzufrieden sein, wenn sie feststellen muß, wie anstrengend es ist, in ein paar gestohlenen Stunden all das zu schaffen, wofür ihre Mutter den ganzen Tag Zeit hatte. Bis sie das jedoch erkannt hat, wird das Muster schon so fest etabliert sein, daß jede Änderung nur durch einen heftigen Krach bewirkt werden kann.

Junger Architekt heiratet Haushaltssklavin

Wenn beide Ehepartner berufstätig sind, wird das Problem der Hausarbeit höchst brisant. Und da immer mehr Frauen einen Beruf ausüben (was nur zu begrüßen ist), betrifft dieses Problem auch immer mehr Ehepaare. Sowohl Susanne als auch Hans hatten vor ihrer Heirat eine eigene Wohnung. Beide können kochen und putzen; sie ist zwar der bessere Koch, aber seine Wohnung war entschieden sauberer und ordentlicher. Und doch erwartet Hans, daß Susanne sofort nach der Hochzeit die *ganze* Last der Hausarbeit auf sich nimmt. Das gehört zum Pflichtenkreis der Frau, so wurde es ihm eingeimpft. Und da Susanne dasselbe in noch stärkerem Maße eingehämmert worden ist, wird sie versuchen, diesem Ideal zu entsprechen. Falls Hans wirklich einmal freiwillig beim Abwaschen helfen sollte, ist ihm das hoch anzurechnen. Er ist so gründlich geschult worden, daß er sich tatsächlich edel vorkommt, wenn er den Wäschesack zum Waschsalon trägt.

Bei dieser Einstellung von Hans kann Susanne nur zwischen zwei Möglichkeiten wählen: nachgeben oder sich wehren. Im ersteren Fall wird sie vermutlich nach einiger Zeit ihre Stellung aufgeben, nur noch Hausfrau sein und sich so in die starrste Form der traditionellen Ehe einpassen. Wehrt sie sich, werden die häuslichen Pflichten zum Streitobjekt. Hausarbeit ist nicht nur eine einfache und alltägliche Aufgabe, die eben erledigt werden muß – es sei denn, beide Partner sind sich einig, sie so zu betrachten. Wenn das der Fall ist, wenn Geschirrspülen oder Staubwischen als Teil eines ganzen Komplexes von – wenn auch lästigen – täglichen Pflichten angesehen wird, den man bewältigen muß, um es zu Hause gemütlich zu haben, dann geht alles viel leichter. All diese Arbeiten können geteilt, ausgetauscht oder von dem Partner erledigt werden, der den wenigsten Widerwillen dagegen hat. Hausarbeit wird erst dann zum Problem, wenn sie das Symbol für eine fest zugeteilte Rolle ist.

Eine Frau, die neben ihrem Beruf auch noch die gesamte Hausarbeit leistet, muß sich obendrein noch sagen lassen (und akzeptiert das auch), daß ihr Status in der Ehe geringer ist als der ihres Mannes. Leider hat die Verärgerung darüber viele Frauen zu absurden und übertriebenen Reaktionen geführt. Sie fordern energisch eine neue Art von Vertrag, die genauso starr ist wie die alte: Der Mann soll die Frau in bar für die von ihr geleistete Hausarbeit entlohnen. Aber der Austausch einer festen Regel gegen eine andere kann das Problem nicht lösen. Die wahre Gleichberechtigung kann nicht daran gemessen werden, *wer* das Geschirr spült oder ob der Betreffende dafür eine spezifische Belohnung erhält oder nicht. Der einzige Maßstab ist *unsere Einstellung* zu solchen Arbeiten.

Liebling, du bist mein alles

Hans und Susanne sind so auf das Zusammensein fixiert, so erfüllt von der Erwartung, daß jeder von ihnen alle Bedürfnisse des Partners erfüllen kann, daß die Idee, sich gegenseitig ein Eigenleben zuzugestehen, ihnen vermutlich absurd vorkommen würde. Aber Hans hat sich schon ein paarmal frustriert gefühlt, als er keine Stunde für die Arbeit an den Bauplänen abzweigen konnte. Solche Anwandlungen werden als unausbleibliche Folge des ständigen Zusammenseins immer häufiger vorkommen. Auch Eheleute brauchen Bewegungsfreiheit, und zwar nicht nur im physischen Sinne, also durch eine gelegentliche räumliche Trennung, sondern auch im psychischen Sinn; sie brauchen geistigen Raum. Ohne diesen ist keine persönliche Entwicklung möglich, und ohne eine Weiterentwicklung wird sich auch das verliebteste Paar schließlich miteinander langweilen.

Aber das Bedürfnis nach geistigem Raum ist etwas, das Hans und Susanne noch jeder für sich selbst entdecken müssen, wahrscheinlich auf recht schmerzhafte Art und Weise. Nachdem sie in dem Irrglauben erzogen wurden, daß einer für den anderen alles sein kann, werden sie sich ständig in dem Bemühen, den falschen Idealen einer vergangenen Zeit nachzuleben, gegenseitig auf die Zehen treten. Monat um Monat werden sie sich mehr in den Gleisen der traditionellen Ehe festfahren. Wenn sie eines Tages zu erkennen beginnen, daß die Ideale unerreichbar und die an sie gestellten Forderungen übermenschlich sind und ihre individuelle Weiterentwicklung hemmen, dürfte es außerordentlich schwierig sein, aus dem Dickicht der Klauseln und Subklauseln des traditionellen Vertrages den Weg ins Freie zu finden.

Am Anfang denken beide, daß die Liebe alles überwinden kann, und sind eifrig damit beschäftigt, sich gegenseitig alles recht zu machen, um zu analysieren, was sie da eigentlich tun und warum. Der ihnen auferlegte soziale und psychologische Vertrag wird ja nie in Worte gefaßt, nie klar betrachtet. In den meisten Fällen verhalten sie sich auch völlig normal. Den Ehemann zu fragen, welches Kleid man anziehen soll, mehr Zeit mit den Schwiegereltern zu verbringen, als man eigentlich möchte, das Geschirr zu spülen oder einen Freund aufzugeben – all das braucht keinem der Partner zu schaden und kann sogar beiden nützen, vorausgesetzt, daß die Gründe für dieses Verhalten offenliegen und der Betreffende die volle Verantwortung dafür übernimmt. Ist ein solches Verhalten aber Bestandteil eines vorgezeichneten Musters und soll nur eine ganze Litanei unreflektierter Erwartungen erfüllen, beruht es auf Selbsttäuschung und unbewußter Selbstverleugnung, dann ist es falsch und schädlich. Wenn man sich schon in die Sklaverei verkauft und sich jede persönliche Weiterentwicklung und Freiheit versagt, soll man sich dieser Tatsache wenigstens bewußt sein.

Die meisten von uns scheuen vor dem Gedanken zurück, das Zusammenleben mit einem geliebten Partner den nüchternen Bedingungen eines Vertrages gleichzusetzen. Aber ob es uns gefällt oder nicht, genau das ist es, was wir auf uns nehmen, wenn wir heiraten. Weigern wir uns, dieser Tatsache ins Auge zu sehen, dann heißt das, daß wir uns weigern zu prüfen, was an den psychologischen Verpflichtungen des traditionellen Ehevertrags falsch ist; dann akzeptieren wir ihn und seine Folgen. Natürlich bewirkt auch dieser Vertrag letzten Endes eine Kommunikation zwischen den Partnern – aber in der Form von Streit und Kampf. Wenn wir uns blind stellen oder nicht wissen, wie wir eine direkte und vernünftige Kommunikation herstellen können, werden sich die unterdrückten Spannungen indirekt durch sinnlose Wutausbrüche entladen.

Ist es schließlich soweit, daß Hans und Susanne ihre Kommunikation in der Form von Streitereien beginnen, dann werden die Vorwürfe, die sie sich gegenseitig machen, keinerlei konstruktive Wirkung mehr haben. Das Beste, was sie sich jetzt noch erhoffen dürfen, ist, daß sie durch ihre Kontroversen zu einem Kompromiß gelangen können. Sie werden all die ausgelaugten Ratschläge praktizieren, die den Eheberatern und den Verfechtern des Zusammensein-Kults so lieb und wert sind: Sie werden «nachgeben», «sich opfern» und um ihre Rechte schachern und feilschen, als ob die Ehe ein Trödelmarkt sei. Und schließlich werden sie sich «einander anpassen».

Aber in Wirklichkeit passen sie sich nicht einander, sondern den Forderungen des traditionellen Ehevertrages an, und zwar erst nach vielen schmerzlichen Erfahrungen. In unserer Zeit des schnellen und ständigen Wechsels ist Flexibilität eine absolute Notwendigkeit. Unsere Eheverträge müssen so viel Bewegungsfreiheit bieten, daß wir uns rasch und leicht anpassen können und nicht erst durch langanhaltende seelische Erschütterungen und Kompromisse. Wir müssen fähig sein, unseren Vertrag je nach den Gegebenheiten abändern zu können, ob es sich dabei nun um eine neue Stellung, den Verlust des Arbeitsplatzes oder um die Geburt eines Kindes handelt.

Überlegen wir einmal, was geschieht, wenn Hans und Susanne ein Kind bekommen. In einer traditionellen Ehe verursacht die Geburt des ersten Kindes meist eine Krise, denn sie stellt die weitestreichende Anpassung dar, die ein junges Paar bewältigen muß. Wenn jeder Partner erwartet, daß der andere sich ausschließlich ihm widmet, von ihm die vollkommene Erfüllung erwartet, wie soll dann das Kind in diesem geschlossenen Kreis der Liebe einen Platz finden? Eine Untersuchung in den sechziger Jahren über das Thema Eheglück erbrachte die nachstehende überraschende Schlußfolgerung: «Kinder schmälern eher das eheliche Glück, als daß sie dazu beitragen.» Daran sind sicher nicht die Kinder schuld, sondern wir. Und wir müssen die Gründe dafür suchen, indem wir uns klarwerden, wie wir nach dem Glück in der Ehe streben. Hans und Susanne müssen also ihren Begriff von Liebe als persönliches Besitzen abändern und erweitern, damit sie das Kind in ihre Gemeinschaft miteinbeziehen können. Ausschließlich Liebe und ein psychologischer Besitzanspruch für den Partner sind kaum die geeigneten Voraussetzungen für die Elternschaft – aber sie gehören zu den Grundlagen der traditionellen Ehe. Wie können Hans und Susanne ihr Kind zu einem verantwortungsbereiten, reifen Menschen erziehen, der sich seiner eigenen Persönlichkeit bewußt ist, wenn sie in ihrer Ehe nicht gleichfalls dieses Bewußtsein haben? Wie können sie ihr Kind weise und verständnisvoll lieben, wenn sie selbst in ihrer Ehe nur eine Liebe kennen, die der gegenseitigen Abhängigkeit und der Aufgabe jedweder Individualität entspringt? Nicht nur zu ihrem eigenen Wohl, sondern auch zum Wohle ihrer Kinder sollten Hans und Susanne sich bemühen, der Sklaverei des traditionellen Ehevertrages mit seinen einengenden Unterklauseln zu entkommen. Aber wie können sie das erreichen, ohne den Vertrag insgesamt aufzukündigen?

Wie man einen Partnerschaftsvertrag aufsetzt

Der Partnerschaftsvertrag ersetzt nicht alte Regeln durch neue, sondern zeigt vielmehr, wie Partner lernen können, frei und offen miteinander zu sein und so eine Lebenseinstellung zu erreichen, die von beiden akzeptiert und verstanden wird. Vergleichen wir noch einmal das, was der traditionelle Vertrag fordert, mit dem, was der Partnerschaftsvertrag bietet:

Der traditionelle Vertrag fordert
Besitz des Partners
Selbstverleugnung
Nur als Paar auftreten
Starre Rollenverteilung
Absolute Treue
Völlige Ausschließlichkeit

Der Partnerschaftsvertrag bietet
Unabhängiges Leben
Persönliche Entwicklung
Individuelle Freiheit
Flexible Rollenverteilung
Gegenseitiges Vertrauen
Erweiterte und vertiefte Beziehung durch Öffnung nach außen.

Der traditionelle Vertrag mit seinen versteckten Klauseln führt zum Stillstand. Der Partnerschaftsvertrag mit seinem Anreiz zum Wachstum der Persönlichkeit fördert die Entwicklung einer Synergie.

Synergie bedeutet in diesem Zusammenhang das freiwillige und harmonische Zusammenwirken zweier Menschen, die in Übereinstimmung leben. Jede persönliche Weiterentwicklung bedeutet nicht nur Bereicherung für sich selbst, sondern gleichzeitig Antrieb für den Partner, sein eigenes geistiges Wachstum zu fördern. In der traditionellen Ehe sind beide Partner auf Grund gegenseitigen Besitzanspruchs gezwungen, auf Erfahrungen zu verzichten, die ihren Horizont erweitern könnten. Hans muß die Freundschaft mit Georg aufgeben. Susanne hängt auf Parties wie eine Klette an Hans, statt neue Bekanntschaften zu suchen, die sie interessieren könnten. In solch einer Ehe ist der Stillstand unvermeidlich. Aber wenn jeder frei seinen Interessen folgen darf, beispielsweise Freunde hat, die nur ihm selbst etwas bedeuten, dann könnten die Erfahrungen, die aus solchen Kontakten gewonnen werden, auch die Ehe bereichern. Aber auch in anderen Belangen, seien es berufliche Entscheidungen, intellektuelle Interessen oder andere Formen der Selbsterfüllung, muß jeder Partner sich ungehindert entwickeln können.

Daß beide Partner von Verbesserungen finanzieller oder gesellschaftlicher Art profitieren, ist jedem klar. Aber es muß auch klarwerden, daß jeder Partner – und somit die Ehe als solche – von einer intellektuellen oder emotionalen Weiterentwicklung des anderen profitiert.

Wir haben acht prinzipielle Richtlinien aufgestellt, die Ihnen beim Vertragsentwurf für die angestrebte Partnerschaftsehe helfen können. Jede dieser Richtlinien ist wichtig, aber um sie voll auszunutzen, muß man sie in Verbindung mit den anderen anwenden. Doch geht man am besten schrittweise vor. Dann entdeckt man, daß die praktische Anwendung der einen Regel wesentlich dabei hilft, eine andere in die Tat umzusetzen und umgekehrt.

Die acht Richtlinien

1. Im Jetzt leben und realistische Erwartungen haben
2. Eigenleben
3. Offene und ehrliche Kommunikation
4. Flexible Rollenverteilung
5. Offene Gemeinschaft
6. Gleichberechtigung
7. Eigene Identität
8. Vertrauen

Wo bleiben Liebe, Sexualität und Treue? Sind nicht auch sie Richtlinien – die wesentlichen Bestandteile einer jeden Ehe? Wesentliche Bestandteile – ja; Richtlinien – nein. Viele der Probleme in der traditionellen Ehe ergeben sich aus der falschen Vorstellung von der Rolle, die Liebe, Sexualität und Treue in der Beziehung zwischen Mann und Frau spielen. Die obengenannten Richtlinien für die offene Ehe bilden die Grundlage, auf der Liebe, Sexualität und Treue ihre wahre Bedeutung erreichen können, und nicht umgekehrt. Wenn die eigene Identität von der Liebe abhängt, die Gleichberechtigung nach der Sexualität gemessen und das Vertrauen als Treue definiert wird, dann wird die Identität vom Abflauen des anfänglichen romantischen Überschwangs zerstört, die Gleichberechtigung durch vorübergehende Störungen im sexuellen Bereich ins Wanken gebracht und das Vertrauen schon durch den leisesten Anschein von Untreue vernichtet. Wenn sich aber Identität, Gleichberechtigung und Vertrauen voll entfalten können, wird keine der Spannungen, die es in jeder Beziehung zwischen zwei Menschen immer wieder gibt, eine nachhaltige Wirkung haben.

Die oben aufgezählten acht Richtlinien bilden den Kern unseres Buches. Sie behandeln sowohl die einfachsten als auch die kompliziertesten Aspekte in der Beziehung zwischen zwei Menschen, aber die Reihenfolge ihrer Anwendung muß sich nach der jeweiligen Situation richten. Unsere Richtlinien sind Vorschläge und keine Zauberformeln oder Vorschriften. Wir bezwecken damit nicht, für Sie ein Schema zu entwerfen, an das Sie sich starr halten sollen. Wir wollen Ihnen zeigen, wie Sie selbst einen konstruktiven Lebensstil entwickeln können, der speziell auf Sie und Ihren Partner zugeschnitten ist.

5. Richtlinie Nr. 1: Im Jetzt leben und realistische Erwartungen haben

Jetzt ist heute

Partnerschaftsehe heißt offenes Zusammenleben mit dem Partner und fortlaufende Anpassung des Ehevertrages an die Gegebenheiten des Jetzt. Was gestern war, ist vorbei, was morgen sein wird, weiß niemand. Aber das Heute, das Jetzt, ist da, und es heißt, das Beste daraus zu machen. Das bedeutet, mit wachen Sinnen und bewußt das eigene Verhalten, seine Gefühle und Handlungen zu beobachten und zu erkennen versuchen, was im Jetzt geschieht.

Kennzeichnend für die traditionelle Ehe ist eine zu starke Fixierung auf die Zukunft. In den meisten Fällen ist es leider so, daß ein junges Paar zugleich mit dem Jawort bereits Verpflichtungen für die Zukunft eingeht und sich damit auf zu Erwartendes festlegt. Neue Möbel, ein neues Auto, die Anzahlung für ein Haus, eine große Reise, das erste Kind, ein Wochenendhaus, das zweite Kind – es gibt so viele Vorhaben, für die man sparen und vorausplanen muß, daß man darüber das Jetzt vergißt und es nur noch zu einer Durchgangsstation auf dem Weg in die Zukunft wird. Die Erwartungen, die Ziele schieben sich in den Vordergrund. In ihrem Bestreben, die Ziele zu erreichen und die Erwartungen zu erfüllen, verlieren die jungen Eheleute ihr Persönlichkeitsbewußtsein und das Gefühl für das Jetzt. Aber in der Ehe sollten die beiden beteiligten Menschen das wichtigste sein und nicht die materiellen Ziele der Zukunft.

Natürlich ist es nicht falsch zu wissen, was man auch in materieller Hinsicht vom Leben erwartet, von einem Segelboot, einer Weltreise oder einem Haus am Meer zu träumen. Wenn aber diese Ziele und nicht die Weiterentwicklung der Persönlichkeit zum Mittelpunkt der Ehe werden, vergeudet man Zeit, die man für die lebendige Gegenwart braucht. Und diese Zeit fehlt dann, um sich klarzuwerden, was mit sich selbst und dem Partner geschieht.

Selbstverständlich sind Vergangenheit und Zukunft wichtig, aber man muß sie in der richtigen Relation zum Heute sehen. Sicherlich kann man aus den Fehlern der Vergangenheit lernen, doch was für Probleme man auch hat oder wieweit sie mit der Vergangenheit zusammenhängen, sie existieren in der Gegenwart und müssen auch in der Gegenwart und im Rahmen der gegenwärtigen Bedingungen gelöst werden. Wie man sich mit seinen Problemen im Jetzt auseinandersetzt, wie man Freude, Vergnügen, jegliche Gefühle jetzt empfindet und in welchem Ausmaß man sie mit dem Partner teilt, bestimmt die Natur der Partnerschaft. Wenn keine sinnvolle Beziehung in der Gegenwart besteht, wie könnte es dann in der Zukunft eine geben? Wie wichtig das Leben im Jetzt ist, wurde sehr deutlich von einem jungen Paar ausgedrückt, das wir interviewt haben.

Elisabeth sagte: «Heiner war früher nie richtig glücklich, er war mit seinen Gedanken immer in der Zukunft, wappnete sich immer gegen Ereignisse, die dann gar nicht eintraten. Statt daß er die Dinge reifen ließ, versuchte er sie zu beschleunigen, und das nannte er dann ‹die Zukunft sichern›. Aber mir jagte er damit nur Angst und Unsicherheit ein. Ich fing schließlich auch an, mir Sorgen zu machen, nicht ganz so viel wie er, aber immer noch viel zuviel. Unser Verhältnis zueinander ging darüber fast in die Brüche. Er rief mich fünf-, sechsmal am Tag an – er hatte auf Kosten der Gegenwart Angst vor dem Morgen, er konnte die Entwicklung nicht gelassen abwarten. Das ging so lange, bis wir ein paar heftige Auseinandersetzungen hatten und ich ihm klarmachte, daß ich zwar *jetzt* da sei, aber bestimmt nicht mehr morgen, wenn er so weitermachte.»

«Ich habe endlich gelernt», sagte Heiner, «die Dinge an mich herankommen zu lassen, und ich habe festgestellt, daß das viel besser ist, als sich ständig Sorgen über die Zukunft zu machen. Das ging nicht ohne ein paar Erschütterungen ab, aber jetzt lebe ich im Heute. Jeder Tag ist eine Einheit für sich und wird auch als solche betrachtet. Über eine Brücke braucht man erst dann zu gehen, wenn man unmittelbar davorsteht.»

Der Sicherheitsgurt

Eheleute könnten sich bewußter auf die Gegenwart einstellen und dynamischer und aufgeschlossener leben, würde ihnen nicht immer wieder vor Augen gehalten, die Ehe sei ein Symbol der Sicherheit. Die meisten der mit der Ehe verknüpften unrealistischen Erwartungen sind in die Form von Sicherheits-Versprechungen gekleidet. Mann und Frau erwarten von der Ehe, daß sie ihnen Sinn und Ziel, Liebe und Wärme, gesellschaftliche Anerkennung und ein glückliches Familienleben beschert. Aber all das sind Dinge, die von den Partnern selbst *geschaffen* werden müssen. Die Ehe als solche kann keine dieser Sicherheiten liefern. Viele Ehepaare weigern sich jedoch, diese Tatsache zu erkennen, und betrachten statt dessen die Ehe wie einen Sicherheitsgurt. Nachdem man ihnen ein ganzes Leben lang eingehämmert hat, daß die Ehe Sicherheit bringt, klammern sie sich hartnäckig an diese falsche Ansicht, auch wenn um sie herum alles in Trümmer zerfällt. Und dann suchen sie die Gründe für ihre Probleme überall, nur nicht in ihren eigenen verzerrten Vorstellungen von der Ehe – einer Ehe, die nicht mehr als ein Phantasiegebilde ist.

Auch materielle Erfolge (Haus, Geld, Auto, aufwendiger Lebensstil) dienen dazu, die Illusion von der Sicherheit zu stärken. Aber eine materielle Sicherheit kann über Nacht vorbei sein, durch Geldentwertung oder Arbeitslosigkeit langsam zerbröckeln. Auch Kinder können keine Sicherheit bieten – im Gegenteil, sie sind eine schwere Verantwortung. Das Versprechen der ewigen Liebe und Treue beim Ehegelöbnis, das von unseren unvernünftigen «Idealen» noch verklärt wird, verwandelt sich in ein grausames Trugbild, wenn man entdecken muß, daß Menschen und Gefühle Veränderungen unterworfen sind, daß der romantische Überschwang sich abkühlt, daß eine Ehe zerbrechen kann. Zuneigung und Liebe müssen sorgfältig gepflegt werden, wenn sie gedeihen sollen; sind sie ständig übertriebenen Erwartungen und Forderungen ausgesetzt, verdorren sie im harten Licht der Wirklichkeit.

So ist also das Versprechen auf Sicherheit durch die Ehe nur ein Mythos. Sicherheit und beständige Liebe können wir nur in uns selbst, nicht aber in der Institution der Ehe finden. Wir müssen unsere unrealistischen Erwartungen und Ideale abwerfen und den Glauben an uns selbst finden, aus dem allein sich jene echte Sicherheit entwickeln kann, die es wert ist, daß auch der Ehepartner und die Kinder daran teilhaben.

Die Partnerschaft im Jetzt ist wichtiger als die Elternschaft im Morgen

«Bis daß der Tod uns scheidet», geloben wir bei der Hochzeit. Aber wir wissen sehr genau – oder zumindest sollten wir es wissen –, daß es andere Gründe gibt, die uns schon lange vorher trennen können. Scheidungen sind heute so gang und gäbe, daß die Ehe zu einer Drehtür geworden ist, durch die man auf dem Weg zum nächsten Versprechen der ewigen Treue hindurchwirbelt – der Partnertausch hat eine Form angenommen, die unserer kulturell verwurzelten Ablehnung der Polygamie hohnspricht. So traurig es auch klingt – der Mann, den Sie heute heiraten, ist vielleicht nicht der Vater des Kindes, das Sie später einmal bekommen werden.

Noch muß Ihre Frau unbedingt die Mutter Ihrer Kinder sein. Vielleicht ist sie es, aber fest darauf rechnen kann man nicht. Das mag eine harte und unerfreuliche Betrachtungsweise sein. Aber wir wollen damit ja nicht sagen, daß Sie von vornherein annehmen werden, Ihr Ehepartner werde nicht Mutter oder Vater Ihres Kindes sein; wir möchten nur, daß Sie es nicht als selbstverständlich voraussetzen und daß Sie sich der Möglichkeit bewußt sind, es könnte auch anders kommen. Das ist nur realistisch gedacht.

Die Ablehnung dieses Gedankens ist Selbsttäuschung und kann den Aufbau der Beziehung zwischen den Partnern stören. Heutzutage kann man sowieso wählen, ob man Kinder haben will oder nicht, und deshalb sollte man den Partner als den Menschen lieben, der er ist, und nicht als möglichen Elternteil. Ehepartner, die zuerst an die Beziehung zueinander denken und dann an eine Zukunft mit Kindern, haben auf die Dauer gesehen mehr Chancen für ein späteres glückliches Familienleben.

Auch wenn man Kinder hat und es einem gelingt, bis ans Lebensende – also ca. fünfzig Jahre – mit dem gleichen Partner verheiratet zu sein, sollte man stets daran denken, daß die Erziehung der Kinder nur ungefähr ein Drittel der Gesamtdauer der Ehe in Anspruch nimmt – die weitaus größere Zeitspanne verbringt man als Ehepaar und nicht als Eltern. Daher sollte die Beziehung zum Partner immer das wichtigste sein, ob man nun gemeinsame Kinder hat oder nicht. Je besser diese

Beziehung ist, desto positiver wirkt sie sich auf die Erfüllung der elterlichen Pflichten aus. Es ist daher von größter Bedeutung, sich gegenseitig als selbständige Einzelpersonen und nicht als zukünftige Eltern zu sehen, die Gemeinschaft im Jetzt zu genießen, statt in der Zukunft zu leben – denn die Zukunft wird auch ohne unser Zutun nur allzuschnell Gegenwart.

Das Paket und die Verpackung

Eine verfrühte Einstellung auf die Elternschaft und falsche Hoffnungen auf Sicherheit sind nur zwei aus der Vielzahl unrealistischer Erwartungen, die uns daran hindern, im Jetzt zu leben und bewußt nach Freiheit, persönlicher Entwicklung und Liebe in der Partnerschaft zu suchen. Gemäß ihrer Struktur schaltet die traditionelle Ehe selbständiges Denken und Nachdenken aus. Man bekommt sie sozusagen als fertig gepacktes Paket vorgesetzt, das nicht nur eine komplette Garnitur von Erwartungen enthält, sondern sogar strenge Vorschriften dafür, wie sie zu erfüllen sind. Da diese Erwartungen in sich selbst unrealistisch sind und es nur einen gutgeheißenen Weg zu ihrer Erfüllung gibt, ist unvermeidbar das Muster für zukünftige Enttäuschungen vorgezeichnet. Die Erwartungen führen zu Forderungen, die Forderungen zu Manipulationen, die Manipulationen zur Frustration und die Frustration zur bitteren Enttäuschung. Zu dieser Kettenreaktion darf man es gar nicht erst kommen lassen. Das aber gelingt nur, wenn man die unrealistischen Erwartungen, die Wurzel des Übels, ausmerzt.

In unserer Gesellschaft ist alles nur auf Sofortgebrauch und Perfektion eingestellt. Man kauft irgendein Produkt, und wenn es nicht fehlerfrei ist, gibt man es sofort zurück. Oft entspricht aber das Gekaufte nicht den Erwartungen, weil man sich von der Verpackung hat täuschen lassen. Auch die traditionelle Ehe ist in eine irreführende Verpackung eingehüllt – nämlich in die leuchtenden Farben der Idealisierung. Diese Verpackung macht uns glauben, daß sie nicht nur all unsere Träume erfüllen wird, sondern daß sie auch der einzige Weg zu dieser Erfüllung ist. Wenn sich dann herausstellt, daß wir auf die irreführende Reklame reingefallen sind, fühlen wir uns betrogen. Und dann wählen wir eine der folgenden drei Möglichkeiten: Wir finden uns resigniert und enttäuscht mit dem ab, was wir erworben haben; oder wir werfen es weg und kaufen etwas anderes, von dem wir hoffen, daß es eine Verbesserung darstellt (was es vielleicht aus dem einfachen Grund auch tut, weil wir inzwischen gelernt haben, nicht zuviel zu erwarten); oder wir schwören, nie wieder etwas auf lange Sicht zu kaufen, sondern lieber einen kurzfristigen kündbaren Mietkauf zu tätigen.

Wir haben eine Liste der unrealistischen Erwartungen von der Ehe zusammengestellt. Daran anschließend finden Sie eine Aufstellung dessen, was man unserer Meinung nach mit einiger Berechtigung von einer offenen Partnerschaft erwarten darf. Vielleicht wird Ihnen die eine oder andere der in der ersten Liste aufgeführten Erwartungen gar nicht so unrealistisch erscheinen, aber wir hoffen, in den folgenden Kapiteln deutlich zu machen, weshalb wir sie in die Aufzählung einbezogen haben. Wir gehen sogar so weit, zu behaupten, daß bei vielen von Ihnen gerade die Erwartungen, die auf den ersten Blick nicht unrealistisch erscheinen, die eigentliche Ursache Ihrer Eheprobleme sind.

Unrealistische Erwartungen, unvernünftige Ideale und überlieferte Ansichten der traditionellen Ehe

- daß sie auf ewig Bestand hat
- daß sie eine totale Verpflichtung bedeutet
- daß sie Glück, Behaglichkeit und Sicherheit bietet
- daß Ihr Partner Ihnen *gehört*
- daß Ihr Partner Ihnen ständig Aufmerksamkeit, Interesse, Bewunderung und Rücksichtnahme entgegenbringt
- daß Sie nie wieder einsam sein werden
- daß Ihr Partner zu jeder Zeit lieber mit Ihnen als mit irgend jemand anders zusammen ist
- daß Ihr Partner sich nie von einem anderen Menschen angezogen fühlen und Ihnen immer «treu» sein wird
- daß Eifersucht gleichzeitig Liebe bedeutet
- daß die Treue ein gültiger Maßstab für die Liebe ist, die man füreinander empfindet
- daß der sexuelle Genuß sich mit der Zeit steigern wird, falls er nicht schon das welterschütternde Ereignis ist, das er angeblich sein soll
- daß man durch guten Sex (wozu man nur die Positionen und die richtige Technik zu lernen braucht) alle Eheprobleme lösen kann
- daß sich alle Eheprobleme um Sex und Liebe drehen
- daß erst die Elternschaft Sie zu einem vollständigen Menschen macht
- daß es Sinn und Ziel der Ehe ist, ein Kind zu haben
- daß ein Kind der überzeugendste Ausdruck der Liebe ist, die Sie füreinander empfinden
- daß ein Kind eine schal gewordene Ehe neu belebt und eine gefährdete Ehe rettet
- daß Sie sich allmählich und ohne Streit, Meinungsverschiedenheiten oder Mißverständnisse aneinander anpassen werden
- daß Sie einander nicht lieben, wenn Sie sich streiten
- daß jede Art von Veränderung eine Kluft und somit eine Minderung der Liebe bedeutet
- daß jeder Partner in der Ehe nur die Rolle spielt, für die er biologisch vorgesehen ist
- daß Sie daher das Recht haben, von einem Mann etwas anderes zu erwarten als von einer Frau
- daß Opferbereitschaft ein Maßstab für die Liebe ist
- und zum Schluß das Wichtigste:

daß der Mensch, den Sie heiraten, all Ihre Bedürfnisse in wirtschaftlicher, physischer, sexueller, intellektueller und emotionaler Hinsicht erfüllen kann.

Jede einzelne dieser Ansichten, Erwartungen und Ideale ist auf die eine oder andere Art falsch, praktisch unmöglich zu erfüllen, geschweige denn zu einem Dauerzustand zu erheben. Trotzdem sind die Klauseln des traditionellen Vertrages so abgefaßt, daß genau diese Erwartungen Wirklichkeit werden *müssen*. Jede von ihnen, die Sie tatsächlich erfüllen können, geht beinahe sicher auf Kosten der persönlichen Freiheit und Entwicklung und bringt negative Konsequenzen für die Kinder und letztlich für die Ehe selbst.

Der Kern des Problems liegt darin, daß die traditionelle Ehe ihrer Struktur nach ein statischer Zustand ist, ein Schema, das, einmal etabliert, Erfüllung aller Erwartungen bedeutet. Sind diese Erwartungen aber fest vorgeschrieben und lassen die Mittel und Wege zu ihrer Erfüllung keinerlei Bewegungsfreiheit mehr zu, dann geht jede Spontaneität verloren, und die schöpferische Kraft wird erstickt. Die Partnerschaftsehe dagegen ist ein *Prozeß* dynamischer Wechselbeziehungen zwischen Mann und Frau, der Realität und Erwartung in Bewegung hält. Wir glauben, daß die einzigen realistischen Erwartungen, die man von der Ehe haben kann, aus den Begriffen *Veränderung* und *Wachstum* resultieren.

Realistische Erwartungen der offenen Ehe

- daß man das meiste, aber nicht alles miteinander teilt
- daß jeder Partner sich ändern wird und daß Veränderungen sowohl die Folge von Konflikten als auch von allmählichen Entwicklungen sein können
- daß jeder bereit ist, Verantwortung zu übernehmen, und auch seinem Partner dieses Recht zugesteht
- daß Sie von Ihrem Partner nicht erwarten können, daß er alle Ihre Bedürfnisse erfüllt oder das für Sie tut, was Sie selbst für sich tun sollten
- daß jeder Partner verschiedene Bedürfnisse, Fähigkeiten, Wertmaßstäbe und Erwartungen hat, weil er ein anderer *Mensch* und nicht, weil er der Ehemann bzw. die Ehefrau ist
- daß das gemeinsame Ziel die gegenseitige Beziehung und nicht gesellschaftlicher Status, Besitz oder Kinder ist
- daß Kinder nicht als Beweis der Liebe zu werten sind
- daß Sie wählen können, ob Sie Kinder haben wollen, und dann die Elternrolle bewußt und bereitwillig als die größte Verantwortung im Leben übernehmen
- daß Sympathie und Liebe auf der Grundlage gegenseitiger Achtung wachsen, die ein Merkmal der offenen Ehe ist.

Im Gegensatz zu den unrealistischen Idealen der unsterblichen Liebe, Sicherheit und Erfüllung durch einen anderen Menschen, wie sie für die traditionelle Ehe kennzeichnend sind, hat die offene Ehe folgende Ideale:

Intimität	Verantwortungsbereitschaft
Intensität	Lernbereitschaft
schöpferische Kraft	Anregung
Spontaneität	Flexibilität
Entwicklungs-möglichkeit	Bereicherung der Persönlichkeit und der Beziehung der Partner
Achtung	persönliche Freiheit und

die Sympathie und Liebe, die daraus erwachsen.

All diese Ideale werden nicht dadurch erreicht, daß man an den Partner Forderungen stellt, wie es bei den Idealen der traditionellen Ehe der Fall ist. Statt dessen sind sie das natürliche Ergebnis einer offenen Beziehung, einer Beziehung, die von Paar zu Paar anders geartet sein kann, einer Beziehung, die Sie selbst, mit sich selbst und für sich selbst aufbauen – das heißt für Ihr individuelles und Ihr gemeinsames Selbst.

6. Richtlinie Nr. 2: Eigenleben

Kannst du mich nicht in Ruhe lassen!

Wenn Otto seine Frau Lilly anschreit, sie solle ihn um Himmels willen in Ruhe lassen, meint er das wahrscheinlich wörtlich. Das Problem ist, daß Lilly sich am Ende eines langen Tages voller quengeliger Kinder, Gemüseputzerei und Windelnwaschen auf die paar Abendstunden freut, die sie mit ihrem Mann zusammen verbringen kann. Er ist unter anderem auch ihr hauptsächlicher Kontakt mit der Außenwelt. Sie vergißt jedoch, daß diese Außenwelt auch Forderungen an ihren Mann stellt. Den ganzen Tag lang war er von Menschen umgeben, die etwas von ihm wollten, und als er jetzt nach Hause kommt, wird er ohne Atempause mit dem häuslichen Alltag überfallen. Da explodiert er.

«Was ist denn in den gefahren?» fragt Lilly sich. «Will er wirklich seine Ruhe haben oder nur mich los sein?» Und schon hat sie ein echtes Bedürfnis ihres Mannes in eine gegen sie gerichtete Beleidigung verwandelt. Er legt einlenkend den Arm um ihre Schultern und sagt: «Das bezieht sich ja gar nicht auf dich, aber ich brauche ein bißchen Zeit für mich allein. Kannst du das nicht verstehen?» Sie gibt sich zwar Mühe, fühlt sich aber immer noch weggeschoben. Schließlich ist einer der Gründe, warum man heiratet, ja der, daß man soviel wie möglich mit dem Partner zusammen ist. Und da kommt er nach Hause und benimmt sich, als ob er lieber woanders wäre.

Eine Hausfrau kann tagsüber manchmal ein paar Minuten für sich selbst abzweigen. Aber der Mann ist an seinem Arbeitsplatz kaum jemals allein, so daß er sich entspannen und über seine Gefühle nachdenken könnte. Berufstätige Ehefrauen können diesen ständigen Druck besser verstehen. Nach einem anstrengenden Arbeitstag ist eine kurze Zeitspanne, die man allein sein kann, oftmals eine viel bessere Erholung als die Gesellschaft eines noch so geliebten Menschen. Die Hausfrau entdeckt manchmal erst, daß es auch zuviel Zusammensein geben kann, wenn ihr Mann ein paar Tage lang mit einer Erkältung zu Hause bleibt. Dann jammert dieselbe Frau, die aufgrund ihres Vorrechts als Ehefrau die Freizeit ihres Mannes als ihr persönliches Eigentum betrachtet: «Mein Gott, der treibt mich noch zum Wahnsinn! Ich kann es gar nicht erwarten, bis er wieder zur Arbeit geht.»

Wenn beide Ehepartner Verständnis für das Bedürfnis nach Alleinsein haben, braucht keiner sich beleidigt oder beiseite geschoben zu fühlen, wenn der andere ein paar Minuten oder Stunden für sich haben will. Ein junges Paar, das wir interviewten, hatte im ersten Ehejahr Richtlinien über die Frage des persönlichen Eigenlebens ausgearbeitet. Michael und Sabine sind beide berufstätig, aber Michael muß oft Überstunden machen, so daß Sabine meist vor ihm zu Hause ist. Wenn er dann kommt, begrüßen sie sich mit einem Kuß, aber keiner bombardiert den anderen mit den Neuigkeiten des Tages. Nach einer gewissen Umstellungspause ergibt sich dann ein Austausch ganz von selbst und in einer entspannten Atmosphäre. Auch am Wochenende gesteht sich dieses Paar ganz bewußt Perioden des Alleinseins zu. Sie sind der Meinung, das sei für ein gutes emotionales Klima sehr wichtig. «Wenn ich kein Alleinsein zwischenschalten kann», sagt Michael, «fühle ich mich wie ausgelaugt. Dann hat meine Frau auch nichts von mir.»

Die meisten jungen Paare, die Kinder haben, sehen ein, daß sie hin und wieder eine Erholungspause von den lieben Kleinen brauchen. Aber nur wenige erkennen ebenso klar, daß sie gelegentlich auch Abstand voneinander nötig haben. Wenn man das Bedürfnis des Partners nach Alleinsein völlig übergeht, trägt man zur Entstehung eines Aggressionsstaus bei, der dann auch auf andere Bereiche der gegenseitigen Beziehung übergreifen kann. Jeder von uns verspürt das Bedürfnis, ab und zu allein zu sein; die einzigen Ausnahmen sind die Menschen, bei denen die Abhängigkeit das Ausmaß einer Neurose erreicht hat.

Psychische Bewegungsfreiheit

Martin, ein Musiker, brauchte zwanzig Jahre des ständigen Zusammenseins, bis er die Wichtigkeit und wahre Bedeutung des Alleinseins entdeckte. Seine Aussage ist ein überzeugender Beweis dafür, wie lähmend und belastend sich ein übertriebenes Zusammensein auswirken kann. «Ich liebe meine Frau und die Kinder, aber ich sehnte mich oft danach, allein zu sein», sagte er. «Aber dann dachte ich immer wieder, dieser Wunsch sei unmoralisch. Obwohl ich das Alleinsein so nötig hatte, fühlte ich mich schuldbewußt. Wir haben drei Kinder, und bei uns zu Hause geht es ziemlich lebhaft zu, bei der Arbeit im Konzertsaal bin ich immer unter Menschen, und meine Schüler rufen mich zu den unmöglichsten Tageszeiten an. Ich wußte überhaupt nicht, was Alleinsein eigentlich bedeutet. Vor drei Jahren mußte ich zu einem Konzert in eine sehr entfernte Stadt und fuhr allein mit dem Auto hin. Die Fahrt dauerte neun Stunden. Es war wie eine Offenbarung.

Unterwegs hielt ich an und kletterte auf einen Berg. Zum erstenmal in den zwanzig Jahren meiner Ehe war ich allein. Ganz und gar allein. Es gab nur mich und die Berge. Dort oben fand ich zu mir selbst. Und das genoß ich. Das war vor drei Jahren, seitdem nehme ich mir die Zeit zum Alleinsein. Ich habe zu Hause einen schalldichten Übungsraum, und da gehe ich hinein, nicht um zu spielen, sondern um allein zu sein. Wenn ich dort sitze, fühle ich eine Erneuerung meiner Energie, eine Selbstkommunikation, die ich nirgendwo anders finden kann. Vielleicht ist es das, was man unter Befreiung versteht.»

Der Mensch schwankt zwischen dem Bedürfnis nach Geselligkeit und dem Wunsch nach Einsamkeit. Nur wenn wir allein sind, können wir neue Kräfte sammeln, über uns selbst nachdenken und uns für das Zusammenleben mit unseren Mitmenschen stärken. Wenn man sich den Menschen, mit denen man zusammen lebt, immer ganz gibt, so ist das eine Verleugnung der eigenen Persönlichkeit und des Bedürfnisses nach Selbsterneuerung. Die Forderung, daß der Partner ständig zur Verfügung steht, ist nicht nur eine Beschneidung seines Rechts auf ein Privatleben, sondern hemmt auch seine Weiterentwicklung.

Die wichtigsten Wege zur Entwicklung der Persönlichkeit sind unsere Beziehungen zu anderen Menschen und die Entdeckung des eigenen Selbst durch Alleinsein. Der Psychologe Dr. Moustakas schreibt, daß bestimmte Selbsterkenntnisse nur durch Nachdenken, Selbstkonfrontation und innere Versenkung möglich sind und daß es in manchen kritischen Zeitpunkten des Lebens erforderlich sei, auf persönliche Beziehungen zur Umwelt zu verzichten.

Oft kann man durch ein zeitweises Alleinsein leichter mit dem einen oder anderen Problem fertig werden. Ein junger Ehemann sagte dazu: «Alleinsein bedeutet, in Momenten der Niedergeschlagenheit den Mut zu haben, sich vom Partner zu lösen und allein einen Weg zu finden, aus dieser Stimmung herauszukommen. Das kann durch einen Spaziergang geschehen oder auch durch Vor-sich-hin-Brüten.» Und seine Frau erklärte: «Ich respektiere sein Bedürfnis nach Alleinsein, denn ich weiß, es gibt Gebiete, auf die ich ihm nicht folgen kann – genauso wie auch ich private Bezirke habe, in die niemand einbrechen darf. Wenn er mit dem, was ihn bedrückt, fertig geworden ist, setzen wir uns zusammen und reden darüber, aber erst dann, wenn er dazu bereit ist.» Dieses Paar hat erkannt, daß jeder Mensch seine eigene Methode hat, um mit sich selbst ins reine zu kommen, und daß jeder die des anderen respektieren muß.

Übermäßiges Zusammensein führt dazu, daß Partner ihr Bedürfnis nach psychischer Bewegungsfreiheit – sei es in intellektueller oder in emotionaler Hinsicht – nicht befriedigen können. Eine zeitweise Trennung gibt jedem Partner die Möglichkeit, seine eigenen Vorlieben, Beobachtungen, Erkenntnisse, Überzeugungen und Wertmaßstäbe zu erforschen. Wenn man nie Zeit für sich selbst hat, kann man sein Selbst nicht kennenlernen. Und schließlich ist ja das eigene Selbst der wertvollste Beitrag, den man zur Ehe leisten kann. Wenn es einem aber nicht möglich ist, ungestört und in Ruhe herauszufinden, was dieses «Selbst» ist, dann kann man seinem Partner nichts davon geben.

Signal zum Alleinsein

Ein bekannter Psychologe hat mit seiner Frau ein Signalsystem vereinbart, durch das sie sich zu verstehen geben, wann sie allein sein wollen. Wenn der Professor über ein besonders kniffliges Problem nachdenken muß und keine Unterbrechung seines Gedankenganges wünscht, setzt er sich einfach seine Segelmütze auf. Damit sagt er seiner Frau ganz deutlich: «Laß mich allein, ich muß nachdenken.» Ist seine Frau in ähnlicher Stimmung, bindet sie sich ein Kopftuch um. Manchmal tragen sie dieses Signal nur für ein paar Stunden, manchmal viel länger. Jeder respektiert das Bedürfnis des Partners nach Alleinsein und stört ihn nicht.

Da der Professor viel zu Hause arbeitet, ist sein Bedürfnis nach Alleinsein größer als bei anderen. Aber jeder von uns hat Momente, in denen er unbedingt allein sein muß, in denen auch die zarteste Anteilnahme und der bestgemeinte Rat nichts hilft oder die Sache sogar verschlimmert. Wer mit einem nichtverbalen Signal das Bedürfnis nach Alleinsein ausdrückt, kann vermeiden, die Gefühle des Partners zu verletzen, und zugleich zum gegenseitigen Verständnis beitragen. Wenn zwei Menschen so zueinander stehen, daß sie offen sagen können «Laß mich ein Weilchen in Ruhe», ohne daß der Partner sich zurückgestoßen fühlt, brauchen sie das Signalsystem nicht mehr. Aber solange diese Offenheit noch nicht besteht, ist es ein sehr nützliches Hilfsmittel.

Allein zusammen sein

Alleinsein ist nicht unbedingt gleichbedeutend mit physischer Trennung. Wenn Eheleute fähig sind, zusammen und trotzdem allein zu sein, so ist das ein Beweis dafür, daß einer den anderen zutiefst respektiert. In einer solchen Situation erhält der Begriff des Zusammenseins eine neue Bedeutung. Eine junge Frau drückte das so aus: «Ich kann mit meinem Mann zusammen sein und mich doch ganz für mich fühlen. Wir sitzen oft im selben Raum, ich bastle Modeschmuck, und er macht irgend etwas anderes. Wir arbeiten Seite an Seite, und doch fühle und denke ich allein. Für uns sind es mit die besten Momente der Gemeinsamkeit, wenn einer dem anderen gestattet, sich voll und ganz in die eigene Arbeit zu vertiefen.»

Albert und Dagmar hingegen sind das typische Beispiel für Ehepartner, die ihrem Bedürfnis nach Alleinsein nicht Ausdruck geben können. Albert hat eine florierende Anwaltspraxis, die ihn sehr in Anspruch nimmt. Seine Frau versorgt den großen Haushalt und die Kinder vorbildlich, aber verständlicherweise legt sie sich nach dem Abendessen gern auf die Couch, um sich zu entspannen. Sie wünscht, daß Albert diese Ruhepause mit ihr teilt, er aber hat ganz andere Bedürfnisse. «In der Kanzlei komme ich nicht zum Verschnaufen, und hier zu Hause machen die vier Kinder ständig Trubel», sagt er. «Um ab und zu allein sein zu können, habe ich das Dachgeschoß ausgebaut. Aber das hätte ich mir ersparen können. Dagmar kriegt sofort schlechte Laune, wenn ich hinaufgehe. Was bleibt mir also übrig? Ich arbeite länger oder fahre auch sonntags ins Büro. Und wenn ich wirklich nicht erreichbar sein will, gehe ich Golf spielen.»

Eine Ehefrau, die sich nicht selbst beschäftigen kann und das Bedürfnis ihres Mannes nach Alleinsein nicht begreift, wird höchstwahrscheinlich das gleiche tun wie Dagmar – nämlich ihren Mann aus dem Haus treiben. Da Dagmar sich weigert, ihm zu Hause eine Stunde Alleinsein zu gewähren, und nicht fähig ist, sich an seiner Gegenwart zu erfreuen, ohne zu fordern, daß er sich mit ihr unterhält, bleibt ihm keine andere Wahl, als nach Fluchtwegen zu suchen. Letzten Endes wird er wohl endgültig zu entfliehen versuchen – durch Scheidung.

Besonders für Ehepaare, die in kleinen Wohnungen leben, wo es räumlich kaum möglich ist, einmal allein zu sein, ist es wichtig zu lernen, allein zusammen zu sein. Aber selbst ein Ehepaar, das genug Platz zur Verfügung hat, so daß jeder Partner sich ab und zu zurückziehen kann, wird zu der Einsicht kommen, daß das Allein-Zusammensein einen speziellen Genuß bietet, nämlich die Möglichkeit, auf eine Art und Weise allein zu sein, die gleichzeitig das Gefühl des Miteinanderteilens verstärkt; und das ist doch wohl der wahre Sinn des «Zusammenseins». Aber viele Ehepartner zerstören genau das, weil sie glauben, Teilen sei gleichbedeutend mit der Forderung nach der ständigen und ungeteilten Aufmerksamkeit des Partners.

Der selbstgenügsame Partner

Gerd, ein Psychoanalytiker, hatte sich nach zwanzigjähriger Ehe scheiden lassen und unterhielt seit zwei Jahren ein enges Verhältnis zur Karla, die ebenfalls geschieden war. Sie unternahmen fast alles zusammen und machten auch gemeinsam Ferien. Und doch weigerte Gerd sich, mit ihr zusammen zu leben. «Karla ist eine großartige Frau», sagte er, «und wir teilen sehr viel miteinander, fast unsere gesamte Freizeit. Aber zusammen leben – das ist etwas ganz anderes. Mein ganzes Leben lang habe ich anderen Menschen gegenüber Verpflichtungen gehabt, und das wird durch meinen Beruf noch verstärkt. Den ganzen Tag lang beschäftige ich mich intensiv mit den Problemen meiner Patienten. Mir gefällt schon der bloße Gedanke, ab und zu für mich dazusein, die Freiheit zu genießen, mich nicht um andere kümmern zu müssen. Wenn ich mich ins Bett legen und lesen will, kann ich das ungehindert tun. Tatsächlich *brauche* ich Zeit für mich allein. Wenn ich mit Karla zusammen leben würde – und schließlich kenne ich sie jetzt ziemlich gut –, könnte sie das so auslegen, als ob ich mich von ihr zurückzöge, was gar nicht der Fall wäre. Ich weiß nicht, ob sie es als echtes persönliches Bedürfnis akzeptieren und nicht doch als verletzende Haltung auffassen würde. Vielleicht können zwei Menschen nach einer langjährigen Beziehung ein solches Übereinkommen erreichen – nämlich den Individualismus des anderen akzeptieren –, aber wenn die Verbindung noch nicht sehr lange besteht, muß man für eine solche Einstellung seiner selbst sehr sicher sein. Ich bezweifle, daß Karla so selbstsicher ist. Meine Frau war es jedenfalls nicht. Und ich bin nicht gewillt, meine jetzige Freiheit gegen den alten Zustand einzutauschen.»

Das persönliche Eigenleben ist ein wichtiger Bestandteil der offenen Partnerschaft. Es ist ein echtes Bedürfnis, das von der traditionellen Ehe ignoriert, ja sogar unterdrückt wird. Aber wie Gerd es deutlich gesagt hat, man braucht eine gewisse Selbstsicherheit, um dem Partner ein persönliches Eigenleben zugestehen zu können. Diese Art von Selbstsicherheit kann sich nur aus einem starken Persönlichkeitsbewußtsein und der damit verbundenen Selbstgenügsamkeit entwickeln. Das Persönlichkeitsbewußtsein gehört ebenfalls zu den Richtlinien für die offene Ehe; man kann es lediglich dann erwerben, wenn man genug Zeit für sich selbst hat, also ausreichend Gelegenheit zum Alleinsein, um sein eigenes Selbst entdecken zu können.

Noch einmal zurück zu Gerd und seinem Zögern, Karla zu heiraten, weil sie nicht genug Selbstsicherheit habe, um ihm sein persönliches Eigenleben zuzugestehen. Er hat inzwischen doch wieder geheiratet, aber nicht Karla, sondern eine vielbeschäftigte Berufskollegin mit ausgeprägtem Persönlichkeitsbewußtsein, die nicht nur Verständnis für Gerds Bedürfnis nach gelegentlichem Alleinsein hat, sondern dieses Bedürfnis mit ihm teilt.

Alleinsein heißt nicht Sich-Meiden

Das Bedürfnis nach Alleinsein darf nicht mit Einander-aus-dem-Weg-Gehen verwechselt werden. Das Alleinsein, das ein integrierender Teil unseres Wesens ist und uns zur Kenntnis unseres eigenen Selbst verhilft, ist etwas ganz anderes als die neurotische Einsamkeit, die auf Kontaktstörungen oder Entfremdung beruht.

Ein typisches Beispiel einer solchen Störung liefert der Fall von Albert, der ins Büro oder auf den Golfplatz flüchtet, um sich den Forderungen seiner Frau zu entziehen; ein solches Verhalten ist in der traditionellen Ehe oft als Sturmwarnung zu werten. Ein Mensch, der sein normales Bedürfnis nach Alleinsein befriedigen kann, verspürt keine Veranlassung zur Flucht. Wenn jeder Partner das Bedürfnis des anderen nach Alleinsein akzeptiert, können beide einen Sinn für Perspektive und ein Gefühl der Unabhängigkeit entwickeln. Das aber fördert ihre persönliche Entwicklung und stärkt ihre Partnerschaft. Für viele von uns mag es ein schwieriger oder sogar schmerzhafter Schritt sein, dem Partner das Recht auf Alleinsein zuzugestehen, und die Zeit, die man dadurch selber allein ist, scheint oft nicht enden zu wollen. Aber die Tatsache, daß einem das Alleinsein schwerfällt, ist meist ein Anzeichen dafür, wie nötig man es braucht. Eigenleben ist ein wesentlicher Bestandteil einer gesunden Ehe, und wenn man es nicht ertragen kann, mit sich selbst allein zu sein, dann hat man wahrscheinlich noch nicht das Persönlichkeitsbewußtsein entwickelt, das für eine erfüllte Partnerschaft notwendig ist. Wenn man es aber nicht allein schafft, wird man es auch zusammen kaum schaffen.

7. Richtlinie Nr. 3 (Erster Teil): Offene und ehrliche Kommunikation mit und ohne Worte

Hallo, wie geht's? Danke, gut

Der Vater liegt im Krankenhaus, dem zehnjährigen Sohn sind gestern bei einer Rauferei zwei Zähne ausgeschlagen worden, Sie selbst haben üble Kopfschmerzen – aber wenn ein flüchtiger Bekannter Sie fragt, wie es Ihnen geht, antworten Sie: «Danke, gut.» Vieles von dem, was als Kommunikation bezeichnet wird, ist im Grunde genommen nur ein Ritual, und unsere Reaktion darauf wird oft von einer Art gewohnheitsmäßigen Verteidigungsmechanismus bestimmt. Das Bedenkliche an all diesen nichtssagenden Floskeln, kleinen weißen Lügen und Ausflüchten ist, daß sie uns so in Fleisch und Blut übergehen, daß es uns schwerfällt, auch mit Menschen, auf die wir Wert legen, eine direkte, ehrliche und offene Kommunikation herzustellen.

Von Geburt an wird uns beigebracht, daß das Image wichtiger ist als die Wirklichkeit. Als Kinder beobachten wir verblüfft, wie die Eltern einen heftigen Wortwechsel urplötzlich abbrechen und vollkommen ruhig ins Telefon sprechen, wenn mitten in die Schlacht ein Anruf hineinplatzt. Oder wir hören, wie die Mutter zum Vater sagt, daß es nichts Besonderes zu berichten gäbe, und dabei hatte sie erst vor einer Stunde in unserer Gegenwart bitterlich geweint. Im Laufe der Zeit erleben wir immer mehr Beispiele dieser Art, und allmählich lernen wir, uns auch so zu verhalten. Wenn wir versuchen, die Wahrheit zu sagen, geraten wir oft in Schwierigkeiten: Niemand freut sich über uns, wenn wir verkünden, daß wir Tante Martha nicht gern besuchen, weil es in ihrem Haus so komisch riecht. Wir lernen, den Mund zu halten und unsere wahren Gefühle zu verbergen. Das ist anscheinend die einzige Art und Weise, wie man im Leben vorankommen kann.

Der Bericht über die erste Ehewoche von Hans und Susanne (Kapitel 3 und 4) zeigt deutlich, wie sehr wir unsere Neigung, eine freundliche Fassade zu zeigen, hinter der wir unsere wahren Gefühle verbergen, auch in die Ehe mitbringen. Wir tun es aus Liebe, weil wir unseren Partner nicht verletzen oder dadurch enttäuschen wollen, daß wir in seinen Augen nicht wie ein vollkommenes Wesen erscheinen. Von Kindheit an haben Eltern und Umgebung uns gelehrt, daß zur Erhaltung eines idealen Images oft ein paar sanfte Täuschungsmanöver oder sogar List erforderlich sind. So greifen wir also zu unlauteren Mitteln, um die vernünftigen Forderungen des traditionellen Ehevertrags zu erfüllen, und untergraben dadurch unsere Fähigkeit, eine offene und ehrliche Kommunikation mit dem Ehepartner herzustellen.

Für den Aufbau einer offenen Ehe ist eine aufrichtige und unbehinderte Kommunikation von allergrößter Wichtigkeit. Aber wie kann man die Mauer der Selbstverteidigung durchbrechen, die man in den vorangegangenen Jahren errichtet hat? Wie kann man mit dem Wirrwarr der gewohnheitsmäßigen kleinen Täuschungen aufräumen und eine echte Verständigung mit dem Partner erreichen?

Beginnen wir damit, uns doch einmal klarzumachen, was Kommunikation eigentlich ist.

Kommunikation ohne Worte

Aus wissenschaftlichen Untersuchungen geht hervor, daß rund siebzig Prozent unserer Kommunikation mit anderen Menschen ohne Worte stattfindet. Die eindrucksvollste Form dieser nicht-wörtlichen Kommunikation spielt sich natürlich im sexuellen Bereich ab. Aber auch die Art, wie der Partner geht, steht, den Kopf hält, mit den Fingern trommelt, lächelt oder die Stirn runzelt, ist wichtig und oft aufschlußreicher als Worte. Jede unserer Handlungen liefert eine Aussage, die von anderen Menschen gedeutet werden kann. Aber in unseren Beziehungen zu den Menschen, die uns am nächsten stehen, neigen wir dazu, diese Signale zu ignorieren. In vielen Fällen sind wir einfach so sehr an die nicht-wörtlichen Äußerungen des Partners gewöhnt, daß wir sie nicht mehr bewußt wahrnehmen. Manchmal filtern wir sie absichtlich aus, entweder aus

Ungeduld oder weil wir die ausgesandte Botschaft aus irgendeinem anderen Grund nicht erkennen wollen.

Obwohl die «Körpersprache» oft ignoriert oder mißverstanden wird, ist diese Art nicht-wörtlicher Kommunikation immer noch unkomplizierter als die wörtliche. Aus diesem Grund ist es leichter, zuerst die Fehler auszumerzen, die wir in diesem Bereich begehen. Man kann sich bewußt bemühen, die nicht-wörtlichen Signale des Partners aufzufangen und dann entsprechend darauf zu reagieren.

Sehr wichtig ist auch ein gutes Zeitgefühl, und zwar nicht nur, um im richtigen Moment eine Gelegenheit beim Schopf packen zu können, sondern auch, um einen ungünstigen Zeitpunkt zu erkennen. Wenn Sie Ihren Mann mit all dem im Laufe des Tages aufgestauten Ärger empfangen, sobald er müde und erschöpft zur Tür hereinkommt, dann ignorieren Sie bewußt seine nicht-wörtlichen Signale und beschwören einen Konflikt herauf.

Natürlich kann man zwischen der Versuchung, einen Streit anzufangen, und dem Wunsch, ihn lieber zu vermeiden, hin und her gerissen sein. Wenn man aber die Augen offenhält und auf die physischen Signale achtet, die über die psychische Verfassung des Partners Aufschluß geben, lassen sich die eigenen zwiespältigen Gefühle viel besser unter Kontrolle halten.

Widersprüchliche Botschaften

Vertrautheit mit den nicht-wörtlichen Signalen des Partners kann einem auch helfen, die durch widersprüchliche Botschaften entstandene Verwirrung zu bereinigen. Eine solche Verwirrung entsteht, wenn die wörtliche und die nicht-wörtliche Kommunikation einander widersprechen. Der Ehemann sagt zum Beispiel zu seiner Frau: «Ja doch, ich höre dir ja zu», aber seine Körperhaltung verrät, daß seine Aufmerksamkeit dem Fernsehprogramm gilt. Oder er versichert seiner Frau immer wieder «ich liebe dich», doch hat sie guten Grund, sich zu fragen, ob er das wirklich meint, wenn er ihr niemals zuhört, ihr nur einen flüchtigen Kuß auf die Wange gibt und den Geschlechtsverkehr beiläufig wie eine Routinesache erledigt.

Was immer wir auch *sagen*, für gewöhnlich ist es die nicht-wörtliche Botschaft, der man die Wahrheit entnehmen kann. Es ist nur zu leicht, mit Worten zu lügen. Viel schwieriger ist es, die Körperhaltung so zu kontrollieren, daß sie die Lüge unterstützt. Sogar wenn man selbst von dem überzeugt ist, was man sagt, passiert es oft, daß das körperliche Verhalten eine ganz andere Geschichte erzählt.

Der Widerspruch zwischen physischen und wörtlichen Äußerungen kann ein Anzeichen dafür sein, daß es in der Beziehung zwischen den Ehepartnern Probleme gibt. Für Eheleute, denen daran liegt, eine neue Offenheit zu finden und sich von den einengenden Bedingungen der traditionellen Ehe zu befreien, kann sich die abwägende Beurteilung widersprüchlicher Botschaften als nützliches Hilfsmittel für eine Verbesserung der Kommunikation erweisen. Die Feststellung solcher Widersprüche kann helfen, bisher nicht erkannte Bedürfnisse, Gefühle und Wünsche aufzudecken.

In einer Partnerschaftsehe sollte es nicht nötig sein, etwas zu sagen, das man nicht meint. Er braucht nicht zu sagen «ich höre dir zu», wenn das gar nicht stimmt. Wenn die Fernsehsendung ihn so gefangenhält, dann ist es offensichtlich für sie nicht der richtige Zeitpunkt, eine Unterhaltung beginnen zu wollen oder über unwichtige Dinge zu reden. Wenn aber das, was sie auf dem Herzen hat, sehr wichtig ist, sollte sie es ohne Hemmungen sagen dürfen, und er sollte es dann seinerseits über sich bringen, den Fernseher auszuschalten und ihr zuzuhören. Wenn nicht, dann sollte er sie offen fragen dürfen: «Hat das nicht Zeit bis später?», und sie wird diesen Wunsch respektieren, denn sie erwartet von ihm zur gegebenen Zeit die gleiche Rücksichtnahme. Hier geht es tatsächlich um eine neue Art von Achtung vor dem Eigenleben.

Die Sinnlichkeit als Kommunikationsmittel

Die sichtbare Kommunikation durch physische Zeichen ist nur eine von mehreren Arten der stummen Verständigung. Eine andere Methode besteht darin, den Körper direkt als Kommunikationsmittel zu benützen und all unsere physischen Sinne wiederzuerwecken.

Ein Baby lernt seine Umwelt mit Hilfe des Tastsinns kennen. Das Gefühl von Vertrauen, Sicherheit und Geborgenheit wird anfänglich durch physische Empfindungen erweckt. Aber in unserer Gesellschaft wird uns dieses tiefverwurzelte Bedürfnis nach physischer Intimität – also der Wunsch, einen physischen Kontakt herzustellen und ihn zu *fühlen* – im Laufe der Jahre immer mehr ausgetrieben. Es gehört sich nicht, seinen Gefühlen durch eine physische Demonstration Ausdruck zu geben, und so bringt man uns von frühester Jugend an bei, unsere sinnlichen und erotischen Empfindungen zu zügeln. Ist es da ein Wunder, wenn es Eheleuten schwerfällt, so einfache Gefühle wie Zuneigung, Mitleid oder Kummer durch physische Signale auszudrücken?

Sie müssen also den vollen Gebrauch ihrer physischen Ausdruckskraft als intimes Kommunikationsmittel wieder erlernen und ihre Sinnlichkeit wiedererwecken. Der Durchschnittsmensch versteht unter Sinnlichkeit nur die sexuelle Ansprechbarkeit und Aktivität, die manchmal als unmoralisch bezeichnet wird. Aber die Sinnlichkeit ist alles andere als unmoralisch, sie ist absolut notwendig für die Herstellung einer guten physischen Kommunikation, und sie ist gleichzeitig der physische Ausdruck der Zuneigung, die man für den Partner empfindet.

Es gibt viele Methoden, durch die Männer und Frauen ihre Körperlichkeit wiederentdecken und ihre Sinnlichkeit entwickeln können. Wir möchten hier keine Methode besonders empfehlen, denn was für das eine Paar nützlich ist, kommt dem anderen vielleicht albern vor und umgekehrt. Aber auch ohne ein bestimmtes Programm zu befolgen, können Ehepartner zusammen auf eine Vertiefung des sinnlichen Empfindungsvermögens hinarbeiten: erstens durch eine bessere Kenntnis der eigenen physischen Bedürfnisse und Reaktionen und derer des Partners, und zweitens dadurch, daß man den körperlichen Kontakt sucht, gemeinsam neue Wege zum sinnlichen Bewußtwerden findet, und zwar mit Hilfe des Tast-, Geruchs-, Gesichts- und Gehörsinns. Wir meinen damit nicht unbedingt sexuelle Experimente, obwohl auch diese ein sehr wichtiges Hilfsmittel für die Wiederentdeckung des physischen Selbst sind. Gesteigertes sinnliches Empfindungsvermögen, das sich im sexuellen Verhalten ausdrückt, kann den Partnern mehr sexuellen Genuß und gegenseitiges Geben und Nehmen bringen.

Eine andere Dimension des sinnlichen Empfindungsvermögens kann am besten mit den Worten einer jungen Frau erklärt werden, die von uns interviewt wurde:

«Den meisten von uns wird eingehämmert, daß der Orgasmus eines der besten Ventile für aufgestaute Spannungen ist – aber das stimmt nicht immer. Manchmal fühle ich mich bedrückt, meine Stimmungslage ist also nicht überreizt, sondern gedämpft, und dann nützt Sex gar nichts. In solchen Momenten verspüre ich den starken Wunsch, mich an jemanden anzuschmiegen, ihm nahe zu sein. Dann nimmt mein Mann mich in die Arme und versteht, was ich brauche. Es ist beinahe so, als ob seine Kraft in mich hineinströmt, und wenn ich ihn nur fest umarmen kann, fühle ich mich schon besser. Sex könnte mir gar nicht helfen, der ist für andere Stimmungen gut.»

Ihr Mann fügte hinzu: «Ich fühle es, wenn meine Frau das Bedürfnis hat, umarmt zu werden, und stelle mich darauf ein. Ich verstehe nicht viel von all diesen orientalischen Philosophien, aber irgendwie können wir uns wirklich durch unsere Körper geistige und physische Kräfte übermitteln. Wenn ich einmal erschöpft oder niedergeschlagen bin oder Sorgen habe, fühlt meine Frau das auch. Sie berührt mich dann mit der Hand oder drückt mich ganz fest an sich, und ich erhalte von ihr neue Kraft.» Diese Art der Kommunikation mag einen simpel anmuten, und in gewisser Weise ist sie das auch. Aber sie setzt eine überdurchschnittliche Kenntnis der Stimmungen und nicht-wörtlichen Signale des Partners voraus, eben Empfindsamkeit, Sinnlichkeit im besten Sinne.

Kommunikation mit Worten

Die Beherrschung der nicht-wörtlichen Kommunikation, die Fähigkeit, die Körpersprache des Partners zu interpretieren und auch selbst auf diese Weise Gefühle und Empfindungen auszudrücken, ist eine bedeutende Hilfe auf dem Weg zur offenen Ehe. Aber die restlichen dreißig Prozent Kommunikation, die sich in der Form des gesprochenen Wortes abspielen, sind viel wichtiger als die siebzig Prozent der stummen Verständigung. Die wirkliche Brücke, die es den Partnern ermöglicht, sich gegenseitig zu kennen, zu lieben und eine innige und dauerhafte Beziehung herzustellen, ist und bleibt die wörtliche Kommunikation. Die Essenz der Ehe spiegelt sich letztlich im gesprochenen Wort wider.

Eine gute sexuelle Beziehung allein, so wichtig sie auch als nicht-wörtliche Kommunikation ist, hat noch niemals einen echten Konflikt bereinigen oder eine Ehe retten können, die in anderen Bereichen gestört ist. Es ist das gesprochene Wort, das als Brücke der Verständigung und als Hauptmittel gegenseitigen Sichkennenlernens dient. Im gleichen Ausmaß, in dem Partner offen über sich und ihre gegenseitige Beziehung sprechen, können sie sich individuell entwickeln und dem anderen verpflichten. Daher werden wir uns im folgenden Kapitel mit der psychologischen Basis für eine gute wörtliche Kommunikation befassen und fünf Grundsätze erläutern, die Ihnen helfen können, eine offenere und ehrlichere Verständigung mit Ihrem Partner zu erreichen.

8. Richtlinie Nr. 3 (Zweiter Teil): Kommunikation: Selbstenthüllung und Feedback

Ratespiel

Viele Eheleute glauben, daß sie mehr über ihren Partner wissen, als tatsächlich der Fall ist. Diese Feststellung ergibt sich aus einer Reihe von kürzlich durchgeführten Untersuchungen, deren Ergebnisse das Bedürfnis nach einer besseren Kommunikation zwischen den Partnern deutlich aufzeigen. Ein Psychologe legte Ehepaaren einen Testbogen mit mehreren Sätzen vor, die sie vervollständigen mußten. Zum Beispiel: «Persönliche Angewohnheiten, die meinen Partner an mir am meisten stören, sind . . .»; «Die Entscheidungen meines Partners werden zu sehr beeinflußt von . . .»; «Alles wäre besser, wenn er (sie) mir sagen würde . . .»; «Der Konflikt wäre nicht entstanden, wenn . . .» Die Versuchspersonen füllten jeweils zwei Testbögen aus: In den einen trugen sie ihre eigene Meinung ein, in den anderen das, was sie für die Antwort des Partners hielten. Der Vergleich zeigt, daß eine Reihe von Paaren auf bestimmten Gebieten ziemlich übereinstimmende Antworten gegeben hatten. Aber im allgemeinen waren die Unterschiede beträchtlich, was auf ein mangelndes Verständnis für einander und unzureichende Kenntnisse übereinander hinwies.

Vermutungen nützen gar nichts. Wenn man seinem Partner nicht *sagt*, was man fühlt, ist er gezwungen, Vermutungen anzustellen, die mit großer Wahrscheinlichkeit nicht zutreffen. Auf der Basis von Vermutungen kann man keine Kommunikation aufbauen, schließlich sind wir keine Gedankenleser. Aber leider sind in dieser Zeit des Pop-Freudianismus jedermann ein paar Phrasen von psychoanalytischem Fachchinesisch geläufig, und deshalb glauben die Leute mehr denn je, daß sie ihre Partner ganz genau kennen. Wenn man aber die eigenen Vermutungen über die Verhaltensmotive des Partners als Richtlinie dafür nimmt, wie man ihn zu behandeln hat, wird man die ohnehin schon gestörte Kommunikation noch mehr schädigen. Eine *gemeinsame* Verhaltensanalyse, bei der beide Partner sich bemühen, ihren Gefühlen so offen wie möglich Ausdruck zu geben, kann sehr lohnend sein und zu neuen Erkenntnissen, gegenseitiger Hilfe und besserem Verständnis führen. Vermutungen hingegen enden in einer Sackgasse.

Selbstkommunikation

Wenn Sie wollen, daß sich Ihr Partner bei der Beurteilung Ihrer Gefühle und Motive nicht nur auf Vermutungen stützt, müssen Sie bereit sein, sich ihm so zu zeigen, wie Sie wirklich sind. Das können Sie aber nur dann, wenn Sie sich selbst kennen. Sie müssen zu sich selbst ehrlich sein, bevor Sie es zu Ihrem Partner sind. Nehmen Sie sich Zeit, um in Ruhe über sich selbst nachzudenken. Verwenden Sie diese Zeit nicht nur für passive Überlegungen, sondern führen Sie einen Dialog mit sich selbst – ein Gespräch zwischen dem Menschen, der Sie zu sein glauben, und dem, der Sie wirklich sind. Die Selbstkommunikation bedingt Selbstenthüllung, Selbstanalyse und die Korrektur bisheriger Ansichten, sonst können Sie nichts erreichen. Veränderungen sind nur dann möglich, wenn man die bestehenden Gegebenheiten gewissenhaft überprüft.

Wenn Sie mit sich selbst ehrlich sind, gelingt Ihnen möglicherweise eine ungeschminkte und objektive Analyse Ihres Verhaltens. Das ist dann wahrscheinlich der Punkt, an dem Sie mit sich selbst zu argumentieren beginnen, Vernunftgründe für Ihre Handlungen vorbringen und nach äußeren Einflüssen suchen, durch die Sie zu Ihrem Verhalten gezwungen wurden. Der Chef hat Sie angebrüllt, Sie konnten nicht Gleiches mit Gleichem vergelten und waren entsprechend schlecht gelaunt, als Sie zu Hause ankamen. Sie fuhren Ihre Frau an, die daraufhin die Kinder anschrie und so weiter und so fort. Gegen das Suchen nach Vernunftgründen für ein bestimmtes Verhalten ist nichts einzuwenden, solange diese Suche ein Teil der Debatte mit Ihrem «objektiven Selbst» ist. Welches Ihrer beiden Selbst die Debatte «gewinnt», ist belanglos. Wichtig ist nur die Debatte an sich, denn sie bietet Ihnen eine Chance, sich selbst besser kennenzulernen. Wenn Sie zu Depressionen neigen, schnell mit den Nerven herunter sind und so gut wie immer die Schuld bei sich selbst suchen, wenn etwas schiefgeht, sollten Sie die Prozedur umschalten, nämlich durch Ihr «objektives Selbst» Ihre Handlungen loben und nach den versöhnlichen Aspekten Ihres Verhaltens suchen.

Manche Menschen haben sich die Selbstanalyse zur Gewohnheit gemacht, weil sie herausfanden, daß sie dadurch mehr Selbstvertrauen gewannen – man wird von fremder Kritik längst nicht so hart getroffen, wenn man schon selbst über das Pro und Kontra nachgedacht hat. Ist die Kritik gerecht, fällt es einem leichter, seinen Fehler einzugestehen, ohne sich in Selbstmitleid oder Schuldgefühlen zu ergehen. Ist die Kritik jedoch ungerecht, kann man sich viel besser verteidigen, weil man in Gedanken schon die gegensätzlichen Standpunkte gegeneinander abgewogen hat.

Wenn Sie sich selbst erforschen und die Motive für Ihr eigenes Verhalten begreifen, wird es Ihnen in Zukunft leichter fallen, falsche Reaktionen oder Mißverständnisse in der Beziehung zu Ihrem Partner zu vermeiden. Die Erkenntnisse, die Sie durch eine Selbstanalyse gewinnen, werden sowohl unbewußt als auch bewußt zu einem Teil Ihres Wesens, und je mehr Sie über sich selbst wissen, desto besser können Sie Ihr Selbst auch Ihrem Partner verständlich machen.

Selbstenthüllung

Alle Entdeckungen, die wir mit Hilfe der Selbstkommunikation machen – unsere Gefühle, Überzeugungen und Vorstellungen vom eigenen Ich –, existieren nur in unseren Gedanken, bis wir sie in Worte fassen und ihnen dadurch Sinn und Substanz geben. Wir können uns also noch besser kennenlernen, indem wir uns anderen Menschen gegenüber offenbaren. «Die vollständige Enthüllung des Selbst wenigstens *einem* anderen Menschen gegenüber, der uns nahesteht», schreibt Dr. Sidney Jourard, «ist eines der Hilfsmittel, durch die ein Mensch nicht nur die ganze Breite und Tiefe seiner Bedürfnisse und Gefühle, sondern auch die Natur seiner eigenen selbstbestätigten Werte erkennt.»

Die Selbstenthüllung ist außerdem eines der wichtigsten Mittel, durch die unsere Partner uns kennenlernen können. «Durch die Selbstenthüllung», schreibt Dr. Jourard weiter, «lasse ich andere Menschen meine Seele kennenlernen. Und das können sie nur, wenn ich sie ihnen selber zeige. Echte Intimität und gemeinsame Entwicklung basieren auf der Fähigkeit, aufrichtig zu sein und sein inneres Selbst ohne Furcht vor einem Urteil mit dem Partner zu teilen, und zwar nicht nur die Vorlieben, sondern auch die Abneigungen, die Zweifel ebenso wie die Hoffnungen. Wir werden authentische Wesen füreinander, wenn wir den ersten Schritt tun und Vorstellung, Abwehr und Doppelzüngigkeit aufgeben.»

Aber wir zögern vor diesem Schritt. Wir fürchten, daß eine solche Enthüllung unsere verwundbaren Stellen bloßlegt. Es ist ganz klar, daß man im normalen Verkehr mit der Umwelt bei Selbstenthüllungen Vorsicht walten lassen muß. Aber inwieweit gilt diese Vorsicht gegenüber dem Menschen, den wir lieben und mit dem wir unser Leben teilen?

Es ist leicht, zu behaupten, daß man seine wahren Gefühle oft aus Rücksicht auf den Partner für sich behält, aber im allgemeinen ist man ebensosehr um sich selbst besorgt. Man fürchtet, daß man weniger «gut» oder «stark» ist, als der Partner es von einem erwartet, oder daß ihm nicht gefällt, was er erfährt. In Wirklichkeit handelt es sich dabei um einen Mangel an Persönlichkeitsbewußtsein – und um ein Gefühl der Unsicherheit, das damit verbunden ist. Diese Unsicherheit veranlaßt uns, die Fassade aufrechtzuerhalten und den Anschein des idealen Ehemannes oder der idealen Ehefrau zu wahren. Aber es gibt keine idealen Wesen, nur menschliche. Und wenn wir unsere wahren Gefühle verbergen, wird es noch schwieriger, sich weiterzuentwickeln und einander so gut kennenzulernen, wie es nur durch die Selbstenthüllung möglich ist.

Einer der vernachlässigten Bereiche der Kommunikation zwischen den Partnern – der wichtigste für eine innige Beziehung – ist das Mitteilen positiver Gefühle. Wenn einen etwas tief bewegt, wenn man von einer Handlung oder einem Verhalten des Partners gerührt ist und mit einer zärtlichen Reaktion antworten möchte, sollte man versuchen, das auszudrücken, es dem Partner mitzuteilen und den Augenblick festzuhalten, bevor er sich verflüchtigt. Durch solche positiven Selbstenthüllungen wird es leichter, sich auch in kritischeren Bereichen des Gefühlslebens ehrlich mitzuteilen.

Ist Offenheit die beste Politik?

Viele uns uns vertreten hartnäckig die Auffassung, daß Eheleute sich nicht alles sagen sollten, daß Offenheit weh tut, daß unsere geheimsten Gefühle und Gedanken zu erschreckend sind, als daß man sie offenbaren sollte, und daß die meisten Menschen die Wahrheit nicht vertragen können. Die Wahrheit, so heißt es, sei oft brutal.

Die «nackte» oder «brutale» Wahrheit ist jedoch selten eine intime Enthüllung. Meist frönt man damit nur seiner Lust zu unnötiger und destruktiver Kritik, und sehr oft ist die «nackte» Wahrheit eine Übertreibung. Wenn der Mann fast eine Stunde gewartet hat, bis seine Frau zum Ausgehen fertig ist, und dann sagt: «Ich möchte mal wissen, warum das so lange gedauert hat, du siehst genauso verknittert aus wie sonst», dann sagt er ihr nicht die «nackte» Wahrheit, sondern er ist einfach gemein. Unter anderen Begleitumständen kann eine ähnliche Bemerkung Gelächter auslösen: Wenn die Eheleute z. B. erst um drei Uhr morgens von einer Party zurückkommen, sich beim Frühstück reichlich übernächtigt gegenübersitzen und er sagt: «Schwer zu sagen, wer von uns beiden mieser aussieht. Wahrscheinlich beide gleich», dann ist das keine Gemeinheit, sondern die reine Wahrheit. Es ist eben der Ton, der die Musik macht.

In der Ehe oder überhaupt in einer guten Beziehung zwischen zwei Menschen ist kein Platz für «grausame» Wahrheiten. Aber ein ehrliches Gespräch mit einem ebenso ehrlichen Partner stellt den besten (und tatsächlich den einzigen) Weg dar, eine offene und vertrauensvolle Beziehung zu erreichen, vorausgesetzt, daß die Achtung vor dem Ich des Partners gewahrt bleibt. In einer solchen Beziehung kann die Wahrheit, wie man sie selbst sieht, durch die Reaktion des Partners auf die eigene Selbstenthüllung andere Gestalt annehmen. Erst wenn ein Partner dem anderen seine eigene Auffassung mitteilt und beide dann ihre Standpunkte vergleichen, ist eine echte Beurteilung möglich. Jeder Mensch glaubt, daß die Dinge so sind, wie er selbst sie sieht, und erwartet, daß andere sie genauso sehen.

Wie wichtig es ist, daß Mann und Frau aufrichtig zueinander sind, wurde in dem Interview mit dem Musiker Martin deutlich, dessen Bedürfnis nach Alleinsein im 6. Kapitel behandelt wurde. Martins Frau Ellen war bei unserem Gespräch dabei und beteiligte sich auch daran. Als die Unterhaltung an einem bestimmten Punkt angelangt war, beklagte Martin sich darüber, daß er in den dreiundzwanzig Jahren seiner Ehe ständig gehetzt war. Und plötzlich entdeckten er und Ellen, daß sie beide das gleiche gewünscht hatten, ohne es gewußt zu haben. Hier ein Ausschnitt aus dem Gespräch:

Martin: Mein Leben war ein einziger Marathonlauf – Tag und Nacht und auch an den Wochenenden war ich unterwegs, immer auf der Jagd nach dem Geld. Jetzt ist das anders – ich bin mehr zu Hause, und das gefällt mir viel besser. Ich bin sehr viel wählerischer geworden, welche Aufträge ich annehme.

Interviewer zu *Ellen:* Und was waren Ihre Gefühle in all den Jahren, als er ständig herumreiste und nachts selten zu Hause war?

Ellen: Meine Gefühle . . . nun, ich habe mich einsam gefühlt.

Interviewer: Machten Sie sich deswegen Gedanken oder Sorgen?

Ellen: Ja, ich machte mir eine ganze Menge Sorgen. Ich hätte lieber weniger Geld, dafür aber meinen Mann mehr zu Hause gehabt. Aber ich dachte, er braucht das.

Martin: Aber Ellen, warum hast du mir das nie gesagt?

Ellen: Du hast mich ja nicht gefragt. Ich dachte mir, es sei eben nicht zu ändern. Du mußtest beruflich weg, ich mußte zu Hause bleiben. Was hätte ich denn tun sollen?

Martin: Aber du hast mir nie *gesagt*, was du fühltest. Wie hätte ich das wissen sollen? Ich dachte, ich müßte jeden Job annehmen, der mir angeboten wurde, weil es mir sonst vorgekommen wäre, als ob ich die Familie im Stich ließe. Wenn ich *das* gewußt hätte, wäre alles anders gewesen. Ich wollte ja gar nicht so viel unterwegs sein, aber ich dachte, ich müßte, um genug Geld zu verdienen.

Es ist traurig, wieviel Zeit, Energie und Glück in all den Jahren von Martins und Ellens Ehe vergeudet worden war, wenn man bedenkt, daß ihre wirklichen Wünsche viel mehr übereinstimmten als die Vermutungen, die jeder über die Wünsche des anderen hatte. Eine solche Vergeudung kommt nur dann vor, wenn Mann und Frau nicht offen über ihre wahren Bedürfnisse miteinander sprechen.

Die Ehe gibt einem nicht das Recht, kindische Geständnisse über vergangene Missetaten loszuwerden oder den Partner als Schuttabladeplatz für die eigenen Schuldgefühle zu benutzen. Dadurch beweist man keine Aufrichtigkeit, sondern eine krankhafte Unsicherheit. Was die Partnerschaftsehe erfordert, ist Offenheit darüber, was man *jetzt* in bezug auf das Leben fühlt, das man mit seinem Partner zusammen aufbaut. Ohne eine solche Offenheit ist es viel schwieriger, die einengenden Klauseln des traditionellen Vertrages zu vermeiden, und fast unmöglich, einen Ehevertrag aufzusetzen, der den eigenen Bedürfnissen entspricht. Man kann nicht auf die Erfüllung von Bedürfnissen hinarbeiten, deren Existenz man sich nicht einzugestehen wagt.

Selbstverständnis, Selbstenthüllung und Offenheit – das sind die gesunden psychologischen Grundlagen für eine gute Kommunikation zwischen den Partnern. Um auf diesen Grundlagen aufzubauen, empfehlen wir die Befolgung dieser fünf Grundsätze:

1. Verständnis der gegebenen Situation
2. Wahl des richtigen Augenblicks
3. Klarheit
4. Bereitschaft zum Zuhören
5. Feedback

Wir wollen diese Grundsätze der Reihe nach besprechen.

Verständnis der gegebenen Situation

Jede Kommunikation zwischen zwei Partnern findet unter einer Vielzahl von Gegebenheiten statt, die Gehalt und Bedeutung von dem bestimmen, was gesagt wird. Hierzu ein paar Beispiele:

Wenn er zu ihr sagt: «Komm her, du alter Schusselkopf», und sie dabei zu sich auf die Couch herunterzieht, ist das ein Kosewort. Nennt er sie so, weil sie vergessen hat, seine Zahnpasta zu besorgen, könnte sie sehr wohl beleidigt sein.

Sie macht gern Witze. Meistens lacht er darüber, aber unglücklicherweise weiß sie nie, wann sie aufhören muß. Auch wenn er sich ehrlich Sorgen macht, sei es über ein berufliches Problem oder über die unbezahlten Rechnungen in der Schreibtischschublade, witzelt sie munter weiter. Vielleicht versucht sie nur, ihn aufzuheitern, aber unter den gegebenen Umständen hat er das Gefühl, daß sie ihn lächerlich macht, weil er seine Probleme so ernst nimmt. Was als seelische Hilfe gedacht war, wirkt jetzt wie Kritik.

Solche Beispiele mögen trivial erscheinen. Aber die Beziehung zwischen den Ehepartnern setzt sich zu einem Großteil aus solchen trivialen Kleinigkeiten zusammen. Und wenn man in den kleinen Dingen nicht mit dem Partner auskommt, kommt es bestimmt bald zu größeren

Problemen. Viele Mißverständnisse und Meinungsverschiedenheiten können vermieden werden, wenn man mehr auf die gegebene Situation achtet und ein Gefühl für die Begleitumstände entwickelt, unter denen man eine Kommunikation herstellen will. Manchmal ist die Lage eindeutig wie im Fall der vergessenen Zahnpasta, aber es kann passieren, daß man die wirklichen Umstände erst dann klar erkennt, wenn man die nicht-wörtlichen Signale des Partners entziffert.

Anfangs fühlt man sich bei den Versuchen, die vorhandene Situation richtig einzuschätzen, vielleicht ein bißchen unsicher oder sogar lächerlich. Wenn man sich aber bemüht, diese Fähigkeit auszubauen, wird sie einem bald so zur zweiten Natur, daß man sich nicht mehr bewußt anzustrengen braucht. Die meisten von uns haben die schlechte Angewohnheit, bei Gesprächen mit anderen Menschen, insbesondere mit dem Ehepartner, rücksichtlos über die gegebene Situation hinwegzugehen. Wenn man eine schlechte Gewohnheit korrigiert oder aufgibt, sei es nun Kettenrauchen oder unaufhörliches Schwatzen beim Frühstück (obwohl sich der Partner nichts sehnlicher wünscht, als in Ruhe die Zeitung zu lesen), macht man zuerst immer ein Stadium der Befangenheit durch. Aber das Ergebnis rechtfertigt die Mühe.

Wahl des richtigen Augenblicks

Die Wahl des richtigen Augenblicks steht in engem Zusammenhang mit der gegebenen Situation. Sobald man gelernt hat, die Lage richtig einzuschätzen und sich auf die nicht-wörtlichen Signale des Partners einzustellen, kann man auch besser den geeigneten Zeitpunkt für eine wörtliche Kommunikation wählen. Statt zur Unzeit eine unnötige und unerfreuliche Auseinandersetzung heraufzubeschwören, wartet man den richtigen Augenblick ab. Will man seiner Frau sagen, daß sie das Monatsbudget durcheinanderbringt, weil sie zuviel für ihre Garderobe ausgibt, ist dafür bestimmt nicht der richtige Augenblick, wenn sie freudestrahlend mit einer Neuerwerbung zur Tür hereinkommt. Da sie sich dieses Vergnügen in Zukunft nicht mehr so oft leisten kann, wäre es sinnlos, ihr auch noch die Freude über den soeben getätigten Kauf zu verderben. Das würde alles doppelt so schlimm machen.

Im allgemeinen ist es ziemlich einfach, den geeigneten Augenblick zu wählen. Kinder praktizieren diese Kunst täglich, wenn auch auf eine negative Art. Jedes aufgeweckte Kind kann die Stimmung der Eltern abschätzen und wartet mit der Beichte seiner Missetaten oder mit der Bitte um zusätzliches Taschengeld, bis ihm die Situation günstig erscheint. Genauso wie es spürt, wenn man abgehetzt oder nervös ist, und weiß, daß man dann schneller «ja» sagen wird, nur um es loszuwerden; und wenn es schon wieder seine Handschuhe verloren hat, wird es das vermutlich dann erzählen, wenn Besuch da ist, weil es damit rechnet, daß das Donnerwetter wesentlich milder ausfällt.

Leider ist dieses manipulierende und negative Vorgehen eine Unsitte, die viele Menschen lebenslänglich beibehalten. Als Partner in einer traditionellen Ehe stellen sie schnell fest, daß die starren Regeln es notwendig machen, ihren Mann oder ihre Frau genauso zu manipulieren wie früher die Eltern. In der Partnerschaftsehe sind solche Manöver unnötig. Wenn man jederzeit offen und ehrlich mit dem Partner sein kann, braucht man ihn nicht durch Tricks dazu zu bringen, so zu reagieren, wie man es haben will. Man erhält freiwillig, was man sich wünscht, muß aber darauf achten, daß der andere dabei nicht benachteiligt wird. Im positiven Sinne angewandt, ist die Wahl des geeigneten Augenblicks sehr wichtig: Man liest die stummen Signale des Partners nicht, um ihn zu manipulieren, sondern um den besten Zeitpunkt herauszufinden, eine offene und ehrliche Diskussion über das zu führen, was einem auf dem Herzen liegt.

Klarheit

Die wörtliche Kommunikation ist – milde ausgedrückt – sehr kompliziert. Wir machen sie noch komplizierter und erhöhen die Gefahr von Mißverständnissen, wenn wir uns unklar ausdrücken. Manchmal sagen wir etwas und meinen in Wirklichkeit etwas ganz anderes. «Hast du die Wäsche abgeholt?» fragt Lisa ihren Mann. Da weit und breit keine Wäsche zu sehen ist, war die Frage überflüssig. Was Lisa aber wirklich meinte, war «Warum kommst du so spät? Du hast noch nicht mal die Wäsche abgeholt!» Oder Herbert sagt nach einem Abendessen bei Freunden zu Lisa: «Also Alice versteht es, immer was Besonderes auf den Tisch zu bringen, findest du nicht?» Was er damit tatsächlich sagen will, ist: «Warum bringst du nicht mal ein bißchen Abwechslung in den Küchenzettel?»

Manche Ehepartner verstehen vielleicht den tieferen Sinn, der hinter einer solchen Bemerkung steckt, aber dann reagieren sie meist feindselig. Es ist ja fast immer so, daß man Kritik anbringen will, wenn man das eine sagt und das andere meint.

Man muß also nachdenken, bevor man spricht, und sich im klaren sein, was man tatsächlich sagen will. Wenn es zu grob oder verletzend klingen würde, läßt man es besser ungesagt. Ist man jedoch davon überzeugt, daß es unbedingt gesagt werden muß, auch wenn es etwas Unangenehmes ist, sollte man sich zurückhalten und einen geeigneten Zeitpunkt abwarten.

Natürlich gibt es Situationen, wo man so wütend oder aufgeregt ist, daß man unbedingt sofort etwas sagen muß. Aber statt daß man boshafte Seitenhiebe austeilt oder anfängt zu schreien, legt man seine Gefühle am besten völlig klar und sagt von vornherein: «Ich bin sehr verärgert»; wenn man erregt ist, drückt man sich meistens doch weniger klar aus als sonst. Und gerade dann ist die Gefahr, seinen Partner zu verletzen oder am Thema vorbeizureden, besonders groß. Wenn man also in einem solchen Augenblick unbedingt etwas sagen muß, um Dampf abzulassen, sollte man erst einmal vorbringen, was man selber fühlt, statt den

Partner anzugreifen. In vielen Fällen begreift der Partner sofort, womit er den anderen so in Wut versetzt hat, und wird sich entschuldigen. Geht man jedoch auf ihn los und verletzt ihn dabei auch noch, wird seine natürliche Reaktion darin bestehen, sich zu verteidigen (obwohl er vielleicht weiß, daß er im Unrecht ist) oder sogar zurückzuschlagen.

Befolgt man die Methode, das zu sagen, was man sieht und fühlt, ohne zu kritisieren, kann man in einer Auseinandersetzung ohne weiteres seinen eigenen Standpunkt klarmachen. Das wichtigste dabei ist, Anklagen und destruktive Kritik zu vermeiden. Greift man den Partner direkt an und stellt dadurch seinen Geschmack oder sein Urteilsvermögen in Frage, ist das ein Übergriff in seinen Ego-Bereich, der meist einen Gegenangriff provoziert. Die Beachtung dieser Grundregeln ermöglicht es, durch eine klare Aussage über die eigenen Gedanken und Gefühle die Grenzen des eigenen Ego-Bereichs abzustecken und gleichzeitig diejenigen des Ego-Bereichs des Partners anzuerkennen, indem man sich von einem direkten Angriff zurückhält. Das erfordert Geduld, Geschick und Übung, aber wenn man sich abgewöhnen kann, den Partner zu kritisieren und anzugreifen, stellt man sehr rasch fest, daß es viel seltener zu Konfliktsituationen kommt. Gleichzeitig beweist man damit Achtung vor der Persönlichkeit des Partners.

In bezug auf die Kommunikation tieferer Gefühle und Emotionen hat die Methode, «das zu sagen, was man fühlt», eine ganz andere Bedeutung. Da wir immer auf gute Manieren und die Spielregeln der bürgerlichen Konventionen bedacht sein müssen, haben wir die intime Gefühlssprache verloren. Wir überlassen es lieber den Dichtern – oder den Schlagertextern –, unsere Freude, Frustration, Verzweiflung oder unser Entzücken in Worte zu fassen. Manche Menschen können auf Grund ihrer ethnischen Herkunft oder ihrer Veranlagung ihre Gefühle besser ausdrücken als andere, aber im großen und ganzen haben wir die Sprache des Gefühls auf dem Altar der Konformität geopfert, und ihre Anwendung würde uns nur noch in peinliche Verlegenheit stürzen.

Unter der Oberfläche sind die Gefühle zwar immer noch da, aber sie kommen nur selten zum Vorschein, außer wenn wir vor Wut explodieren – also gerade dann, wenn wir am wenigsten Gewalt über unsere Worte haben. Insbesondere den Männern wird von klein auf eingehämmert, daß sie ihre Gefühle nicht zeigen dürfen, weil das «unmännlich» sei. Genau das Gegenteil stimmt, denn was könnte feiger sein, als sich davor zu fürchten, seine innersten Gefühle einzugestehen? Es ist wichtig, die Verlegenheit und die Scheu zu überwinden, die uns daran hindern, das zu sagen, was wir fühlen. Wenn wir unsere Gefühle nicht klar und deutlich zum Ausdruck bringen, kann unser Partner nicht wissen, was in uns vorgeht. Und wie könnte er etwas respektieren, das er nicht kennt?

Bereitschaft zum Zuhören

Offen und klar auszudrücken, was wir fühlen, ist Voraussetzung für eine gesunde Partnerschaft. Aber das nützt gar nichts, wenn nicht gleichzeitig die Bereitschaft zum Zuhören vorhanden ist. In den meisten Ehen ist es leider so, daß kein Partner dem andern wirklich zuhört. Sie führen das, was der Philosoph Abraham Kaplan einen «Duolog» nennt. In einem Duolog reden zwei Menschen sozusagen im Wechselgesang über ihre eigenen Probleme. Wir alle wissen, wie solche «Unterhaltungen» ablaufen: Susanne und Mark besprechen die Ereignisse des Tages. Susanne erzählt, daß ihr Sohn Bobby eine Zahnregulierung braucht, Mark denkt laut über die Gerüchte nach, daß seine Firma eine Fusion plane. Jeder hört nur sich selbst zu und nicht dem Partner. Da Mark Bobbys Zahnregulierung bezahlen muß und Susanne von einer beruflichen Veränderung Marks gleichfalls betroffen sein wird, werden sie schließlich mit ihren Selbstgesprächen aufhören und noch einmal von vorn anfangen müssen, indem jeder den anderen auffordert, zu wiederholen, was er gesagt hat. Das haben wir alle schon unzählige Male mitgemacht.

In der offenen Ehe kann man es ehrlich sagen, wenn man gerade nicht zum Zuhören aufgelegt ist, und kann damit rechnen, daß dieser Wunsch respektiert wird. Wenn man dann aber zu erkennen gibt, daß man bereit ist, zuzuhören, muß man das auch voll und ganz tun. Man muß bereit sein, einen *Dialog* zu führen und keinen Duolog. Der echte Dialog besteht nicht nur aus dem Gespräch, sondern auch aus der ungeteilten Aufmerksamkeit des Partners und aus seinen Reaktionen.

Zuhören erfordert Aufgeschlossenheit. Man kann nicht richtig reagieren, wenn man die Worte des Partners nicht in sich aufnimmt.

Feedback

Manchmal genügt es, die eigene Reaktion auf den Wunsch des Partners, eine Kommunikation herzustellen, durch ein Kopfnicken auszudrücken. Aber oft begnügen wir uns auch dann, wenn eine ausführlichere Antwort notwendig wäre, mit einem Kopfnicken, einem zustimmenden Grunzen oder einem schlichten «Was gibt's denn?» Man kann keinen Dialog beginnen, wenn der Feedback nur aus ein paar Grunzlauten besteht.

Feedback ist ein Begriff aus der Computer-Sprache: Er bedeutet die automatische Rückfütterung der ausgespuckten Ergebnisse vom Ausgang des Computers an eine Kontrollstation, so daß Fehler korrigiert werden können. Ein Feedback- oder Rückkopplungs-System ist selbstregulierend. Auf den Menschen übertragen, könnte man es so erklären: Wenn ein Mann ein Glas auf den Tisch stellt, liefert sein Nervensystem ihm den visuellen und empfindungsmäßigen Feedback, um seine Hand zu führen. Dabei ist ein Rückkopplungs-System an der Arbeit, das Hand, Auge und Gehirn verbindet.

Ist der Mann betrunken, dann ist diese Rückkopplung, der Feedback also, wahrscheinlich gestört, so daß er das Glas fallen läßt. Dieser Begriff des Feedback kann ohne weiteres auf die Kommunikation zwischen zwei Menschen übertragen werden. Man kann seinem Partner einen Feedback liefern, indem man das, was er gesagt hat, wiederholt, um sicher zu sein, richtig verstanden zu haben. Man kann Fragen stellen oder eine Antwort geben, aus der die eigene Einstellung klar hervorgeht.

Man braucht einen offenen und ehrlichen Feedback vom Partner, damit man weiß, ob er einen verstanden hat, damit man seine Gefühle entdecken und die eigenen Gefühle und Ansichten darauf einstellen kann. Viele Eheleute unterbrechen die Rückkopplung dadurch, daß sie nicht aufrichtig sind, unbedachte Kritik üben oder überhaupt nicht reagieren. Mürrisches Schweigen kann als negativer Feedback bezeichnet werden; man kann es zum Beispiel mit dem Versagen eines Kontrollsystems in einer Mondrakete vergleichen, das zwar anzeigt, *daß* etwas gestört ist, nicht aber, *was*. Wenn man nicht durch einen positiven Feedback anzeigt, was nicht in Ordnung ist, weiß der Partner nicht, wie er reagieren soll.

Für Ehepaare, die den Feedback von Grund auf lernen müssen, gibt es eine einfache Übung, die sich «Vervollständigung der Kommunikation» nennt und von Lederer und Jackson ausgearbeitet wurde. Diese Übung mag einem zuerst unnatürlich oder sogar albern vorkommen, aber sie gewöhnt die Eheleute daran, wie man einen Feedback herstellt, und hilft ihnen zu erkennen, wie wichtig es ist, auf den Partner zu reagieren. Die Übung besteht aus drei grundlegenden Schritten: Person Nr. 1 macht eine Aussage. Person Nr. 2 bestätigt diese Aussage. Person Nr. 1 zeigt den Empfang der Bestätigung an.

Beispiel:

Sie: Hast du die Wäsche abgeholt?

Er: Nein, ich konnte keinen Parkplatz finden.

Sie: Vielleicht kann ich sie morgen selbst abholen.

Oder:

Er: Ich habe heute Hans Müller getroffen.

Sie: Wie geht es ihm denn?

Er: Gut, glaube ich.

Die beiden ersten Aussagen des Paares gehören zu der Sorte, auf die der Partner meist nur ganz kurz antwortet. Andere einfache Aussagen, zum Beispiel «was für ein schöner Sonnenuntergang», rufen nicht mehr als ein Nicken, Grunzen oder undeutliches Gemurmel hervor. Aber auch sie sollten zur Übung bestätigt und rückbestätigt werden. Die sinnvolle Beantwortung auch unbedeutender Aussagen fördert die Fähigkeit, auf wichtigere Fragen einen Feedback liefern zu können. Sie hilft ferner, die Bereitschaft zum Zuhören zu schärfen, ohne die es natürlich auch keinen positiven Feedback geben kann.

Ein gut funktionierender Feedback ermöglicht die echte Selbstenthüllung, die zur persönlichen Entwicklung gehört. Jede Veränderung und jede Weiterentwicklung beruht darauf, daß man die Vorstellung, die man von sich selbst und vom Partner hat, durch Selbstenthüllung und durch

Feedback vom Partner *neu formt.*

Alle fünf Grundsätze, die wir in diesem Kapitel besprochen haben – Verständnis der gegebenen Situation, Wahl des richtigen Augenblicks, Klarheit, Bereitschaft zum Zuhören und Feedback –, sind für eine gute und offene Kommunikation wichtig. Jeder einzelne dieser Grundsätze verstärkt die Wirkung der anderen. Man kann den richtigen Augenblick nur dann wählen, wenn man die gegebene Situation versteht. Eine klare Ausdrucksweise nützt gar nichts, wenn der Partner nicht bereit ist, zuzuhören. Und ein guter Feedback hängt nicht nur von der Befolgung der anderen vier Grundsätze ab, sondern verstärkt auch ihre Wirkung. Auf der Basis dieser ineinandergreifenden Grundsätze wollen wir im dritten und letzten Kapitel über die Kommunikation ein paar weitere Methoden besprechen, die Ihnen helfen können, eine wirklich gute wörtliche und nicht-wörtliche Verbindung herzustellen.

9. Richtlinie Nr. 3 (Dritter Teil): Kommunikation: Produktiver Streit und Miteinanderteilen von Träumen

Produktiver Streit

Es gibt nur wenige normale Ehepaare, die nicht ab und zu miteinander streiten. Unglücklicherweise ist das bei manchen Paaren jedoch die einzige Methode, mit der ein engerer Gedankenaustausch zustande gebracht wird. Die Ehepaare, die sich nicht streiten, gehören vielleicht zu jenen Ausnahmen, die das versprochene Paradies des völligen Verstehens und der vollkommenen Übereinstimmung erreicht haben. Wahrscheinlicher ist allerdings, daß sie einfach zu gleichgültig geworden sind, daß sie den Kampf aufgegeben haben, die Klauseln des traditionellen Vertrages akzeptieren und sich dem vorgeschriebenen Schema unterwerfen. Die ständige und vollkommene Harmonie in der Ehe ist ein Mythos. Wir glauben aber, daß man durch die offene Ehe so nahe an eine derartige Harmonie herangeführt werden kann, wie es überhaupt möglich ist, vorausgesetzt, man nimmt die Richtlinien wirklich ernst. Aber auch dann wird es vorkommen, daß man dem Bedürfnis, miteinander zu streiten oder wenigstens zu argumentieren, nicht widerstehen kann. Wir wollen uns das eheliche Schlachtfeld einmal näher betrachten.

Der eheliche Streit kann eine durchaus achtbare und sogar gesunde

Methode und Kommunikation sein, *falls* die Gegner fair bleiben. Ein Streit kann Aggressionen mildern und die Atmosphäre reinigen. Er kann auch dazu dienen, sich mit dem Partner zu einigen und die vorhandenen Konflikte besser zu verstehen, was den Beginn einer neuen Entwicklungsphase in der Beziehung der Partner einleiten könnte. Aber er kann auch verheerende Auswirkungen haben, wenn beide Partner nur ihren Aggressionen oder feindlichen Gefühlen freien Lauf lassen. Ob das Ergebnis eines Streits positiv oder negativ ist, hängt nur davon ab, ob man fair und konstruktiv kämpft.

Dr. George R. Bach hat aufgrund seiner Erfahrungen als Ehepsychologe Regeln für das konstruktive Streiten ausgearbeitet, die wir hier wiedergeben und kommentieren wollen:

1. *Einigen Sie sich über Zeit und Ort.* Die gegebene Situation und die Wahl des Augenblicks sind für einen Streit genauso wichtig – oder sogar wichtiger – wie für eine weniger aufregende Diskussion. Es mag schwierig und manchmal unmöglich sein – aber man *kann* über die Festsetzung einer «Zankstunde» verhandeln.

2. *Konzentrieren Sie Ihren Zorn auf akute Streitfragen, also auf die Gegenwart und nicht auf Probleme der Vergangenheit.* Viel zu viele Ehepaare kämpfen mit unlauteren Mitteln. Es ist eine beliebte Praxis, Vergangenes auszugraben und als Munition zu benützen. Vielleicht bedienen Frauen sich dieser Taktik häufiger, weil sie ja tatsächlich mehr Grund zum Klagen haben. In der traditionellen Ehe, die keine gleichberechtigte Partnerschaft kennt, nimmt die Frau sehr oft einen niedrigeren Rang ein als der Mann, und so kommt es, daß sie in dem von vornherein ungleichen Kampf mit Beleidigungen und genereller Kritik um sich wirft. Aber der Ehemann schlägt mit genausoviel allgemein gehaltener Kritik zurück, die sich auf die alten Vorstellungen von der Rolle der Ehefrau und die Unbeständigkeit der «weiblichen Natur» stützt. Auf jeden Fall: Für einen konstruktiven Streit müssen die Partner vergangene Auseinandersetzungen und Beschuldigungen vergessen und sich auf akute Themen konzentrieren.

3. *Sie müssen wissen, worüber Sie sich streiten.* Manchmal sind es nur Lappalien, über die man in Wut gerät, und wenn man das erkennt, kann aus dem Streit ein gutartiges Wortgeplänkel werden. Aber es ist genausogut möglich, daß man aus der Mücke einen Elefanten macht und am eigentlichen Grund des Streits vorbeiredet, wodurch vielleicht tiefer liegende und wichtigere Probleme ungelöst bleiben. Regt sich der zornige Ehemann wirklich über die Art und Weise auf, wie seine Frau die Kinder erzieht, oder ist er so aufgebracht, weil sie ihm nicht genug Aufmerksamkeit und Achtung entgegenbringt? Und fängt die zornige Ehefrau wirklich nur einen Streit an, weil ihr Mann so unordentlich ist und nie seine Sachen wegräumt, oder ist sie in Wirklichkeit mißtrauisch wegen der vielen Überstunden, die er angeblich macht? Man sollte sich aber nur über das streiten, worüber man sich wirklich ärgert. Sonst vergeudet man nur Zeit und Energie, die man für eine faire Auseinandersetzung über das wirkliche Problem besser verwenden könnte.

4. Seien Sie so ehrlich wie möglich. Man sollte immer klar zu verstehen geben, was man denkt und was man erreichen will.

5. Versuchen Sie nie, der Sieger zu sein. Da nur einer von beiden der Sieger sein kann, muß der andere zwangsläufig der Verlierer sein. Und wenn einer der Partner verliert, dann haben beide verloren, gemessen nämlich an der noch größer gewordenen Verärgerung und Belastung der gegenseitigen Beziehung. «Der einzige Weg, einen Ehestreit zu gewinnen, ist der, daß beide Partner gewinnen», schreibt Dr. Bach.

Was beide Partner durch die Befolgung dieser Regeln bei einem Ehestreit gewinnen können, sind besseres Verständnis, neue Informationen und neue Methoden zur Beilegung künftiger Konflikte. Man vergißt nur allzuleicht, daß es für jedes Problem fast immer mehr als eine Lösung gibt. Wir glauben, daß zwei Partner, die persönlichkeitsbewußt und gleichberechtigt sind, kein zwingendes Bedürfnis verspüren, irgendwelche Aggressionen abreagieren zu müssen. Je näher man der offenen Ehe kommt, um so leichter sollte es möglich werden, Meinungsverschiedenheiten nur noch als Fragen zu betrachten, die gemeinsam gelöst werden müssen. Es gehört zu den Wesenszügen der Partnerschaftsehe, eine Antwort zu finden, die beiden Partnern Gewinn bringt und keinen benachteiligt. Auf dem Weg zu diesem Ziel kann der Ehestreit eine nützliche, erzieherische und offensichtlich anregende Methode der Kommunikation sein, vorausgesetzt, daß man mit fairen Mitteln kämpft, sich auf das Jetzt konzentriert und bemüht ist, auf Grund der gemachten Erfahrungen sein Geschick für die Lösung von Problemen weiterzuentwickeln.

Das Miteinanderteilen von Träumen und Wunschvorstellungen

Auch Träume und Wunschvorstellungen können zur Verbesserung der Kommunikation beitragen. Viele Ehepaare teilen tatsächlich Träume miteinander – Tagträume und Zukunftsträume. Dagegen ist nichts einzuwenden, solange diese Träume einigermaßen realistisch sind und nicht das Leben im Jetzt beeinträchtigen. Wie aber steht es mit den Schlafträumen?

Die Ehepartner können ihre Intimität vertiefen, indem sie ihre Schlafträume miteinander teilen. Träume enthüllen Tatsachen über unser unbewußtes Selbst, die uns sonst verborgen blieben. Es ist völlig überflüssig, sich mit Büchern über Traumdeutung zu befassen, die Ihnen mitteilen, eine Leiter bedeute Sex und Gartengeräte Aggression. Sie lernen viel mehr, wenn Sie selbst versuchen, Ihre Träume zu deuten – und es wird Ihnen auch mehr Spaß machen. Es handelt sich ja um Ihren ureigensten Traum, und kein anderer Mensch kann jemals genau dasselbe träumen. Es mag gewisse Ähnlichkeiten mit den Träumen anderer Menschen geben, aber Ihre eigene Vergangenheit und Ihre gegenwärtigen Probleme liefern den Unterschied, auf den es ankommt.

Erzählen Sie den Inhalt des Traums Ihrem Partner und erklären Sie, was er Ihrer Meinung nach bedeutet, und dann lassen Sie Ihren Partner seine eigene Deutung geben. Dadurch, daß Sie den Traum mit Ihrem Mann oder Ihrer Frau teilen, ihn in Worte fassen und konkretisieren, wird Ihnen seine Bedeutung klarer werden. Gleichzeitig gewinnen Sie neue Erkenntnisse über Ihren Partner. Er deutet den Traum vielleicht ganz anders. Sie werden auf diese Weise nicht nur mehr darüber erfahren, welches Bild er von Ihnen hat und inwieweit er Sie tatsächlich versteht, sondern Sie werden auch mehr über seine eigenen Bedürfnisse und Überzeugungen lernen. Somit dient auch diese Form der Selbstenthüllung dem gegenseitigen Kennenlernen.

Eine wesentlich drastischere Form der Selbstenthüllung ist das Miteinanderteilen von Wunschvorstellungen. Es geschieht sehr selten, daß man seine Wunschträume einem anderen Menschen anvertraut – ausgenommen auf der Couch des Psychiaters. Auch wenn man keine derartige Therapie nötig hat – das Bedürfnis nach einem Menschen, dem man fast alles anvertrauen kann, ist in uns allen verwurzelt. Warum sollte Ihr Mann oder Ihre Frau nicht dieser Mensch sein? In einer Partnerschaftsehe sollte jeder Partner über so viel Selbstsicherheit verfügen, daß die Phantasiewelt des anderen ihn nicht aus dem Gleichgewicht bringen kann.

Phantasievorstellungen drehen sich oft um «verbotene» Wünsche. Die Tatsache, daß Ihr Mann sich in seinen Wunschträumen am Gruppensex beteiligt oder daß Ihre Frau sich in allen Einzelheiten ausmalt, wie es wohl wäre, mit ihrem Lieblingsschauspieler zu schlafen, kann einen Konflikt heraufbeschwören, wenn Sie nicht beide Ihrer selbst und Ihrer Beziehung zum Partner sicher sind. Sogar die heimliche Sehnsucht Ihres Mannes nach einem eigenen Flugzeug oder der Wunsch Ihrer Frau nach einem Zobelmantel kann bedrohlich sein, weil Sie sich die Erfüllung dieser Wunschträume nicht leisten können und diese Unzufriedenheit Ihres Partners aufdecken. Über die abenteuerlichen Wunschvorstellungen eines Kindes kann man lächeln, weil sie keinen Zusammenhang mit der Wirklichkeit haben. Die Wunschträume eines Erwachsenen hingegen können auf den Partner wie ein Vorwurf wirken. Aber wenn man über genug Selbstsicherheit verfügt, kann man sich in seiner Phantasie Wünsche erfüllen, die man sich in Wirklichkeit versagen muß, und jeder Partner kann sich über die extravaganten Sehnsüchte des anderen amüsieren und gleichzeitig neue Erkenntnisse über ihn gewinnen. Falls aber diese Form der Selbstenthüllung bei dem einen oder anderen Partner Unbehagen auslöst, sollte man es gar nicht erst versuchen. Das Miteinanderteilen von Wunschträumen gewährt einen Blick in die intimsten Bereiche der Seele und sollte einzig und allein aus freiem Willen geschehen.

Der Wert, der in Unterhaltungen über Wunschträume liegt, besteht neben dem, was man über den anderen lernen kann, vor allem darin, daß die Phantasievorstellungen ihre Schockwirkung verlieren. Jeder Mensch hat Wunschträume, aber sehr oft verursachen sie Schuldgefühle oder

Verlegenheit. Man kann ihre bedrohlichen Aspekte – genau wie bei Schlafträumen – dadurch ausschalten, daß man sie offen ans Tageslicht bringt und in eine Beziehung zur gemeinsamen Wirklichkeit setzt. Tut man das allerdings, ehe man innerlich ganz dazu bereit ist, oder fühlt man sich dabei unbehaglich, so kann man sich selbst in Konflikte stürzen. Hat man aber genügend Ausgeglichenheit und Selbstsicherheit, öffnet man sich und dem Partner ein ganz neues Gebiet der Kommunikation und des Verständnisses füreinander.

Tonbänder können nicht argumentieren

Tonbänder können weder argumentieren noch täuschen – sie zeichnen lediglich etwas auf. Sie sind kein Ersatz für eine persönliche Kommunikation, aber sie können wertvolle Informationen über die Art und Form der Kommunikation liefern. Wenn man erst anfängt zu lernen, wie eine offene Kommunikation hergestellt werden kann, sind sie unter Umständen ausgezeichnete Lehrmittel.

Beginnen Sie mit der Aufnahme Ihrer eigenen Stimme. Anspannung, Gereiztheit, Müdigkeit, Freude, Liebe und Zweifel – all das spiegelt sich im Klang, in der Beschaffenheit und in der Schnelligkeit Ihrer Sprache wider. Hören Sie sich gern zu? Wenn nicht, dann gefällt Ihre Sprache vielleicht auch anderen Menschen nicht. Damit meinen wir weder den Akzent noch die Aussprache, denn diese beiden Eigenarten gehören zu Ihnen und sollten als ein Teil Ihres Wesens akzeptiert werden. Aber eine monotone Stimme kann langweilig werden, eine schrille Stimme kann einem auf die Nerven gehen. Beurteilen Sie, wie Ihre Stimme generell klingt, ohne Berücksichtigung sprachlicher Eigenheiten.

Ein Tonband ist aber auch sehr nützlich, wenn Sie etwas auf dem Herzen haben, worüber Sie mit Ihrem Partner nicht reden können, sei es, weil Sie eine Scheu davor haben oder weil Sie zu verärgert sind, oder weil Ihr Partner wütend wird, wenn Sie das betreffende Thema anschneiden; versuchen Sie, Ihr Anliegen auf Band zu sprechen. Ihr Partner kann es abspielen und in Ruhe anhören, wenn er allein ist. So kann das Tonband im Frühstadium Ihrer Bemühungen um die Herstellung der Kommunikation eine gute Hilfe sein. Bei einem persönlichen Gespräch fühlen Sie sich vielleicht durch die nicht-wörtlichen Signale des Partners so gehemmt, daß Sie etwas ganz anderes sagen, als Sie eigentlich vorhatten. Aber durch die Benützung eines Tonbands können Sie Ihre Mitteilung anbringen, ohne daß Sie von der Körperhaltung Ihres Partners, von seinen Bewegungen und Gesten gestört oder beeinflußt werden. Wenn es um knifflige Probleme geht, über die Sie noch nicht offen in einem persönlichen Gespräch reden können oder wollen, ist das Tonband ein guter Vermittler.

Nehmen Sie Auseinandersetzungen mit Ihrem Partner auf. Wenn Sie sich wieder abgekühlt haben, setzen Sie sich hin, entweder zusammen oder allein (vorzugsweise letzteres), und spielen Sie das Band ab. Durch bei Zuhören werden Sie neue Einsichten gewinnen. Ein Tonband dreht praktisch die Zeit zurück und gibt uns Gelegenheit, uns selbst und unsere Beziehung zu anderen Menschen objektiv zu beurteilen. Auf diese Weise kann man sich das Argument wie ein neutraler Beobachter anhören, der nicht unmittelbar an den emotionalen Reaktionen während des Gesprächs beteiligt ist.

Als Ihr Mann Ihnen z. B. klarzumachen versuchte, was er davon hält, daß Ihre Tochter nach der Party bei einer Freundin übernachten durfte, haben Sie ihm da wirklich zugehört? Wahrscheinlich haben Sie gar nicht richtig mitbekommen, was er sagte. Sie haben sich nämlich schon die nächsten Schritte für Ihre Verteidigung oder für die Widerlegung seiner Argumente überlegt – Sie führen also einen Duolog und keinen Dialog. Wenn wir uns aktiv an einer Diskussion oder an einem Streit beteiligen, pflegen wir das, was der Partner sagt, unseren eigenen Emotionen entsprechend auszulegen und auszufiltern. Nur allzuoft reagieren wir nicht auf das, was *gesagt* wird, sondern auf das, was wir dabei *fühlen*, und nehmen manchmal sogar die nächste Bemerkung des Partners vorweg. Die Bandaufnahme ermöglicht ein Zuhören ohne unmittelbare emotionale Reaktion, die den Blick trübt.

Ein Ehepaar, das von uns interviewt wurde, hatte kürzlich angefangen, seine Streitgespräche auf Band aufzunehmen. Der Ehemann gab zu, daß es ihm vor dem Abhören der ersten Bänder aufgefallen war, wie oft er seine Frau unterbrach oder wie oft er über das, was sie sagte, hinwegging. Seiner Frau hingegen wurde zum erstenmal bewußt, wie sehr sie quengelte und nörgelte, wie sehr sie auf Abwehr bedacht war und wie oft sie sich wiederholte. Beide waren der Meinung, daß ihre Kommunikation viel besser geworden sei, seit sie das Tonbandgerät benützten.

Das Tonband kann Ihnen einen unzensierten und objektiven Feedback darüber liefern, in welchem Ausmaß Sie sich Ihrem Partner verständlich machen und umgekehrt. Sie können sich selbst zuhören. Sie können Ihrem Partner zuhören. Auf diese Weise begreifen Sie besser, was die Bereitschaft zum Zuhören bedeutet und wie wichtig sie ist, und dann können Sie versuchen, diese Erkenntnisse beim nächsten Streitgespräch anzuwenden.

Die Grundsätze, Richtlinien und Methoden für die Herstellung einer guten Kommunikation, die wir in den letzten drei Kapiteln besprochen haben, kann man nicht von heute auf morgen voll und ganz begreifen. Es dauert eine Weile, bis man gelernt hat, sie praktisch anzuwenden. Aber während Sie darauf hinarbeiten, lassen Sie das Tonband Schiedsrichter und Berater sein. Es kann Ihnen sagen, wie Sie fühlen und reagieren, ob Sie angreifen oder zurückweichen, ob Sie sich verteidigen, Ausflüchte machen oder sich abkapseln. Und es wird Ihnen auch zeigen, welche Fortschritte Sie in der Bereitschaft zum Zuhören und in der Fähigkeit zur Selbstenthüllung gemacht haben.

10. Richtlinie Nr. 4: Rollenverteilung: Männlich und weiblich – was ist was?

Wo wird es enden?

Manche Männer sind – wenigstens zeitweise – perfekte Haushaltshilfen. Sie spülen das Geschirr, saugen Staub, wickeln das Baby und lernen stricken. Immer mehr Frauen gehen selbstbewußt zur Arbeit, machen zu Hause kleine Reparaturen und lernen Karate. Sie arbeiten als Jockeys, Möbelpacker und Geschäftsführer. Unverheiratete oder geschiedene Frauen denken sich nichts dabei, einen Mann zum Ausgehen aufzufordern oder sein Mittagessen zu bezahlen. Bei den jungen Leuten machen es die langen Haare und der «Partnerlook» in der Kleidung schwierig, die Geschlechter voneinander zu unterscheiden.

Wo, fragen manche Menschen alarmiert, soll das enden? In einer Katastrophe, antworten ein paar nervöse Soziologen, die den Rollentausch und die Vereinheitlichung gewisser sekundärer Geschlechtsmerkmale als die ersten Schritte auf dem trostlosen Weg zu einer Rasse von biologischen Neutren ansehen. Sie sind überzeugt davon, daß die Verschmelzung der traditionellen sexuellen Rollen zu einem Abnehmen des Interesses an der Sexualität selbst führen wird. Solche Vorhersagen sind natürlich abwegig. Es ist interessant festzustellen, daß sie ausschließlich von Männern gemacht werden, und der Verdacht liegt nahe, daß ihre ziemlich sturen Ansichten mit der Angst verknüpft sind, jemand könnte – wenn die Dinge noch mehr außer Kontrolle geraten – auch *sie* auffordern, das Geschirr zu spülen.

Man sollte diesen Alarmisten klarmachen, daß der biologische Paarungstrieb wenig oder nichts mit den Rollen zu tun hat, die den Männern und Frauen in einer beliebigen Gesellschaft zugeteilt werden. Diese abgedroschenen starren Rollenbilder (der Mann wird als aggressiv und dominierend angesehen, die Frau als passiv und unterwürfig) sind für Männer und Frauen ein echtes Hindernis, ihrer natürlichen Freude am sexuellen und sinnlichen Genuß ohne Scheu Ausdruck zu geben. Die traditionellen Rollen entsprechen unserer Zeit nicht mehr, weil sie unsere Fähigkeit, eine psychologische und sexuelle Erfüllung zu erlangen, beeinträchtigen. Sie sind keine positiven sozialen Kräfte mehr, sondern nur noch Hemmschuhe für unsere Bemühungen, uns an eine veränderte und sich ständig weiter verändernde Welt anzupassen. Daraus geht ganz klar hervor, daß der Fortschritt in bezug auf eine Verschmelzung der traditionellen männlichen und weiblichen Rollen noch lange nicht groß genug ist.

Wenn man sowohl den Männern als auch den Frauen spezifische Merkmale und Aufgaben zuordnet, teilt man Ehemänner und Ehefrauen in getrennte und zwangsläufig gegnerische Lager. Wenn der Mann immer stark und energisch sein muß, der Geldverdiener der Familie und seiner Natur nach zum abstrakten Denken befähigt ist, während die Frau nur ein sanftes und nachgiebiges Hausmütterchen sein darf, das dem Mann ständig Beifall zollt und nur intuitiv denken kann, dann ist es Ehemann und Ehefrau unmöglich, einander kennenzulernen – denn man kann niemanden kennenlernen, den man nicht versteht. Wir dürfen diese angeblich typisch männlichen und typisch weiblichen Eigenschaften nicht streng voneinander trennen – wir müssen sie miteinander teilen, so daß jeder von uns, ob Mann oder Frau, gegebenenfalls stark oder nachgiebig, Gefolgsmann oder Führer, abstrakt oder intuitiv sein kann. Der «Kampf der Geschlechter» wird so lange dauern, wie wir in getrennte Lager aufgeteilt sind. Nur wenn wir die Menschlichkeit in uns entwickeln, die sich über Männlichkeit oder Weiblichkeit erhebt, können wir endlich lernen, einander zu verstehen und in Harmonie zusammen zu leben.

Die Ehekrise

Anthropologen nennen die Ehe einen Krisen-Ritus, der den Übergang eines Paares von einem Status in den nächsten markiert. Die Trauzeremonie bedeutet, daß man eine neue Rolle übernimmt und nicht mehr nur ein Mann oder eine Frau ist, sondern Ehemann und Ehefrau. Manche Paare finden sich leicht in diese neuen Rollen hinein – zumindest anfänglich, bevor sich die einengende Wirkung des traditionellen Vertrages bemerkbar macht. Dann gibt es Paare, die von Anfang an Schwierigkeiten haben. Manchmal akzeptiert der eine Partner seine Rolle viel schneller als der andere. Für manche Paare ist die Ehe eine Krise solchen Ausmaßes, daß sie die Beziehung zwischen Mann und Frau zerstört.

Die eigentliche Natur der Krise wird oft mißverstanden. Einer der Gründe dafür ist unsere Neigung, den wahren Sachverhalt dadurch zu trüben, daß wir den sexuellen Aspekten zuviel Bedeutung beimessen. Auch wenn die Partner in sexueller Harmonie leben, kann es zu einer Krise kommen. Nehmen wir als Beispiel die Ehe von Michael und Judith. Sie hatten sechs Jahre lang zusammen gelebt, bevor sie heirateten, und ihre Gemeinschaft war so aufgebaut, daß sie in jeder Hinsicht einer guten Ehe glich – mit Ausnahme der Tatsache, daß sie keinen Vertrag unterschrieben hatten. Nach sechs Jahren beschlossen sie, ihre Verbindung zu legalisieren. Ein Jahr später ließen sie sich scheiden. Solche Geschichten hört man oft. Aber wie kommt es dazu?

Schon die Unterzeichnung des Heiratsdokuments stellt eine Krise für sich dar. Über diesen Aspekt der ehelichen Beziehung sind zwar noch keine umfassenden Untersuchungen angestellt worden, aber man kann sich leicht vorstellen, was dabei vor sich geht. Wenn ein Paar, das sich schon lange kennt, offiziell heiratet, kommen die einengenden Klauseln des traditionellen Vertrages mitsamt ihren Unterklauseln über die Rollenverteilung ins Spiel. Jetzt ist es vorbei mit der nichtbindenden Vereinbarung, zusammen zu leben, nur weil man es so will, und mit dem flexiblen, für beide Seiten akzeptablen Arrangement, das diese freiwillige Vereinbarung reflektiert. Statt dessen gibt es jetzt einen Vertrag, ein spezifisches und bindendes Abkommen, das mit einer ganzen Tradition von vorbestimmten Rechten, Pflichten und Erwartungen verknüpft ist.

Das Opfer einer solchen Ehekrise, dessen langjährige Beziehung durch die Legalisierung verdorben wurde, drückte es so aus: «Bevor wir heirateten, war alles frei und leicht und wunderbar. Dann heirateten wir, und sofort fing sie an, mich als selbstverständlich hinzunehmen. Statt daß wir uns gemeinsam einigen, wie wir es früher machten, wird von mir plötzlich *erwartet*, daß ich dieses oder jenes tue. Jetzt bin ich der Ehemann und muß den Mülleimer leeren. Man sollte meinen, daß sie mich nach all den gemeinsam verbrachten Jahren besser kennt.»

Seine Frau hatte ähnliche Klagen. Folgendes war geschehen: Sie hatten aufgehört, die *Einzelpersonen* zu sein, die sie vorher gewesen waren, und hatten begonnen, die *Rollen* von Ehemann und Ehefrau zu spielen. Die Annahme dieser Rollen zerstörte die Flexibilität ihrer Beziehung und zwang ihnen eine ganze Sammlung von starren Vorschriften auf, die sie als nichtverheiratetes Paar hatten vermeiden können. Solche Fälle demonstrieren den überwältigenden Einfluß der Rollenverteilung.

Natürlich sind auch Persönlichkeitsprobleme oft der Grund für das Scheitern einer Ehe. Aber die Beispiele vieler Paare, die *vor* der Hochzeit eine langjährige gute Beziehung und *nach* der Hochzeit nichts als Schwierigkeiten hatten, legen den Verdacht nahe, daß es noch einige andere Ursachen geben muß.

Wir glauben eben, daß dazu auch die traditionelle Rollenverteilung gehört. So gut diese Rollen in eine vergangene Gesellschaftsordnung hineingepaßt haben mögen, in der heutigen Zeit sind sie fehl am Platz. Wir sind ferner der Meinung, daß der Einfluß dieser Rollen so groß ist, daß sie in vielen Fällen die eventuell vorhandenen Persönlichkeitsprobleme verschlimmern. Sie können sogar bewirken, daß eine neurotische Veranlagung, die bisher latent war, plötzlich akut wird. Da hat sich jemand in eine vorgeschriebene Rolle eingefügt, ist keine selbständige Persönlichkeit mehr, sondern gehört seiner Rolle.

Mit diesem Kapitel über die Flexibilität der Rollenverteilung wollen wir Ihnen helfen, sich aus der Sklaverei veralteter Erwartungen zu befreien. Als erstes wollen wir einige Gründe untersuchen, weshalb die starren Rollen der traditionellen Ehe eine solche Macht über die Menschen haben. Die drei hauptsächlichen Erklärungen sind:

1. Wir werden für die Rollen erzogen.
2. Die Rolle des Mannes und die der Frau sind mit einem verschiedenen Status verbunden.
3. Mann und Frau werden durch die Begriffsbestimmungen von männlich und weiblich in Verwirrung gestürzt.

Die Erziehung

Vom Augenblick unserer Geburt an, wenn wir in Blau (für Jungen) oder in Rosa (für Mädchen) gekleidet sind, beginnt die Erziehung für unsere zukünftigen Rollen. Kleinen Jungen bringt man bei, aggressiv zu sein, und schenkt ihnen Baukästen; kleinen Mädchen bringt man bei, passiv zu sein, und schenkt ihnen Puppen. Mehr braucht zu diesem Punkt nicht gesagt zu werden – wir alle kennen den strengen Unterschied zwischen dem, was sich für den Jungen schickt, und dem, was sich für ein Mädchen schickt. Ebensogut wissen wir, welcher Druck manchmal auf die Kinder ausgeübt wird, damit sie den Erwartungen entsprechen. Ein Mädchen, das gern Fußball spielt, wird unbarmherzig geneckt, und ein Junge, der nicht Fußball spielen will (was Gott verhüten möge!), wird verachtet. Die Unterschiede sind uns zwar bewußt, doch können wir oft ihren Einfluß auf unser zukünftiges Leben nicht klar erkennen. Man lehrt die Kinder nicht nur, was die Gesellschaft als maskuline und feminine Eigenschaften betrachtet, sondern man lehrt sie auch, männliche und weibliche Rollen zu spielen. Sie erhalten Unterricht über männliche und weibliche Beziehungen. Wenn ein kleiner Junge und ein kleines Mädchen Familie spielen, lernt der Junge sehr rasch, daß er gemäß seiner Rolle nicht die Puppe in der Wiege zu schaukeln, sondern großspurig durch die imaginäre Tür hereinzukommen und zu fragen hat: «Wo bleibt mein Abendessen?» Spielen die Kinder Doktor, bekommt der Junge das Stethoskop, das Mädchen wickelt die Bandagen. Und während der Junge ein Modellflugzeug baut, hilft das Mädchen der Mutter beim Backen.

All das hilft die Einstellung zu formen, die der Junge und das Mädchen später in die Ehe mitbringen werden. Es gibt wohl keinen Zweifel daran, daß bei den Mädchen viel mehr Wert auf die Erziehung zur Ehefrau gelegt wird als bei den Jungen auf die Erziehung zum Ehemann. Ein Mädchen lehrt man, eine *Ehefrau* zu sein, einen Jungen lehrt man, ein *Mann* zu sein. Die Ungleichheit des Status ist also von Anfang an stillschweigend festgelegt. Aber schließlich braucht der Junge ja nicht soviel über seine künftige Rolle als Ehemann zu lernen wie das Mädchen über seine Rolle als Ehefrau und Mutter. Der Ehemann ist ja nur ein Drittel der Zeit zu Hause, die seine Frau dort verbringt. Seine Rolle als Ehemann und Vater ist nur eine Teilzeitbeschäftigung, von der Ehefrau und Mutter wird erwartet, daß sie eine Ganztagsrolle spielt.

Aber in unserer Zeit sind viele Ehefrauen nicht mehr gewillt, diese Ganztagsrolle zu akzeptieren. Sie wollen eine Änderung der bisherigen Aufgabenverteilung, und durch ihre darauf abzielenden Bemühungen zwingen sie die Männer, ihre Rolle gleichfalls den neuen Verhältnissen anzupassen.

Die Welt hat sich zwar so weit verändert, daß der traditionellen Erziehung der Mädchen nicht mehr so viel Bedeutung beigemessen wird, aber die Vorschriften für die Erziehung der Jungen sind nach wie vor in Kraft. Das bewirkt natürlich eine Verschiebung des Gleichgewichts in der späteren Zweierbeziehung. Die beiden Erziehungsmethoden ergänzen einander nicht mehr. Die Frau fordert einen immer größeren Teil jener Welt für sich, von der die Männer auf Grund ihrer Erziehung glauben, daß sie ihnen gehört; sie sind andererseits noch nicht genügend dazu erzogen worden, ihre Verantwortung in der «Welt der Frau», wie sie es nennen, zu übernehmen. Schließlich ist ihnen ja von klein auf eingeimpft worden, daß die «Welt der Frau» viel weniger interessant ist als die des Mannes. In dem Maße, wie die Frauen in den letzten fünfzig Jahren ihre Ausbildungsmöglichkeiten verbesserten, haben sie auch den Unterschied zwischen diesen beiden Welten erkannt. Und sie sind nicht mehr gewillt, sich mit dem untergeordneten Status zufriedenzugeben, den man ihnen zuteilte, *weil* sie gezwungen waren, in der «Welt der Frau» zu leben.

Der Status hängt von der Art der Tätigkeit ab

Die Frage des Status hat einen wesentlichen Einfluß auf das Problem. Ob man es zugeben will oder nicht, der Ehemann genießt einen höheren Status als die Ehefrau. Das hat überhaupt nichts mit den beteiligten Personen zu tun, sondern bezieht sich nur auf die *Tätigkeit*, die zu ihren Rollen gehört. Die Ehefrau ist vielleicht viel intelligenter und auch sympathischer als der Ehemann, aber sie hat einen niedrigeren Status, weil sie Hausfrau ist und er das Geld verdient. Auf rein persönlicher Basis hat die Ehefrau vielleicht denselben Status wie ihr Mann. Natürlich sind die Frauen den Männern gleichgestellt, wird jeder Mann behaupten. Trotzdem genießt sie auf Grund der Arbeit, die sie in ihrer typischen Rolle als Hausfrau leistet, nicht das gleiche Ansehen, das man ihrem Mann für seine Tätigkeit zuerkennt. Wenn es nicht so wäre, würde der Mann nicht so sehr dagegen sein, mit ihr zu tauschen, oder er würde sich nicht so gegen eine Beteiligung an der Hausarbeit sträuben.

Und die Männer haben ganz recht. Gleichgültig, wie schöpferisch veranlagt man ist oder wie viele elektrische Hilfen man hat, das Interesse und das Vergnügen, das die Hausarbeit bieten kann, ist ziemlich begrenzt. Man muß die Hausarbeit richtig einstufen, und zwar nur als einen Job, der getan werden muß, damit man es zu Hause behaglich hat, und nicht als die «Arbeit der Frau». Arbeit ist Arbeit, ob sie nun von einer Frau getan wird oder von einem Mann.

Sicherlich werden manche Leute dagegenhalten, daß der niedrige Status der Hausfrau durch den hohen Status der Mutter kompensiert wird. Unserer Meinung nach wird die Bedeutung der Mutterschaft unglaublich übertrieben, und zwar so sehr, daß man auf den Verdacht kommen könnte, man wolle den Frauen ein Trostpflästerchen geben, damit sie die vielen anderen Zurücksetzungen vergessen. Außerdem ist die Behauptung, die Mutterschaft sei ein wesentlicher Bestandteil der Rolle der Ehefrau und eine der vornehmsten Aufgaben im Leben einer jeden Frau, ein gutes Mittel, um die Frau im Haus zu halten, wo sie hingehört, wie man früher zu sagen pflegte. Die Ansicht, daß das «nur natürlich» sei, wird von geschichtlichen Beispielen und den Beobachtungen, die man in primitiven Gesellschaften gemacht hat, widerlegt; dort ist die Mutterschaft nur eine der verschiedenen Aufgaben, die von den Frauen zur Erhaltung des Lebens erfüllt werden. Bei den Primitiven ist die Kindererziehung (dieser am längsten dauernde und mühseligste Aspekt der Mutterschaft) eine Verantwortung, in welche sich die ganze Familie teilt. In vielen Gesellschaften kümmert sich auch der Mann intensiv um die Versorgung und Erziehung der Kinder, und zwar vom frühesten Lebensalter an.

Auch in unserer Gesellschaft sollte die Kindererziehung eine gemeinsam getragene Verantwortung sein. Die Elternschaft darf nicht auf Grund der *Rollen* von Ehemann und Ehefrau ungleich aufgeteilt werden. Die Mutterschaft muß aus der Rolle der Ehefrau herausgelöst werden. Sie ist zwar für jede Frau eine sehr wichtige, lohnende und bereichernde Erfahrung, aber sie darf nicht fälschlicherweise als die einzige sinnvolle Aufgabe im Leben der Frau glorifiziert werden. Dadurch nimmt man den weiteren dreißig oder vierzig Jahren ihres Lebens die Eigenbedeutung und den Wert; man beraubt die Frau der Möglichkeit, auf anderen Gebieten selbständig zu wirken, und man verwehrt dem Ehemann den vollen Genuß an den Freuden der Elternschaft sowie die Gemeinschaft mit seiner Frau bei der Erziehung der Kinder.

Zum Glück bahnen sich auf diesem Gebiet Veränderungen an. Immer mehr junge Ehepaare wollen keine Kinder haben. Den Frauen wird nicht mehr weisgemacht, sie hätten «versagt», wenn sie keine Kinder bekommen. Heute sind Mutterschaft und Elternschaft zur freien Willensentscheidung geworden, was in unserer überbevölkerten Welt ganz richtig ist. Und Ehepaare, die Kinder haben, kommen in steigendem Maße zu der Einsicht, daß es nicht nur für sie selbst, sondern auch für die Kinder von Vorteil ist, wenn die Aufgaben der Elternschaft gleichmäßig auf Mann und Frau verteilt sind.

Männlich/weiblich: Was ist was?

Die häufigste Ursache für Mißverständnisse, Verwirrung und Meinungsverschiedenheiten darüber, welche Rollen für den Ehemann und welche für die Ehefrau angemessen sind, ist in unserer Definition von männlich und weiblich zu finden. Alles, was als männlich bezeichnet wird, gehört zum Wesen des Mannes oder ist sein ausschließliches Eigentum. Wenn z. B. die Ehefrau in einem Argument die Oberhand behält oder selbständig eine Entscheidung trifft, muß sie oft die Bemerkung hören: «Sie hat die Hosen an.» Sie hat Entscheidungskraft, Kompetenz und Selbstbewußtsein gezeigt – Eigenschaften, die in unserer Gesellschaft als männlich gelten. Und der Mann reagiert darauf, indem er seine Frau an seine ausschließlichen Rechte auf diese männlichen Eigenschaften erinnert. Umgekehrt wird der Mann, wenn er für die Familie kocht oder die finanziellen Angelegenheiten seiner Frau überläßt, als Schwächling oder Pantoffelheld bezeichnet.

Weiblich bzw. eine Ehefrau zu sein, heißt passiv, nachgiebig, emotional, launisch, liebevoll, sanftmütig und rezeptiv zu sein. Männlich zu sein heißt zäh, energisch, mutig, ruhig, zuverlässig, stark und dominierend zu sein. Zumindest wird das behauptet. Natürlich gibt es Männer, die sanftmütig, und Frauen, die energisch sind, aber sie werden meist mit Mißtrauen betrachtet, als ob sie nicht ganz normal seien. Gibt es wirklich irgendwelche biologischen «Beweise» dafür, welche Eigenschaften normalerweise männlich bzw. weiblich sind? Die Antworten auf diese Frage machen die Verwirrung nur noch größer. Selbstverständlich gibt es physische und physiologische Unterschiede, das weiß jeder Mensch. Die Männer haben meistens größere Muskelkraft, aber dafür leben die Frauen länger. Wissenschaftlich fundierte Beweise dafür, daß solche physiologischen Unterschiede oder sogar der wesentlich kompliziertere Unterschied in den Hormonhaushalten irgendeinen Einfluß auf die Charaktereigenschaften haben, gibt es nicht. Die psychologische Untersuchung dieser Frage ist noch unergiebiger, und zwar aus dem einfachen Grund, weil die meisten Unterschiede, die tatsächlich festgestellt wurden, von der Gesellschaft anerzogen worden sind.

Die Anthropologie kann jedoch viel konkretere und überzeugendere Beweise dafür liefern, daß das Verhalten, das wir als «männlich» oder «weiblich» bezeichnen, in hohem Maß von kulturellen Einflüssen bestimmt wird. Mit anderen Worten: Die Unterschiede sind viel eher das Ergebnis der nach den Traditionen der betreffenden Gesellschaft ausgerichteten Erziehung als das Produkt biologischer und psychologischer Gegebenheiten. Die eindrucksvollsten anthropologischen Beweise für diese Feststellung lieferte vor vielen Jahren Dr. Margaret Mead durch ihre bei drei Stämmen auf Neuguinea durchgeführte Untersuchung über Sexualität und Gefühlsveranlagung. Einige dieser Beweise wollen wir hier wiedergeben:

Beim Bergvolk der Arapesh waren Männer und Frauen sanftmütig, freundlich und hilfsbereit. Im scharfen Gegensatz dazu erzog der benachbarte Stamm der Mundugumor die Frauen zur gleichen Wildheit und Härte wie die Männer: «. . . Männer wie Frauen entwickelten sich zu brutalen, aggressiven . . . Individuen, mütterliche Fürsorge und Zärtlichkeit waren kaum zu beobachten.»

Offensichtlich können auch andere Gesellschaften Vorschriften für das männliche und weibliche Verhalten aufstellen, die – obwohl genauso starr wie die unseren – in der Form sehr verschieden sind. Während sich, nach unseren Maßstäben beurteilt, bei den Arapesh die Männer wie Frauen und bei den Mundugumor die Frauen wie Männer verhalten, praktizierte der dritte Stamm, den Dr. Mead beobachtete, eine völlige Umkehrung dessen, was wir als männliche und weibliche Rollen ansehen. Bei den Tschambuli war die Frau «der dominierende, sachliche und bestimmende Partner, der Mann die weniger verantwortliche und emotional abhängige Person».

Die Tschambuli-Frauen gingen auf Fischfang und stellten die begehrten Moskito-Schlafsäcke her, die im Gebiet des Sepik-Flusses reißenden

Absatz fanden. Der Ehemann ging auf den Markt und tauschte die Schlafsäcke gegen die dort übliche Muschelwährung ein. Nach seiner Rückkehr mußte er mit seiner Frau um einen Anteil am Erlös feilschen. Bei den Tschambuli waren die Ehefrauen energisch, barsch, praktisch, humorvoll und völlig ungekünstelt. Die Ehemänner hingegen hatten «einen gezierten Gang und trugen eine äffische Miene zur Schau». Im Umgang mit anderen Männern waren sie heimtückisch, streitsüchtig und profitgierig, aber den Frauen gegenüber zeigten sie sich von ihrer besten Seite.

Was ist in dieser Gesellschaft «männlich», und was ist «weiblich»? Sicherlich etwas anderes als das, was wir darunter verstehen. Was immer die biologischen Bestimmungsfaktoren auch sein mögen, sie sind von der Erziehung überdeckt worden. Dr. Mead zieht daraus eine eindeutige Schlußfolgerung: «Wenn die Geisteshaltung, die wir seit jeher als weiblich bezeichnet haben – Passivität, Anpassungsfähigkeit und die Bereitschaft, Kinder aufzuziehen –, so leicht bei dem einen Stamm als männliches Verhaltensmuster vorgeschrieben werden kann und bei einem anderen Stamm sowohl für die meisten Frauen als auch für die meisten Männer unzulässig ist, haben wir keinerlei Grundlage mehr, die uns berechtigen würde, derartige Verhaltensaspekte als geschlechtsgebunden zu betrachten.»

Die starre Festlegung der Rollen für die Ehepartner in unserer Gesellschaft kann nicht durch Argumentationen darüber, was «von Natur» aus männlich bzw. weiblich ist, gerechtfertigt werden. Wenn in anderen Kulturen die Männer gut für die Kinder sorgen oder kochen und weben können, wenn die Frauen Lasten tragen, Häuser bauen und den größten Teil der Nahrung beschaffen, sollte in unserer Kultur nichts eine größere Flexibilität der Rollen von Ehemann und Ehefrau verhindern können.

Die Klassifizierung «männlich» und «weiblich» ist sowohl vom psychologischen als auch vom praktischen Standpunkt her unnötig willkürlich und einengend. Ebenso wie Mann und Frau fähig sind, ihre Aufgaben auszutauschen, könnten sie enorm davon profitieren, wenn sie die bewundernswerten Eigenschaften, die jedes der Geschlechter angeblich hat, miteinander teilen und offen anwenden würden. Glücklicherweise hat dieser Prozeß bereits begonnen.

Die jungen Leute stemmen sich dagegen, in fest umrissene Kategorien hineingepfercht zu werden, und akzeptieren eine breitere emotionale Definition der Begriffe männlich und weiblich. Aus einem kürzlich veröffentlichten Untersuchungsbericht geht hervor, daß diese Entwicklung gefördert wird, wenn beide Ehepartner berufstätig sind. In solchen Familien sind die Eltern in den Augen der Kinder viel mehr gleichgestellt, und die Kinder können sowohl Selbstbewußtsein als auch Anschmiegsamkeit zeigen, statt nur das eine oder das andere, je nach Geschlecht.

Wenn dieser Trend anhält, werden es gerade die Männer sein, die dadurch am meisten gewinnen, weil unsere Ansichten über das, was männlich ist, viel enger gezogen sind als über das, was weiblich ist. Die Frau kann viel leichter die Grenze zwischen den beiden Begriffen überschreiten als der Mann. Ein Mädchen, das ein rechter Wildfang ist, wird sicherlich oft deswegen gehänselt, aber es leidet nicht im entferntesten die Qualen eines Jungen, der als Schlappschwanz betrachtet wird. Unsere Vorstellung von dem, was männlich ist, bewirkt, daß die Gefühlswelt des Mannes strengeren Regeln unterworfen ist als die der Frau. Würden die Ehemänner aus dem starren Schema ihrer Rolle ausbrechen, könnten sie mehr sein als strenge Zuchtmeister, zuverlässige Geldverdiener und willige Aushilfskräfte im Haushalt – sie könnten auch zärtlich und romantisch sein.

Wenn Ehemänner und Ehefrauen lernen würden, die Begriffe männlich und weiblich als den Ausdruck der gesamten Skala menschlicher Empfindungsfähigkeit und intellektueller Leistungsfähigkeit zu betrachten, dann könnte man mit den altmodischen Überlieferungen einer vergangenen Epoche aufräumen.

11. Richtlinie Nr. 5: Offene Gemeinschaft

Das Paar-Spiel

Eine junge Lehrerin wurde in eine andere Stadt versetzt. Da sie ein paar Auskünfte brauchte, die mit ihrer neuen Stellung zusammenhingen, beschloß sie, einen früheren Studienkollegen anzurufen. Dessen Frau meldete sich, und die Lehrerin erklärte ihr, wer sie sei und was sie wolle. Über den weiteren Verlauf der Dinge erzählte sie uns: «Können Sie sich vorstellen, was passierte, als ich mich kurz darauf mit dem Kollegen zum Essen traf? Er sagte: ‹Du, ruf mich bitte nicht mehr zu Hause an, ich will keinen Ärger mit meiner Frau.›» Die Lehrerin war überrascht und unangenehm berührt, daß sie von der Frau eines Kollegen als Rivalin betrachtet wurde. Sie selbst war erst seit kurzer Zeit geschieden und noch nicht an die Reaktion gewöhnt, die sie bei verheirateten Frauen auslöste. «Das sind ja geradezu mittelalterliche Zustände», stöhnte sie. «Wenn ich mich als alleinstehende Frau auf einer Party eine Minute zu lang mit einem verheirateten Mann unterhalte, steht plötzlich seine Frau neben ihm und durchbohrt mich mit eisigen Blicken.»

Als geschiedene und somit wieder alleinstehende Frau wurde sie mit etwas konfrontiert, was ihr als Ehefrau nicht so sehr aufgefallen war – mit der geschlossenen Front, die ein Ehepaar gemäß den Regeln der traditionellen Ehe zu bieten hat. Diese geschlossene Front ist der sichtbare Ausdruck jener Klausel, die den Partnern vorschreibt, einander alles zu sein und sich gegenseitig alle Bedürfnisse in emotionaler, psychologischer, intellektueller und physischer Hinsicht zu erfüllen. Das ist eine ebenso phantastische wie unrealistische Erwartung, ein Wunschtraum, der nie in Erfüllung gehen kann. Von Kindheit an lehrt man uns, den Kontakt mit anderen Menschen zu suchen, damit wir von ihnen lernen und somit unsere Persönlichkeit entwickeln und unser Leben reicher und interessanter machen können. Wir sind unserer Umwelt gegenüber offen. Und vom Augenblick der Eheschließung an ist das alles plötzlich zu Ende. Die starren Regeln der traditionellen Ehe verlangen, daß die Ehegatten sich von der Umwelt abwenden und nur noch füreinander da sind. Ist ein so eng umgrenztes Leben für die Ehe notwendig? Ist es wirklich unvermeidlich?

Hören wir uns an, was Frank und Irene dazu zu sagen haben. Frank ist Chemiker und hat sich als Forscher und Erfinder einen Namen gemacht. Seine Frau Irene, eine gutaussehende Enddreißigerin, war früher Tänzerin gewesen und arbeitet jetzt an einer Fachschule für soziale Berufe. Sowohl Frank als auch Irene haben breitgefächerte Interessen, die sich zwar manchmal, aber durchaus nicht immer berühren. Frank sagte über seine offene Gemeinschaft mit Irene folgendes: «Damit unsere Ehe Bestand haben kann, müssen wir beide aktive Menschen sein, die mit offenen Augen durchs Leben gehen. Wir haben sowohl gemeinsame als auch getrennte Interessen. Wie könnten wir da ein ganzes Leben lang ständig aneinandergekettet sein? Sie an mich, ich an sie? Soll sie vielleicht alles, was sie an Freude, Verständnis und intellektuellen Anregungen braucht, ausschließlich bei mir finden? Du meine Güte, diese Rolle könnte ich niemals ausfüllen. Ich bin zwar intelligent, aber kein Halbgott. Und das bedeutet, daß ich ihr keineswegs alles sein kann. Es bedeutet, daß sie auch mit anderen Menschen leben muß. Wenn sie also beispielsweise einen Mann kennenlernt, der, sagen wir, Musiker ist, und die beiden haben gemeinsame Interessen, dann soll sie doch ruhig mit ihm zum Abendessen ausgehen. Ob sie mit ihm auch ein Ballett oder Konzert besuchen darf? Ja, natürlich. Wir gehen auch gelegentlich zusammen zu einem Ballettabend oder in ein Konzert, aber ich kann ihr unmöglich die gleiche geistige Anregung bieten, die sie bei einem Musiker findet.»

«Genausowenig kann ich ihm alles sein», sagte Irene. «Frank hat ein paar Interessen wie zum Beispiel philosophische Themen oder mathematische Denksportaufgaben, für die ich mich nicht begeistern kann. Kürzlich traf er eine Bekannte, die an diesen Dingen ebenso lebhaft interessiert ist wie er – die beiden stehen in einem Dauerwettkampf miteinander, wer welche Denksportaufgabe zuerst löst. Manchmal setzen sie sich hier in unserer Wohnung zusammen, manchmal treffen sie sich woanders. Warum sollte ich ihm die Freude und den Genuß verderben, diese Interessen mit einem gleichgesinnten Menschen teilen zu können? Ab und zu werde ich von ihrer Begeisterung angesteckt und versuche mitzumachen, aber manchmal nehme ich mir für den betreffenden Abend etwas anderes vor und gehe aus.»

Das klingt ja alles ganz schön, könnte man sagen. Aber werden die beiden nie eifersüchtig aufeinander? Fragen sie sich nie, was der andere wirklich tut, wenn er mit einer anderen Frau oder einem anderen Mann zusammen ist? Frank und Irene haben diese Fragen offen besprochen, aber bevor wir uns anhören, wie es ihnen gelingt, Verdächtigungen und Eifersucht auszuschalten, wollen wir in einem der folgenden Abschnitte dieses Kapitels auf ihr Bedürfnis nach der Art von Freiheit, die sie einander gewähren, näher eingehen. Wenn man dieses Bedürfnis nicht versteht, kann man auch nicht begreifen, was eine offene Gemeinschaft bedeutet und wie sie zustande kommt.

Die Kontaktpunkte

Jeder von uns ist einzigartig. Es gibt nirgendwo einen anderen Menschen mit den gleichen Erinnerungen, Persönlichkeitsmerkmalen und Veranlagungen. Unsere Persönlichkeit ist wie ein Mosaik aus Vorlieben, Abneigungen, Erfahrungen, Fähigkeiten und so weiter zusammengesetzt. Die Anordnung der Mosaiksteinchen, ihre Anzahl und Beschaffenheit sind bei jedem Menschen anders.

Und nun stellen Sie sich vor, daß auf jedem Mosaiksteinchen eine Antenne, also ein Fühler sitzt, der es uns ermöglicht, nach einer Verbindung mit einem anderen Menschen zu suchen. Wenn dieser andere Mensch jedoch keine geeigneten Kontaktpunkte bieten oder bei einem selbst finden kann, kommt keine Verbindung zustande; und für eine gute gegenseitige Verbindung braucht man sehr viele zusammenpassende Kontaktpunkte.

Hier sind Sie nun, ein Mensch mit einer eigenen Identität und einem individuellen Muster von Kontaktpunkten, und da ist Ihr Partner, gleichfalls mit einer eigenen Identität und einem individuellen Muster von Kontaktpunkten. Sie verbinden sich miteinander, weil Sie feststellen, daß viele, vielleicht sogar die meisten Ihrer Kontaktpunkte zusammenpassen: Sie sind z. B. ähnlich aufgewachsen, sprechen die gleiche Sprache, haben die gleichen Wertmaßstäbe, lieben Mozarts Klavierkonzerte und essen gern indonesische Gerichte. Andere Kontaktpunkte liegen vielleicht im emotionalen oder sexuellen Bereich. Aber einige Ihrer Kontaktpunkte finden kein Gegenstück, und zwar aus dem einfachen Grunde, weil jeder von Ihnen eine individuelle Persönlichkeit ist.

Was geschieht mit den Kontaktpunkten, zwischen denen Sie und Ihr Partner keine Verbindung herstellen können? Ob es sich dabei um echte Bedürfnisse handelt, die Ihr Partner nicht erfüllen kann, oder um die Ansätze zu Fähigkeiten, die Ihr Partner nicht zur Weiterentwicklung anreizen kann – sie sind ein Teil Ihres Selbst. Und wenn von diesen Kontaktpunkten kein Gebrauch gemacht wird, werden sie im Laufe der Zeit verschwinden und Ihnen etwas von Ihrer Einzigartigkeit nehmen; Sie sind dann weniger, als Sie in der Vergangenheit waren oder in der Zukunft sein könnten. Wenn einer dieser Kontaktpunkte aber tief in Ihrer Persönlichkeit verwurzelt ist und seinen Ursprung in einem starken

Bedürfnis hat, wird er vielleicht nicht einfach verschwinden, sondern zu einer offenen Wunde werden. Der Psychologe Abraham Maslow hat das so ausgedrückt: «Fähigkeiten drängen danach, genutzt zu werden, und sie hören nur dann auf zu drängen, wenn sie *gut* genutzt werden. Das soll heißen, daß Fähigkeiten auch Bedürfnisse sind. Es bereitet einem nicht nur Vergnügen, seine Fähigkeiten zu nutzen, sondern es ist auch für die Entwicklung notwendig.»

In der traditionellen Ehe dürfen nur diejenigen Kontaktpunkte, die zu denen des Partners passen, genutzt werden. Hier wird deutlich, wie wichtig die Richtlinien über persönliches Eigenleben und Flexibilität der Rollen sind. Aber wenn auch die sinnvolle Anwendung dieser beiden Richtlinien helfen kann, die eigenen Kontaktpunkte besser zu nutzen, so ist doch noch etwas anderes erforderlich.

Das Bedürfnis nach anderen Menschen

Jeder von uns hat ein starkes Bedürfnis nach mehr zwischenmenschlichen Beziehungen und nach mehr Abwechslung in den persönlichen Kontakten zu anderen Menschen, als die traditionelle Ehe es gestattet. Dadurch, daß die Ehe die Fähigkeiten und Talente von zwei Menschen kombiniert, müßte sie den Partnern eigentlich mehr Gelegenheit bieten, neue Bekanntschaften zu machen und zu genießen. Aber das Gegenteil ist der Fall. Der traditionelle Vertrag fordert, daß alle Freunde für beide Partner akzeptabel sein müssen. Es ist die logische Erweiterung der Klausel, daß man bei gesellschaftlichen Anlässen nur gemeinsam auftreten darf – und diese Forderung ist ebenso einengend wie unrealistisch.

Jeder Partner ist daher gezwungen, alte Freunde aufzugeben, die der andere nicht mag, oder er muß sich heimlich mit ihnen treffen. Und auch das wäre nur dann verzeihlich, wenn es sich um Freunde des gleichen Geschlechts handelt, die anderen sollte man am besten gleich vergessen. Wenn ein Partner wirklich einen Freund aus alten Zeiten behalten will, sollte dieser nicht nur das gleiche Geschlecht haben, sondern möglichst auch um die gleiche Zeit heiraten wie man selbst, so daß man zusammen als glückliches Vierergespann die erforderliche geschlossene Front zeigen kann.

Aber auch über Ehepaare, die in den Bekanntenkreis aufgenommen werden sollen, gibt es ein endloses Hin und Her, denn auch sie müssen beiden Partnern sympathisch sein. Und selbst wenn so eine Liste von «guten Bekannten» existiert, ist es nicht wahrscheinlich, daß ein traditionelles Ehepaar zu einem anderen Ehepaar irgendeine tiefe persönliche Beziehung hat, denn da solche Ehepartner immer als geschlossene Einheit handeln, geben sie ihre individuelle Identität auf. Wenn die persönliche Identität verlorengegangen oder unterdrückt ist, wird es sehr schwierig, eine Kommunikation herzustellen, die nicht nur an der Oberfläche plätschert. Die Ehepaare verkehren zwar gesellschaftlich miteinander, aber nur selten gewähren sie einander einen echten Einblick in ihre

Persönlichkeiten, geschweige denn, daß sie ihre tiefsten Gefühle und Gedanken austauschen. Aber was könnte man anderes erwarten? Wie könnten diese Ehepaare, an die Ausschließlichkeit ihrer Beziehungen gewöhnt und von der Eifersucht beeinflußt, die sich aus den «Besitzerrechten» ergibt, überhaupt den Mut zur Offenheit und zum intimen Gedankenaustausch aufbringen?

Da es unmöglich ist, daß jeder Partner alle Kontaktpunkte des anderen ausnützen kann, und da alte Freundschaften und neue Beziehungen zu anderen Ehepaaren der Zustimmung beider Partner bedürfen, ist es unvermeidlich, daß in einer traditionellen Ehe sowohl der Mann als auch die Frau Persönlichkeitsverluste erleiden. Das ständige Bedürfnis nach Kontakten mit anderen Menschen wird von Psychologen so erklärt: Von frühester Kindheit an haben wir ein ständiges Bedürfnis danach, von der Umwelt bestätigt zu werden und die eigenen Erfahrungen mit anderen Menschen zu teilen. Und all die Gefühle, Beobachtungen, Erkenntnisse und Fähigkeiten, die keine Bestätigung durch die Umwelt erfahren, sammeln sich zu einer «zentralen Paranoia» an. Das heißt, Erfahrungen und Ereignisse werden nicht mehr aus der richtigen Perspektive gesehen und auch nicht mehr richtig verarbeitet. Die zentrale Paranoia ist einem großen Sammelbecken vergleichbar, das die Gesamtsumme aller im Leben erlittenen Selbst-Verluste enthält, die durch fehlende oder ungenügende Kontakte zur Umwelt entstanden sind.

Je größer dieses Reservoir an sterilen, also nicht mit anderen geteilten Erfahrungen ist, desto geringer ist die Fähigkeit, einander Intimität und Zärtlichkeit zu geben. Wir sind der Meinung, daß die traditionelle Ehe in dem Maße, wie sie die individuelle Entwicklung der Partner hemmt und die Bestätigung durch die Umwelt unterbindet, auch die Beziehung der Partner untereinander einengt. Natürlich kann jeder Partner für eine gewisse Zeitspanne dem anderen viel, ja, sogar sehr viel bedeuten. Die Ausschließlichkeit der Gefühle Jungverheirateter ist ganz normal, denn sie lernen einander ja erst kennen. Dauert eine solche Ausschließlichkeit jedoch über diese Periode des Kennenlernens hinaus, ist es unvermeidlich, daß sie die Entwicklung beider Partner aufhält.

Wenn jeder Partner sich individuell entwickeln und in vernünftigem Ausmaß auch solche persönlichen Neigungen fördern kann, die der andere nicht teilt, dann kann jeder von ihnen wachsen und sich seinen Erfahrungen entsprechend verändern, so daß sein Partner immer wieder etwas Neues an ihm entdeckt. Wenn dieser Entdeckungsprozeß kontinuierlich ist, also jeder Partner sich ständig weiterentwickelt, wird die Beziehung nie auf einen toten Punkt kommen. Ehepaare, die an der Ausschließlichkeit festhalten, die stets glauben, jeder Partner könne dem anderen alles sein, sorgen in Wirklichkeit nur dafür, daß ihre Beziehung allmählich steril wird. Der Fehler, sich durch die Annahme des traditionellen Vertrages von Anfang an zu einem solchen Endergebnis zu verpflichten, erscheint uns um so tragischer, als er völlig unnötig ist.

Wie steht es mit den Risiken?

Obwohl Sie jetzt vielleicht vom Vorhandensein des Bedürfnisses nach Außenkontakten überzeugt sind, also davon, daß Ihr Partner Beziehungen zu anderen Menschen beiderlei Geschlechts braucht, an denen Sie selbst nicht unbedingt teilhaben müssen, haben Sie möglicherweise immer noch starke Bedenken dagegen, Ihrem Partner diese Freiheit tatsächlich zuzugestehen. Wir wollen uns also wieder Frank und Irene zuwenden und uns anhören, was sie über die damit verbundenen Risiken zu sagen haben.

«Diese Freiheit», sagte Irene, «bedeutet uns beiden sehr viel. Meiner Erfahrung nach ist das eigentliche Problem in der Ehe die Tatsache, daß man eine mehr oder minder große Selbstverleugnung praktiziert. Die meisten Leute versuchen, immer in den gewohnten Gleisen zu fahren und sich nie davon zu entfernen, weil sie Angst haben, sonst den Halt zu verlieren oder auf einen anderen Menschen zu stoßen, den sie vielleicht mehr lieben könnten als den Ehepartner.»

An diesem Punkt schaltete Frank sich in das Gespräch ein. «Natürlich ist diese Freiheit mit dem Risiko verknüpft, daß Irene oder ich eines Tages jemanden treffen, der besser aussieht, reicher oder intellektuell stimulierender ist, und das wäre vielleicht das Ende unserer Ehe. Aber das Leben ist nun mal so: Es gibt für nichts eine Garantie. Wenn ich ständig Angst haben müßte, daß Irene sich jemand anders zuwendet, sich mit einem Mann unterhält, ohne daß jemand dabei ist – das wäre ein Zeichen von Schwäche, von Angst vor der Konkurrenz, stimmt's? Aber ich fürchte keine Konkurrenz. Ich kann nichts anderes sein, als ich bin. Und ich kann Irene auch nicht anbinden. Ich weiß, was ich geben kann, und ich weiß, daß wir uns lieben.»

«Das ist es ja, was viele Leute so beunruhigt», fügte Irene hinzu, «diese Angst, daß man jemanden finden könnte, der besser oder schöner oder was weiß ich alles ist, aber das liegt eben an den eingefahrenen Gleisen, von denen ich vorhin sprach. Die Menschen haben Angst vor ihrer *eigenen* Beziehung. Wenn sie sich nicht mal selbst trauen, wie können sie dann anderen vertrauen? Die Angst, daß der andere jemanden finden könnte, der attraktiver auf ihn wirkt, entspringt doch nur den Zweifeln an der eigenen Beziehung. Wir beide haben eine sichere und aufrichtige Beziehung aufgebaut; das ist eine mühselige Arbeit, aber wenn man es erreicht hat, dann schafft die Freiheit, die eine solche Beziehung einem gibt, eine außerordentlich starke Bindung zwischen den Partnern. Unsere Aufrichtigkeit und Freiheit sind wirklich ein Band, das uns zusammenhält.»

Diese letzte Aussage von Irene ist unserer Meinung nach überaus wichtig. Ein Band aus Aufrichtigkeit und Freiheit ist eine positive Bindung; ein Band aus Besitzergefühlen und Eifersucht ist eine negative Bindung. Eine positive Bindung wird immer die dauerhaftere sein. In der traditionellen Ehe ist die von der Ausschließlichkeitsklausel erzwungene Einengung der Kontakte ein guter Nährboden für das Gefühl der Abhängigkeit und Unsicherheit und führt unausweichlich zu Eifersucht und Mißtrauen. «Wenn ich dich besitze und du ‹mein› bist, dann bin ich unweigerlich eifersüchtig auf deine privaten Interessen und auf die Aufmerksamkeit, die du anderen widmest oder die andere dir entgegenbringen. Du machst von deiner Person auf eine Art und Weise Gebrauch, die mich ausschließt, und nimmst mir dadurch etwas weg.» In Wirklichkeit kann natürlich kein Mensch jemals einen anderen *besitzen* – er kann nur für sich selbst und seine eigenen Gefühle verantwortlich sein. Aber die traditionelle Ehe schafft den unnatürlichen Zustand eines scheinbaren Besitzerrechts, dessen Folge Eifersucht ist.

«Das Problem der Eifersucht», sagt Irene, «ist das, was andere Leute an unserer Beziehung am schwersten begreifen. Man hat mir schon vorgeworfen, daß ich Frank nicht liebe, weil ich nicht eifersüchtig bin. Nach der Auffassung dieser Leute ist der Ehegatte, der seinen Partner besitzt und ihn unter Schloß und Riegel hält, auch derjenige, der am meisten liebt. Das ist doch Unsinn. Wie könnte ich besitzerisch und eifersüchtig sein, nachdem ich weiß, wie Frank und ich zueinander stehen, gerade *weil* wir nicht eifersüchtig sind? Was er mit irgendeinem anderen Menschen gemeinsam hat, spielt dabei gar keine Rolle, denn das kann dem, was wir miteinander teilen, nichts von seiner Bedeutung nehmen.»

Was Irene hier zum Nutzen all derer sagt, die befürchten, ihr Partner könnte die Kirschen in Nachbars Garten süßer finden, ist, daß durch eine offene Beziehung eine Bindung entsteht, die stärker ist als alles andere. Damit soll nicht behauptet werden, daß es bei offenen Außenkontakten *kein* Risiko gibt. Aber wir glauben, das Risiko eines Bruchs ist in der traditionellen Ehe mit ihrer erzwungenen Ausschließlichkeit viel größer als in der Partnerschaftsehe mit ihrer Einbeziehung anderer. Außerdem gibt es Mittel und Wege, diese Risiken zu verringern.

Die Verringerung der Risiken

Frank und Irene haben ihre Richtlinien für offene Außenkontakte nicht von einem Tag zum anderen entwickelt. Beide waren vor ihrer Ehe schon einmal verheiratet. Beide hatten aus ihren ersten Ehen erwachsene Kinder und haben jetzt ein gemeinsames Kind. Irene sagte: «Jeder von uns führte nach der Scheidung ein angenehmes Leben, und wir wußten ziemlich genau, was einer im anderen suchte, aber es dauerte eine Weile, bis wir uns gut genug kannten, um es miteinander zu versuchen.» Frank fügte hinzu: «Wir haben keinerlei Abmachungen über Kontakte, die außerhalb unserer Ehe liegen. In den ersten beiden Jahren war jeder stark mit Problemen beschäftigt, die noch mit seiner Scheidung zusammenhingen – aber später, als wir zur Ruhe gekommen waren, ein eigenes Heim hatten und uns aufeinander einstellen konnten, haben wir darüber gesprochen, und so kam es dann allmählich zu dieser Entwicklung.»

Ein anderes Paar, das seit einigen Jahren in einer offenen Ehe lebt, nannte ganz bestimmte Bedingungen als Voraussetzung für die Herstellung offener Außenkontakte. Dazu gehört als erstes die Festlegung von Prioritäten. Absolut vorrangig war natürlich die gegenseitige Beziehung; der Maßstab dafür waren gegenseitige Rücksichtnahme und die Zeit, die sich jeder Partner für den anderen nahm. Auch in der Zeit, die einer von ihnen in der Gesellschaft eines anderen Menschen verbrachte, waren Zuneigung, Rücksichtnahme und Achtung für den abwesenden Partner vorrangig. Über den Zeitfaktor sagte der Ehemann: «Schließlich hat jeder Tag nur vierundzwanzig Stunden – und von diesen vierundzwanzig Stunden bleiben einem nur wenige für persönliche Interessen übrig. Der größte Teil des Tages ist ausgefüllt mit der Arbeit, dem Zusammenleben mit der Familie, mit gemeinsamer produktiver Aktivität. Wir achten also darauf, daß die Kontakte mit anderen Menschen uns nicht zuviel von dieser Zeit nehmen – nur Zeit, die wirklich übrig ist, wird für unsere Beziehungen zu anderen verwendet.»

Die zweite Bedingung war, daß die Fremdperson, mit der diese Zeit verbracht wurde, über die Beziehung des Ehepaares zueinander orientiert war. Mit anderen Worten: Aufrichtigkeit und Offenheit, die innerhalb der Ehe bestanden, wurden auf die Außenkontakte übertragen. Dazu sagte sie folgendes: «Manchmal kommt es mir lächerlich vor, daß ein Mann mir nicht glaubt, wenn ich ihm sage, daß ich ohne weiteres mit ihm ausgehen kann, mein Mann darüber Bescheid weiß, mir diese Freiheit gewährt und mir vertraut. Aber wenn ich das überhaupt erst sagen muß, dann weiß ich, daß der Betreffende nicht offen und aufgeschlossen genug ist, um mein Freund sein zu können. Dadurch regelt sich die Auswahl von selbst.»

Beim dritten wichtigen Punkt geht es darum, daß man auf das Wohl der Außenkontaktperson bedacht ist und darauf achtet, daß die Beziehung auch für sie ein Gewinn ist oder ihr zumindest nicht schadet. «Das bedeutet, daß man sich über jeden Menschen, zu dem man eine Beziehung hat, Gedanken macht und ihn respektiert», meinte das Ehepaar.

Mit dieser dritten Bedingung ist eine vierte verknüpft: daß das Ehepaar sich nur Menschen aussucht, die gleichfalls ausgeglichen und unabhängig sind. Das, so erklärte der Ehemann, bedeutete, daß sie mit niemandem Beziehungen anknüpften, der z. B. unglücklich verheiratet war. «Natürlich könnten wir helfen oder raten, aber eine enge Beziehung wäre insofern abträglich, als der andere vielleicht von unserer Unterstützung abhängig würde – sie entweder als Ersatz für die eigene Beziehung zum Partner betrachten würde, die ja immer den Vorrang haben sollte, oder als Balsam für die Wunden, die ihm die Ehe geschlagen hat. Mit anderen Worten – wir versuchen Ebenbürtige zu finden, Menschen, deren emotionale Reife und Stabilität der unseren entspricht. Wir glauben, auf diese Weise das Verantwortungsbewußtsein zu zeigen, das wir unserer Meinung nach anderen Menschen schuldig sind und das ja auch für uns selbst überaus wichtig ist.»

Solche Freundschaften dürfen aber nur eine *Erweiterung* der grundlegenden Beziehungen zwischen den Partnern und niemals eine Flucht aus dieser primären Beziehung oder ein Ersatz dafür sein. Wenn die Beziehung noch jung ist, kennen die Partner einander wahrscheinlich noch nicht so gut, daß sie Außenkontakte brauchen oder einen Nutzen davon hätten. Ist die Beziehung anfällig, wie z. B. in einer gefährdeten Ehe, wären zu offene Außenkontakte natürlich ein großes Risiko, schon aus dem einfachen Grund, weil ein Außenkontakt nicht nur anregender erscheint als die Beziehung zum Partner, sondern es zeitweise auch tatsächlich ist.

Auf jeden Fall ist es wichtig, zuerst die Beziehung zum Partner auf eine feste Grundlage zu stellen, bevor man weitreichendere Beziehungen zu anderen Menschen aufnimmt, damit sich die Intimität entwickeln kann, die der innere Kern der offenen Ehe ist. Wie die beiden in diesem Kapitel angeführten Beispiele darlegen, stellt die Einbeziehung der Außenkontakte weder ein Risiko noch eine Bedrohung dar, wenn in der primären Beziehung zwischen den Ehepartnern die erforderliche Aufrichtigkeit herrscht.

Um noch einmal auf Frank und Irene zurückzukommen: Da ihre Beziehung so offen und ehrlich ist und sie einen echten Dialog miteinander führen, sind ihre Gemeinschaft und ihr Vertrauen zueinander so stark, daß keine Außenbeziehung eine Gefahr darstellen könnte. Die Bedeutung aller Außenkontakte zusammengenommen kann niemals so groß sein, daß die primäre Beziehung darunter leidet, denn diese entwickelt sich um so vieles schneller als alle anderen, daß sie immer einen Vorsprung haben wird.

Weitere Vorteile

Der wichtigste Vorteil der Einbeziehung von Außenkontakten in die offene Ehe ist selbstverständlich der, daß sie die individuelle Entwicklung der Partner fördert, eine Entwicklung, die nach Meinung vieler Psychologen wesentlich für die dauerhafte Stabilität einer intimen Beziehung ist. Frank drückt das sehr klar und schön aus: «Wenn Irene allein ausgeht, wünsche ich ihr einen anregenden und interessanten Abend. Sie läßt mich ja an ihren Erfahrungen teilhaben, so daß auch mein Leben bereichert wird. Umgekehrt gilt das gleiche. Wenn ich irgendein interessantes Erlebnis habe, teile ich es mit ihr. Je reicher ihr Leben ist, desto reicher ist auch das meine.»

Aber es gibt noch andere, sekundäre Vorteile. Wenn man zum Beispiel lohnende und sinnvolle Kontakte zu anderen Menschen unterhält, braucht der Partner nicht der einzige Schuttabladeplatz für die eigenen Probleme zu sein. Jeder von uns neigt dazu, persönliche Probleme bei seinen Liebsten und Nächsten abzuladen; manchmal tun wir das offen, indem wir darüber reden, manchmal – besonders in einer traditionellen Ehe – tun wir es indirekt, indem wir bissig oder mürrisch sind, ohne zu sagen, was uns bedrückt. In beiden Fällen zapfen wir die Energie unseres Partners an, ob wir nun Verständnis und Mitgefühl von ihm verlangen oder unsere Frustration an ihm abreagieren.

Wir können das eine oder andere unserer Probleme vielleicht klarer beurteilen und neue Wege zu seiner Lösung finden, wenn wir es mit einem Außenkontakt besprechen. Die Meinung eines Freundes, der ehrlich Anteil nimmt, kann oft genauso nützlich sein wie ein Besuch beim Eheberater oder Psychiater.

Ein weiterer Nutzen offener Kontakte nach außen ist, daß sie uns zu einem besseren Verständnis des anderen Geschlechts und somit unseres Partners verhelfen. In der traditionellen Ehe darf die Frau nur Freundinnen, der Mann nur Freunde haben. Solche Abgrenzungen fördern die Isoliertheit von Mann und Frau, verstärken die geschlechtliche Verschiedenheit und hindern die Partner daran, einander als Menschen zu sehen und zu verstehen. Eine Ehefrau, die nur mit anderen Frauen Kontakt hat, verliert jede Aufgeschlossenheit für den Standpunkt und die Probleme des Mannes oder umgekehrt. So entfernen sich die Partner immer weiter voneinander, statt daß sie enger zusammenwachsen, und jeder wird mehr und mehr ein Gefangener seines eigenen Geschlechts. Die Einbeziehung von Außenkontakten durchbricht auch diese Fessel; sie gestattet Kontakte mit Vertretern des anderen Geschlechts und fördert dadurch die Fähigkeit zur Kommunikation mit dem Partner.

12. Richtlinie Nr. 6: Gleichberechtigung

Nicht gleich, aber gleichgestellt

Der Kampf um die gleichen Rechte für Mann und Frau, sowohl innerhalb als auch außerhalb der Ehe, ist eines der zentralen Probleme unserer Zeit. Es ist tatsächlich ein Kampf, denn es gibt eine Gegenseite, die eine Gleichberechtigung bewußt oder unbewußt ablehnt. Die erklärten Gegner pflegen zu argumentieren, daß die Einzigartigkeit des Individuums eine biologische und psychologische Gleichberechtigung zwischen zwei verschiedenen Menschen unmöglich macht. Diese Aussage ist natürlich absolut richtig – aber sie ist kein stichhaltiger Einwand gegen das Streben nach Gleichberechtigung, weil sie die Natur und die Bedeutung dieses Ziels verkennt. Die Gleichberechtigung zwischen Mann und Frau bedeutet keineswegs dasselbe wie Gleichheit oder weitgehende Ähnlichkeit. Sie würdigt voll und ganz die Tatsache, daß kein Mensch einem anderen völlig gleich sein kann, wenn man sein Leistungsvermögen, seine Fähigkeiten, Talente, Bedürfnisse und Wünsche als Maßstab nimmt. Was bedeutet also die Gleichberechtigung in der Partnerschaftsehe? Die Antwort ist einfach: Das gleiche Recht auf Eigenpersönlichkeit für Ehefrau und Ehemann, die gleiche Verantwortung dem eigenen Selbst gegenüber und das gleiche Maß an Rücksichtnahme, Anteilnahme und Fürsorglichkeit füreinander – was gleichzeitig als Definition der Liebe zwischen zwei reifen Menschen gelten kann. Für uns heißt Eigenpersönlichkeit oder Eigenständigkeit auch Integrität – die integrierte *Ganzheit* des Selbst. Diese Gleichberechtigung der Eigenpersönlichkeit bedeutet, daß jeder Partner das Recht auf Individualität hat, also auf die Unterschiede, die ihn zu einem einzigartigen Menschen machen. Die Gleichberechtigung der Verantwortung gegenüber dem eigenen Selbst bedeutet, daß jeder Partner das gleiche Recht hat, nach den Zielen zu streben und diejenigen seiner persönlichen Bedürfnisse zu befriedigen, die für sein Erfülltsein und seine persönliche Entwicklung notwendig sind. Die Gleichberechtigung der Anteilnahme füreinander bedeutet, daß jeder Partner sich in gleichem Maße bemüht, dem anderen die Freiheit und Achtung zu gewähren, die zur Erhaltung der Eigenpersönlichkeit und für das Streben nach Erfüllung erforderlich sind.

Durch die Anerkennung einer solchen Gleichberechtigung können Ehemann und Ehefrau eine echte Gleichstellung oder Ebenbürtigkeit erreichen. Keiner braucht sich um seinen Status in der Ehe Gedanken zu machen, da beide Partner als Einzelpersonen die gleiche Ausgangsbasis haben. Die Gleichberechtigung in der Partnerschaftsehe ist also ein *Gefühlszustand* und bedeutet nicht etwa die Einführung spezifischer Vorschriften und Regeln, die letzten Endes nur bewirken könnten, daß zwei in ihrer Art einzigartigen Menschen eine unnatürliche «Gleichheit» aufgezwungen wird.

Wir wollen in diesem Kapitel diskutieren, wie dieses *Gefühl* der Gleichberechtigung, das Ehemann und Ehefrau zu Ebenbürtigen macht, erzeugt werden kann.

Das 50:50-Abkommen: eine falsche Gleichung

Viele Paare sind auf ihrer Suche nach der Gleichberechtigung in der Ehe dem Irrtum zum Opfer gefallen, daß eine künstlich zustande gebrachte «Gleichheit» zum Ziel führt.

«Na schön, meinetwegen», gibt der Ehemann zögernd nach, «wir sind also einander gleich.»

«So ist es», erwidert seine Frau. «Die Ehe ist ein 50 : 50-Abkommen – die eine Hälfte für dich, die andere Hälfte für mich.»

Da früher das Gleichgewicht in der Ehe zugunsten des Mannes verschoben war, werden die Ehepartner zu der Annahme verleitet, daß sie den Ausgleich herstellen können, wenn sie für die Gleichberechtigung ein Rezept ausarbeiten. Aber das ist kein echtes Abkommen auf Gegenseitigkeit: Es ist lediglich ein Handel. Auch der Vorschlag der extremen Frauenrechtlerinnen, der Ehemann solle der Ehefrau für die Hausarbeit ein Gehalt zahlen, ist im Grunde genommen nichts als ein Handel, auch wenn die Urheberinnen der Idee sich dessen nicht bewußt sind. Diese

Verfechterinnen des 50:50-Abkommens glauben, daß die bisher übliche Verschiebung des Gleichgewichts korrigiert werden kann, indem man alle Aktivposten, Rechte und Pflichten einfach in der Mitte teilt.

Unter diesen Umständen fallen die Spontaneität und der Enthusiasmus in der Ehe der händlerischen Geschicklichkeit zum Opfer, und das führt zu folgender Einstellung: «Mir steht genausoviel zu wie dir, und du darfst nicht mehr bekommen als ich», oder, wenn der Partner sich auf irgendeine Weise ein paar Punkte Vorsprung verschafft hat: «Alles was du haben kannst, kann ich auch haben.» Eine solche Beziehung funktioniert nach dem Grundsatz «Auge um Auge». Die Frau schreit ihren Mann an: «Wenn du einen Seitensprung machen kannst, kann ich das auch – das wirst du schon sehen, wenn ich im Herbst ein paar Tage allein wegfahre!»

Aber der Ausgleich durch Vergeltung beschränkt sich nicht nur auf schwerwiegende Probleme wie z. B. eheliche Untreue. Auch bei häuslichen Reibereien findet diese Methode Anwendung. Ein Ehepaar, das wir interviewten, war kürzlich aus der Stadt in eine Vorortsiedlung umgezogen. «Ich habe schon immer eine Vorliebe für Katzen gehabt», erzählte der Ehemann, «aber meine Frau mag sie nicht, und da wir immer nur in Mietwohnungen lebten, hatten wir uns darauf geeinigt, keine Haustiere zu halten. Und was tut sie, sobald wir in das neue Haus eingezogen waren? Sie kauft einen Hund!» Der Mann war darüber so aufgebracht, daß er sich sofort eine Katze zulegte. Hund und Katze gingen aufeinander los, das Ehepaar ging aufeinander los – und alle lebten buchstäblich wie Katz und Hund.

Man könnte diese Methode zur Herstellung des Gleichgewichts in der Ehe die «Gleichberechtigung des Verletztwerdens» nennen. Man erreicht damit nur, daß beide gleich unglücklich sind.

Viele Eheberater empfehlen dann das 50:50-Abkommen als das beste Mittel, um einen Waffenstillstand zwischen den Ehegatten zu erreichen. Als Teil dieses Abkommens wird von jedem Partner erwartet, daß er dem anderen auf halbem Weg entgegenkommt, also auf die eine Hälfte von dem, was er will, verzichtet, damit er die andere Hälfte bekommen kann. Oberflächlich betrachtet, erscheint das zivilisiert und realistisch. In Wirklichkeit ist es schädlich und verlogen. Die Partner sollen einen «Kompromiß» schließen – dieses Lieblingswort der Autoren von Ehehandbüchern! –, und um das zu erreichen, sollen sie miteinander feilschen. Betrachten wir einmal näher, was sie wirklich tun.

Um einen solchen Handel abschließen zu können, muß man bereit sein, etwas aufzugeben – *auf*zugeben, nicht zu *geben*. Zwischen *geben* und *aufgeben* besteht ein himmelweiter Unterschied. Die traditionelle Ehe stellt laufend Forderungen an die Partner, etwas aufzugeben. Die Ehefrau wird z. B. aufgefordert, ihren Beruf aufzugeben, der Ehemann soll einige seiner alten Freunde aufgeben. Der Ehemann ist bereit, das Skilaufen aufzugeben, wenn seine Frau das Reiten aufgibt. Der Prozeß der Verarmung der Persönlichkeiten beider Partner beginnt seinen Tribut zu fordern. Das Ergebnis ist dann schließlich, daß die Ehefrau bereit ist aufzuhören, ein selbständiger Mensch zu sein, ein wachsendes und einzigartiges selbständiges Wesen, wenn der Ehemann gleichfalls dazu bereit ist. Sie selbst empfinden es zwar nicht so, aber das ist es, was wirklich geschieht. Sie haben sich den Weg eingehandelt, der sie zu Langeweile und Stillstand führen wird.

Diese Art der Beziehung könnte man eine Gleichung mit sich verringernden Größen nennen. Es ist eine total negative Errungenschaft. Die Partner mögen jetzt zwar einander gleichgestellt sein, aber es ist die Gleichberechtigung von Gefangenen in einer Zelle, die sie sich selbst gebaut haben. Durch den erhandelten Kompromiß haben sie ihre individuelle Identität, die ja ursprünglich der Grund war, daß sie sich ineinander verliebten, für immer aufgegeben.

Zwischen Menschen, die ihre Identität ganz oder teilweise verloren haben, kann es keine Gleichberechtigung im positiven Sinne des Wortes geben. Und wenn man versucht, mit seinem Partner eine 50:50-Beziehung aufzubauen, in der man um alles miteinander feilscht, wird man unweigerlich feststellen müssen, daß man immer weniger von der Person an sich hat, die man vor der Ehe war. Leider ist die Idee des Handels um einen Kompromiß nur schwer ausrottbar. Sie wurde vor zwei Jahrzehnten, zu Beginn der Ära des Zusammenseins, geboren. Noch 1968 war in einem Ehe-Handbuch folgendes zu lesen: «Wir möchten mit allem Nachdruck betonen, daß es für eine funktionsfähige Ehe überaus wichtig ist, miteinander zu handeln.» Es ist Zeit, daß mit solchen Aufforderungen zur Selbstverarmung endlich Schluß gemacht wird.

Gleichberechtigung: das 100:100-Abkommen

Alle Versuche, durch ein 50:50-Abkommen in einer traditionellen Ehe die Gleichberechtigung der Partner zu erreichen, sind von vornherein zum Scheitern verurteilt. Ehepartner, die fünfzig Prozent von sich selbst aufgeben müssen, können niemals eine echte Gleichberechtigung erreichen. Aber Partner, die ihre volle Individualität und Identität behalten, verfügen über die Selbstsicherheit, einander offen all die Freiheiten zu gewähren, um die sie in einer traditionellen Ehe als «halbe» Personen hätten feilschen müssen. Statt daß sie zur Aufrechterhaltung ihrer Beziehung das eine oder andere ihrer Rechte aufgeben, wie es das 50:50-Abkommen verlangt, gewähren die Ehegatten in einer offenen Ehe einander diejenigen Freiheiten, die ein kontinuierliches Wachstum der Beziehung fördern.

Die Gleichberechtigung basiert also auf dem Gefühl der individuellen Identität, ein Gefühl, das sich nur entwickeln kann, wenn jeder dem Partner das Recht auf ein Privatleben, Kontakte mit der Außenwelt und Freiheit von festgelegten Rollen gewährt. Wir möchten noch einmal betonen, daß die Richtlinien für die Partnerschaftsehe ein ineinander verwobenes Muster bilden. Das bedeutet natürlich, daß das Zustandekommen einer Partnerschaftsehe ein allmählicher, schrittweiser Prozeß ist. Aber es ist auch ein stets lohnender Prozeß, denn dadurch, daß die Richtlinien ineinandergreifen, ist jeder Schritt nach vorn auf einem bestimmten Gebiet von einem Fortschritt auf einem anderen Gebiet begleitet. In dem Maße, wie das Persönlichkeitsbewußtsein der Partner wächst, wird es jedem von beiden leichter fallen, die Gleichberechtigung des Partners anzuerkennen und die statusbewußten Machtkämpfe der traditionellen Ehe hinter sich zu lassen.

Format statt Status

In der traditionellen Ehe ist der Status vorbestimmt: Der Mann dominiert, die Frau unterwirft sich. Wie wir im Kapitel über die Flexibilität der Rollen bereits gezeigt haben, genießt die Rolle des Ehemanns nur deshalb höheres Ansehen, weil er den größten Teil der finanziellen Last trägt und außerhalb seines Heims arbeitet, während der Status der Frau niedriger ist, weil in unserer Kultur die Hausarbeit keine Leistungsarbeit ist. Das Format hingegen ist etwas, das in der offenen Ehe von innen heraus wächst und von den Partnern gemeinsam geschaffen wird.

Das kann auf zweierlei Art und Weise geschehen. Man kann sich selbst Format geben, indem man die volle Verantwortung für die Entwicklung des eigenen Selbst übernimmt, also zu einer selbständig handelnden Person wird, anstatt ein Schauspieler zu bleiben, der eine vorgeschriebene Rolle spielt. Wenn man an sein persönliches Format glaubt, dann hat man es auch, gleichgültig wie man von anderen Leuten behandelt wird. Wenn man sich aber den Vorschriften seiner Rolle unterwirft, lehnt man es ab, die Verantwortung für sich selbst zu tragen und an sich selbst zu glauben; man sagt dann praktisch: «Ich will das sein, was ich laut meiner Rolle bin.» Und wenn man nicht die Verantwortung für sich selbst übernimmt, kann man kaum erwarten, daß man von anderen Menschen als selbständige Persönlichkeit und nicht als Repräsentant einer Rolle behandelt wird. Selbstachtung und Eigenformat sind eng miteinander verknüpft.

Die Ehepartner können sich auch gegenseitig Format *geben*. Es ist sehr wichtig, welches Gefühl man auf Grund des Verhaltens seines Partners von sich selbst hat. Schließlich kann man ja in den Augen des Partners durchaus Status haben, aber kein Format. Wie ein Ehemann es ausdrückte:

«Ich mag zwar für sie der Ehemann, Geldverdiener und generell ein netter Kerl sein, aber wenn sie mir keine Achtung entgegenbringt, dann tauge ich in ihren Augen nicht viel.»

Man kann nicht verlangen, daß der Partner einem Format zugesteht; das kann nur freiwillig gegeben werden. Aber damit kann man kaum rechnen, wenn man nicht selbst davon überzeugt ist, daß man Format hat, und sich entsprechend verhält.

Die Gleichberechtigung ist also eine Einstellung, ein geistiger Zustand, eine stillschweigende Vereinbarung zwischen Ehemann und Ehefrau, zwischen zwei Menschen, die das gleiche Format haben. In Worte gefaßt, könnte diese Vereinbarung etwa so lauten: «Ich will dich als mir gleichgestellt betrachten und behandeln und mich auch in meiner Beziehung zu dir entsprechend verhalten. Wenn du dich über etwas beklagst, werde ich dich nicht wie ein Kind abfertigen, sondern ich werde dir meine Aufmerksamkeit widmen, dir zuhören und versuchen, dir den nötigen Feedback zu liefern. Ich werde dir gleiche Rechte und Vorrechte einräumen, dir Zugang zu meiner Zeit und meinen Gefühlen geben, dir all das bieten, was ich im umgekehrten Fall von dir erwarte. Ich werde mir deine Ansichten und Entscheidungen anhören, wie du dir meine anhörst. Es ist nicht unbedingt erforderlich, daß ich mit dir einer Meinung bin, aber ich werde deine Ansichten respektieren wie du die meinen. Vielleicht werde ich versuchen, dich zu beeinflussen, aber ich werde dich niemals zwingen oder deine Ansichten und Gefühle als etwas Selbstverständliches hinnehmen. Wenn wir uns in die Arbeit teilen, dann aus freiem Willen und nicht als Ergebnis eines Handels. Wir tun es, weil wir gemeinsame Ziele haben. Wenn wir übers Wochenende verreisen wollen, werde ich das Geschirr spülen, so daß du die Koffer packen kannst (nicht etwa: ich spüle das Geschirr, *wenn* du die Koffer packst) und wir eher reisefertig sind. Wir werden beide Freude daran haben, uns in gleichem Ausmaß zu bemühen, etwas Positives füreinander und für uns beide als Einheit zu erreichen. Wenn wir getrennte Wege gehen, was manchmal vorkommen wird, soll jeder dem anderen die Freiheit gewähren, sich die Zeit zu nehmen, die er für sich braucht, ohne dies als Bedrohung zu empfinden. Wir werden nicht darum feilschen, daß jeder genausoviel Zeit für sich hat wie der andere (‹Mir steht zu, am Dienstag auszugehen, weil du am Sonnabend weg warst›), denn nicht die Zeit als solche muß gleich sein, sondern die Freiheit, sie sich zu nehmen. Ohne miteinander zu handeln, kann jeder seine eigenen Entscheidungen treffen, und gleichgültig, ob diese Entscheidung nur einen von uns oder uns beide betrifft, sie wird vom anderen Partner stets mit der gleichen Rücksichtnahme, Aufmerksamkeit und Liebe aufgenommen werden, die seine eigenen Entscheidungen finden.»

Die Gleichwertigkeit des Formats ist also etwas, das einem sowohl gewährt wird, als auch etwas, das man sich selbst verdienen muß. Es muß einem vom Partner gewährt werden, und man muß es von sich aus auch dem Partner zugestehen. In gewissem Sinn befaßt sich unser ganzes Buch mit den Mitteln und Wegen, wie man lernen kann, dieses Format für sich selbst und für den Partner zu erlangen. Unsere Richtlinien sollen Ihnen helfen zu erkennen, welche Bedeutung das Eigenformat für zwei Menschen hat, die in einer Partnerschaftsehe vereint sind. Die Anerkennung des Formats des anderen ist die Quintessenz der Gleichberechtigung in der Ehe. Aber obwohl dies ein abstraktes Konzept ist, macht jede Anwendung einer der Richtlinien auf die eigene Situation aus einem Teil dieser Abstraktion Wirklichkeit. Die Gleichwertigkeit des Formats ist eine Idee und ein Ideal, gleichzeitig aber auch ein Lebensstil.

Der Platz der Frau

Die Richtlinien über die Gleichberechtigung werfen für die Frau ein besonderes Problem auf. Der traditionelle Vertrag schreibt vor, daß der Platz der Ehefrau in ihrem Heim ist. Durch das Angebundensein an die häuslichen Pflichten ist ihr Horizont zwangsläufig begrenzt, und es überrascht kaum, daß sie oft mit ihrem Mann nicht «Schritt halten» kann, daß er ihr einfach «davonwächst». Sie ist nur Ehefrau, aber er ist mehr als nur Ehemann, da er eine zusätzliche Rolle in der Außenwelt hat, die ihm viel stärkere Reize und bessere Möglichkeiten zur Weiterentwicklung seiner Persönlichkeit bietet, als sie seiner Frau zur Verfügung stehen. Solange sie diese ungleiche Verteilung der Gelegenheiten akzeptiert, bleibt die Aussicht, eine gleichwertige Partnerin ihres Mannes zu werden, für sie minimal: Nicht nur ist ihr Status niedriger als der seine, sondern auch ihre persönliche Entwicklung bleibt zwangsläufig hinter seiner zurück.

Natürlich gibt es Frauen, die mit ihrer häuslichen Rolle absolut zufrieden sind, die es vorziehen, beschützt und versorgt zu werden, und sich ausschließlich der Sorge für andere widmen. Und es gibt auch viele Ehemänner, die sich ihre Frauen so und nicht anders wünschen, denen es völlig gleichgültig ist, ob ihre Partnerinnen sich nicht in dem Maße weiterentwickeln wie sie selbst – ja, die eine solche Weiterentwicklung sogar als Bedrohung empfinden würden.

Wir bezweifeln, daß Ehemänner und Ehefrauen, die das traditionelle System bejahen, dieses Buch – wenn überhaupt – bis hierher gelesen haben. Sollte es aber doch der Fall sein, so ist das unserer Meinung nach ein Zeichen dafür, daß in ihrer Ehe nicht alles zum besten steht, auch wenn sie das Gegenteil behaupten. Daher wollen wir ganz deutlich folgendes sagen: In der Welt von heute kann keine Ehefrau hoffen, mit der Entwicklung ihres Mannes Schritt zu halten, wenn sie nicht außer ihren häuslichen Pflichten noch andere Interessen hat, die ihr Leistungsvermögen anspornen und ihr Gelegenheit zu einer Weiterentwicklung der Persönlichkeit geben, die der ihres Mannes entspricht.

Manche Frauen mögen der Ansicht sein, daß Hausfrau ein Beruf ist. Aber sie werden damit ziemlich allein dastehen, schon wegen der bereits erwähnten unterschiedlichen Einstufung des Status. Außerdem sind die Forderungen, welche die häuslichen Pflichten tatsächlich an die Frau stellen, zeitlich begrenzt; sie dauern nur so lange, bis die Kinder erwachsen sind. Bei der heutigen Lebenserwartung bedeutet das, daß die Ehefrau ungefähr noch dreißig lange Jahre allein mit ihrem Mann vor sich hat, nachdem die Kinder das Elternhaus verlassen haben. Wie lange wird es nach der Erfüllung der einzigen Aufgabe, die sie hatte, dauern, bis sie ihren Mann langweilt? Nicht sehr lange, wie aus der steigenden Zahl der Scheidungen nach zwanzigjähriger Ehe hervorgeht. Ihre Beschränkung auf die «ultra-häusliche» Rolle programmiert sie zur Mittelmäßigkeit und stumpft ihr Gehirn ab. In diesem Zustand gibt sie sich vielleicht der Selbsttäuschung hin, daß ihre Tätigkeit als Hausfrau und Mutter ausreicht, sie zu einer interessanten und stimulierenden Ehepartnerin zu machen – aber ihren Mann kann sie nicht täuschen. Er wird sich höchstwahrscheinlich heimlich nach einer anregenderen Gefährtin umsehen, wenn er nicht schon eine gefunden hat. Die Schlußfolgerung klingt vielleicht hart, wird aber von der Scheidungsrate bestätigt.

Die Beschäftigung mit irgendwelchen Liebhabereien, sei es Porzellanmalerei, der Besuch von Vorträgen, die Mitwirkung in einer Amateurtheater-Gruppe oder ähnliches, reicht für die erforderliche geistige Entwicklung und somit die echte Gleichstellung nicht aus. Diese Art von Dilettantismus mag sehr vergnüglich sein, verlangt von einem Menschen aber zu wenig für eine echte Entwicklung. Wenn man zu Hause malen oder sich sonstwie schöpferisch betätigen will, so ist das sehr schön, aber dann muß man ernsthaft bei der Sache sein und darf nicht jedesmal sofort den Pinsel aus der Hand legen, wenn man von einem Familienmitglied gestört wird. Man kann sich mit so vielem «ein bißchen» beschäftigen, aber nur wenn man ernsthaft Interesse oder eine Begabung ernsthaft ausschöpft und leider auch nur, wenn man für seine Mühe einen materiellen Lohn vorweisen kann, wird man von der Umwelt anerkannt und gewürdigt. Auch das mag hart klingen, aber in unserer Gesellschaft ist es nun einmal so. «Ob es nun berechtigt ist oder nicht», schreibt Edith de Rham in ihrem Buch «Der Betrug mit der Liebe», «bewundert wird nur die Begabung, die sich frei entfaltet und das Siegel der Anerkennung dadurch erhält, daß eine andere Person gewillt ist, dafür zu bezahlen. In der heutigen Zeit steht jeglicher Dilettantismus im Geruch der Oberflächlichkeit und wird mit Herablassung betrachtet, jede Begabung, die nicht professionell genutzt wird, erweckt den Anschein der Unzulänglichkeit, weil sie keine Anerkennung verdient und in der modernen Welt keinen Platz hat.»

Wenn eine Ehefrau ihre Persönlichkeit und ihre Fähigkeiten entwikkeln will, um mit dem Wachstum ihres Mannes Schritt halten zu können, muß sie bereit sein, für sich dieselben Forderungen zu akzeptieren, die an ihn gestellt werden. Kein Steckenpferd wird je mit den Anforderungen und der Konsequenz verbunden sein, die eine bezahlte Arbeit verlangt, noch kann ein Hobby, so wichtig es in seiner Art auch sein mag, unser tiefes Bedürfnis erfüllen, an einer Sache beteiligt zu sein, die über unser Selbst hinausgeht.

Die Frau muß also nach einer sinnvollen Tätigkeit suchen, die ihren geistigen Horizont erweitert, ihre Fähigkeiten entwickelt, im vollen Sinne des Wortes produktiv ist und einen Beitrag zu irgendeinem übergeordneten Ziel liefert. Als Folge davon kann sich für sie die Notwendigkeit ergeben, die Mutterschaft auf einen späteren Zeitpunkt zu verschieben. Nach der Geburt des Kindes sollte sie ihre Arbeit für ein paar Monate oder auch Jahre aufgeben, aber nur als vorübergehende Unterbrechung ihrer aktiven Produktivität. Produktiv sein kann alles mögliche bedeuten: einen Job annehmen, einen gelernten Beruf ausüben, studieren oder sich auf irgendeine Weise auf eine ernsthafte Berufskarriere vorbereiten, sich voll und ganz einer schöpferischen Tätigkeit widmen, einen eigenen Betrieb gründen, soziale Aufgaben erfüllen.

Es gibt unendlich viele Möglichkeiten, aber eine davon muß verwirklicht werden. Der Schritt in die Außenwelt muß getan werden, wo Anforderungen gestellt, Fähigkeiten entwickelt und anerkannt werden, wo eine Weiterentwicklung der Persönlichkeit möglich ist. Mit der durch diesen Schritt gewonnenen Gleichstellung können Mann und Frau sich beide entwickeln, verschieden rasch und auf verschiedene Art, aber sie tun es, und damit können sie einander ständig neue Anregungen bieten und die Partnerschaft interessant und lebendig erhalten. Sie können die finanzielle Verantwortung für die Familie gemeinsam tragen und sich notfalls sogar dabei abwechseln, damit alle beruflichen Chancen ausgenützt werden. Die Entwicklung beider Partner verläuft somit parallel statt voneinander abweichend, und die Gleichberechtigung ist die natürliche Folge.

Wir sind uns natürlich im klaren darüber, daß eine gleichmäßige Verteilung der finanziellen Verantwortung erst dann für jedermann möglich sein wird, wenn durchgreifende soziale Veränderungen in Familienstruktur und Kindererziehung stattgefunden haben und wenn alle Frauen die gleichen Ausbildungs- und Berufschancen haben wie die Männer.

Der ESE-Faktor

Die Gleichberechtigung der Frau, sowohl innerhalb als auch außerhalb der Ehe, ist ein Thema, das von Gegnern und Befürwortern – ob männlich oder weiblich – immer wieder leidenschaftlich diskutiert wird. Aber man sollte die Gleichberechtigung als eine Tatsache akzeptieren, denn sie ist zu einer jener entwicklungsgeschichtlichen Unvermeidlichkeiten geworden, die man nicht mehr wegdiskutieren kann. Bevor der Frau die drei wichtigsten Wege zu ihrer Befreiung offenstanden, hatte sie keine Chance auf Gleichberechtigung. Aber nachdem sich jene Wege geöffnet hatten, konnte man ihr den gleichwertigen Platz nicht länger versagen. Solange die Ehefrau keine berufliche Ausbildung hatte, finanziell abhängig war und sich den Launen der Natur unterwerfen mußte, weil es keine Empfängnisverhütung gab, konnte sie nicht aus der Rolle ausbrechen, die ihr die historischen Traditionen des alten Ehevertrages vorschrieben. Ebensowenig konnte der Mann von der Verpflichtung entbunden werden, die Last der finanziellen Verantwortung für Frau und Kinder allein zu tragen. Für die Frau gab es nur Küche, Kinder, Kirche – eine bittere Wahrheit. Was immer ihre eigenen Wünsche waren (und danach wurde sie nie gefragt), sie hatte keine andere Wahl, als zu Hause zu bleiben. Ihr Heim war gleichzeitig ihr Gefängnis.

Aber die Technologie des zwanzigsten Jahrhunderts bewirkte soziale Veränderungen, die der Frau bildungsmäßige, sexuelle und wirtschaftliche Freiheit schenkten. Diese drei Komponenten ergeben zusammen den ESE-Faktor, wie wir es nennen (ESE = educational, sexual, economical).

Er ist die wichtigste Kraft, die den Stil der Ehe verändert hat. Die besseren Bildungs- und Ausbildungsmöglichkeiten erweitern den geistigen Horizont der Frau über Kochrezepte und Windelwaschen hinaus; die sexuelle Freiheit wurde durch absolut sichere Methoden zur Familienplanung, neue Erkenntnisse über die Natur der weiblichen Sexualität und ein freizügigeres sexuelles Klima gewonnen; die Freiheit von wirtschaftlicher Abhängigkeit ist durch die Ausübung eines Berufs möglich geworden. Das Fehlen einer dieser drei Komponenten macht die Frau in der Ehe zu einem untergeordneten Partner; sind alle drei vorhanden, kann sie in jeder Hinsicht ein erfülltes Leben führen, auch ohne verheiratet zu sein. Wenn sie dann doch heiratet, bedeutet der ESE-Faktor nicht nur, daß sie ihrem Partner gleichberechtigt sein *kann*, sondern im weiteren Sinn *verlangt* er sogar, daß sie es *ist*. Bevor der ESE-Faktor ins Spiel kam, waren sich die meisten Frauen gar nicht voll bewußt, in welchem Ausmaß sie ihrer Rechte beraubt wurden. Sie fügten sich in die patriarchalische bzw. traditionelle Form der Ehe, weil es keine Alternative gab. Aber jede Frau, die heute noch eine Ehe nach altem Muster akzeptiert, kann ihre Augen nicht vor der Tatsache verschließen, daß es um sie herum andere Frauen gibt, die sich solche starren Verhaltensregeln nicht vorschreiben lassen und auf der gleichen Ebene wie ihre Ehemänner nach persönlichem Wachstum und Erfülltsein streben.

Aber noch ist die echte Gleichberechtigung zwischen Mann und Frau nicht endgültig erreicht. Bis dahin machen wir eine Übergangsperiode durch, in der es zwangsläufig viele Reibereien und auf beiden Seiten Grund zu Beschwerden gibt. Die Frauen, die so lange unter der Herrschaft der Männer standen, haben mehr Grund zu Klagen, und ihre Forderung nach einer Änderung der Verhältnisse ist absolut berechtigt. Aber die heute immer mehr um sich greifenden Veränderungen dürfen die Frauen nicht dazu verleiten, aus ihrer Sache einen Vergeltungsfeldzug gegen die Männer zu machen, und die Ehefrau, die in einer offenen Partnerschaft nach Gleichberechtigung strebt, muß bereit sein, ihrem Mann zuzuhören, wenn er sich beklagt, daß *er* ungerecht behandelt wird. Und in dieser Periode des Übergangs ist es unvermeidlich, daß er manchmal allen Grund dazu haben wird.

Einige berechtigte Fragen

Wie wir bereits in dem Kapitel über die Flexibilität der Rollen ausführten, hat die neue Freiheit der Frau dazu geführt, daß die Erziehungsmethoden, nach denen Jungen und Mädchen auf die Ehe vorbereitet werden, einander nicht mehr ergänzen: Heutzutage erwartet ein kleines Mädchen, daß es einmal eine *Ehefrau* wird. Wenn der Junge zum Mann heranwächst, hat er die gleichen Rollenerwartungen, die das Verhalten seines Vaters prägten, aber diese Erwartungen können nicht ohne die Einwilligung der Frau erfüllt werden, und sie ist plötzlich nicht mehr dazu bereit. Sie hat für sich selbst eine ganze neue Garnitur von Erwartungen entwickelt, und der Mann befindet sich jetzt in der merkwürdigen Situation, sich den Forderungen der Frau anpassen zu müssen; diese Rollenfunktion führt zu einem Dilemma für den Mann und zu einer verzwickten Lage für die Frau. Durch die Veränderungen, die der ESE-Faktor mit sich brachte, kann die Frau keinen Schritt zurück machen oder auch nur stillstehen, jeder weitere Schritt nach vorn aber ist schmerzhaft – wirklich eine verzwickte Lage. Das Dilemma des Mannes besteht darin, wie er auf all diese Veränderungen reagieren soll, wie er sich den neuen Bedürfnissen der Frau anpassen kann, ohne das Gefühl seiner Männlichkeit zu verlieren. Man kann nicht leugnen, daß die Frau ihm dabei nicht in dem Maße hilft, wie sie es könnte.

«Hör mal, Liebling», beschwert sich der junge Ehemann, «wenn wir schon in Gleichberechtigung machen wollen, wäre es dann nicht an der Zeit, daß wir unsere *beiden* Gehälter in einen Topf werfen, statt daß du deins nur für deine Garderobe verwendest und meins für alles andere herhalten muß?»

Wir interviewten einen jungen Mann, der gern heiraten wollte, aber Zweifel daran hatte, ob diese neue Gleichberechtigung auch für ihn gelten würde. Er sagte über seine Freundin: «Ich bin ja voll und ganz für eine *Gleichberechtigung*, aber das reicht ihr ja nicht. Na schön, sie will also alles, was ich habe – einen Beruf, Geld, Initiative, Durchsetzungsvermögen. Dagegen ist nichts einzuwenden. Aber wenn ihr die geringste Kleinigkeit nicht paßt, dann greift sie auf die guten alten Tricks zurück. Wenn sie ein Argument nicht durch Logik gewinnen kann, dann wird sie ganz auf die altmodische Tour bissig und zänkisch. Sie will das Recht, mich mal zum Essen einladen zu können; bitte, warum nicht? Aber wenn sie's tut, muß ich ja sagen, sonst ist sie zwei Wochen lang beleidigt. Wenn ich aber *sie* einlade, dann fühlt sie sich vollkommen frei, nein zu sagen. Sie kauft sich zwar ihre Kinokarte selbst, aber das Abendessen hinterher, das ja viel teurer ist, muß ich für sie bezahlen. Auf diese Art kann sie zeigen, wie unabhängig sie ist, ohne daß es sie viel kostet. Das ist einfach unfair. Sie kann nicht das haben, was ich habe, und außerdem auch noch das, was sie früher hatte.»

Diese Beschwerde ist völlig berechtigt. Es gibt Frauen, die es ausnützen, daß die Rollenbestimmungen zur Zeit fließend sind, indem sie in die Sicherheit ihrer alten Rolle zurückkehren, wenn es für sie vorteilhafter ist, gleichzeitig jedoch versuchen, die traditionellen Vorrechte des Mannes an sich zu reißen. Aber in vielen Fällen hat die Frau dabei gar nicht wirklich die Absicht, sich einen Vorteil zu verschaffen, sondern es liegt einfach daran, daß die alten, seit Generationen gültigen Verhaltensmuster schwer abzulegen sind – vor allem, wenn es noch immer so viele Männer gibt, die das Recht der Frau auf volle Gleichberechtigung abstreiten. Das Tragische an solchen Mißverständnissen ist, daß nicht der einzelne Mensch (Mann oder Frau) Schuld hat, sondern der von unserer Kultur ausgeübte Zwang, der die Beteiligten in diese Positionen hineingeschoben hat.

Solange es in unserer allgemeinen Einstellung und in der Planung für die weitere Entwicklung unserer Gesellschaft keine entscheidenden Richtungsänderungen gibt, die Raum für neue und flexiblere Rollen für Männer und Frauen schaffen, steht zu erwarten, daß die Männer jede Veränderung ablehnen und sich ihr widersetzen und die Frauen je nach der gegebenen Situation zwischen voller persönlicher Selbständigkeit und Abhängigkeit hin und her schwanken. Wir glauben, daß in dieser Übergangsphase, in der Männer und Frauen vor- und rückwärts auf der Schaukel der Geschlechter schwingen, um einen neuen Punkt der Balance herauszufinden, die gute Kommunikation zwischen Mann und Frau ganz besonders wichtig ist. Die Idee der offenen Ehe ist als Antwort auf die Belastung der Ehegemeinschaft entstanden, die Mann und Frau durch die veränderten Anforderungen in den fünfziger und sechziger Jahren auferlegt worden sind. Jede der in diesem Buch diskutierten Richtlinien soll Ehemännern und Ehefrauen helfen, die Schaukel in eine neue Balance zu bringen, die auf völliger Gleichberechtigung basiert.

Die Bindung zwischen Ebenbürtigen

Paare, die das Gefühl der Gleichberechtigung erreicht haben, das wir in diesem Kapitel beschrieben, werden Partner im vollsten Sinne des Wortes: Sie arbeiten, genießen und entwickeln sich als Ebenbürtige. Sie teilen als reife Menschen Verantwortungen, Belohnungen und Vorrechte und helfen dadurch einander, ihre individuelle Identität zu bewahren, während sie gleichzeitig durch die Gemeinschaftlichkeit des Gebens, Teilens, Vertrauens und Liebens einander näherkommen.

Die Gemeinschaftlichkeit in der Zielsetzung schafft eine neue Art von Bindung, die weit über die übliche Paar-Bindung hinausgeht. Die traditionelle Ehe, deren Hauptelemente die biologische Anziehung und die Gründung einer Familie sind, ist eine typische Paar-Bindung, zusammengehalten von Konformität, bestimmten Konventionen und jenen einengenden Klauseln des traditionellen Vertrages, die diese Form der Ehe zu einer Art gegenseitiger Leibeigenschaft machen.

Wenn Mann und Frau ein gleich starkes Bewußtsein ihres Werts an Persönlichkeit haben, dann sind sie ebenbürtig, und die starke Bindung zwischen ihnen kann getrost den alten Klauseln abschwören – sie wächst von innen heraus. Es ist eine echte Bindung, keine Leibeigenschaft, und paradoxerweise zieht sie ihre Stärke aus der persönlichen Freiheit, die jeder Partner besitzt.

Hierzu ein Beispiel: Ilse und Mark sind ein junges Paar, das in seiner Ehe eine solche Ebenbürtigkeit erreicht hat. Was sie unter Gleichberechtigung verstehen, drückt Mark folgendermaßen aus:

«Weil Ilse mir gleichgestellt ist, ein selbständiger und erwachsener Mensch, kann ich sie nach ihrer Meinung über Dinge fragen, die gewöhnlich als Vorrecht des Mannes gelten – ‹männliche› Entscheidungen, also zum Beispiel über meine Arbeit und welche Aufträge ich annehmen soll oder nicht. Da ich sie respektiere, bedeutet mir ihre Meinung sehr viel. Sie hat eine andere, vielleicht sogar weniger voreingenommene Einstellung zu den Dingen. Die meisten Fragen entscheiden wir gemeinsam. Was ist denn schließlich eine sogenannte männliche Entscheidung? Eine Entscheidung ist eine Entscheidung, gleichgültig, wer sie trifft. Warum also nicht wir beide gemeinsam?»

Offensichtlich haben Mark und Ilse sich von den alten Begriffen männlich/weiblich befreit und sind dazu übergegangen, ihre Entscheidungen durch Übereinstimmung zu treffen, eine logische Folge der Gleichberechtigung. Wenn zwei Partner übereinstimmen, das heißt, wenn sie in bezug auf Status und Format ebenbürtig sind, braucht keiner sich dem anderen unterzuordnen, und beide können ihre Meinungen frei austauschen. Einem Höhergestellten gegenüber (z. B. im Beruf) zögert man, Vorschläge zu machen, man ist gehemmt und zügelt die eigene Spontaneität. Aber auch der andere hat dadurch einen Verlust, denn er kann seine Gedanken oder Erfahrungen niemals voll mit einem Untergebenen teilen und bleibt weitgehend auf sich selbst angewiesen. Probleme können nun einmal besser gelöst werden, wenn sie in gegenseitiger Achtung diskutiert werden. Sie werden dann zu einer Frage gemeinsamen Bemühens und nicht zu einem gemeinsamen Konflikt.

Mark und Ilse sind beide berufstätig. Er ist Fotograf, sie hat eine Boutique für Volkskunst. Beide leben ein sehr aktives und anspruchsvolles Leben, arbeiten in verschiedenen Gegenden der Stadt und sind manchmal durch Kundenaufträge und Geschäftsreisen getrennt. Beide sprachen über die dynamische Natur ihres Lebensstils. Mark sagte: «Ich glaube, der eigentliche Lohn einer gleichberechtigten Beziehung liegt darin, daß sie die Tür zu einem viel volleren und erfüllteren Leben öffnet, zu einer schöpferischen Existenz.» Und Ilse fügte hinzu: «Es ist nicht nur eine Tür – es sind eigentlich zwei Türen. Wenn die Frau auch einen Beruf hat, gibt es zwei Wege, zwei Möglichkeiten, wer die Führerschaft übernimmt, je nach der gegebenen Situation. Es ist nicht immer der Mann, der als treibende Kraft, und die Frau, die als Bremse wirken muß.»

Dieses Paar hat seine Ansichten in die Tat umgesetzt und demonstriert jene Flexibilität, die man heute bei vielen jungen Leuten findet. Mark hatte früher als Vertreter gearbeitet und sehr gut verdient. So konnte er Ilse beim Aufbau ihres Geschäftes helfen. Als er dann beschloß, auf Fotografie umzusatteln, konnte Ilse während seiner Ausbildungszeit für beide sorgen. Jetzt, da beide finanziell erfolgreich sind, haben sie entdeckt, daß sie nicht nur Verantwortung miteinander teilen, sondern daß sich ihnen ganz neue Wege geöffnet haben. Mark drückte das so aus:

«Theoretisch könnten wir beide durch diese Tür hinausspazieren und irgendwo ein neues Leben anfangen – nicht so sehr, weil wir beide schöpferisch veranlagt sind, sondern weil wir gleichberechtigte Partner sind und keiner vom anderen abhängig ist. Dadurch sind wir fähig, uns immer wieder unsere eigene Welt aufzubauen – unseren ganz persönlichen Lebensstil –, und das öffnet uns nicht nur zwei Türen, sondern tausend.»

13. Richtlinie Nr. 7: Eigene Identität

Bin ich du?

Ein ziemlich ratloser Ehemann, dessen Ehe zu zerbrechen drohte, erklärte uns in drei kleinen Sätzen, was Ehe seiner Meinung nach sein sollte: «Ich bin du; du bist ich; wir sind eins.» Seine Aussage ist ehrlich, rührend und sehr schön ausgedrückt. Und doch könnte nichts deutlicher auf die Wurzel seines Ehekonflikts hindeuten als diese hoch in Ehren gehaltene Idee, die in der Praxis nur ein Ergebnis haben kann, nämlich die Verneinung der persönlichen Identität beider Partner. Im weiteren Verlauf des Gesprächs gestand der Ehemann ein, daß es ihm und seiner Frau in den über zwanzig Jahren ihrer Ehe nicht gelungen sei, dieses Einssein zu erreichen. Aber das hielt ihn nicht davon ab, weiter nach der Erfüllung dieses unmöglichen Traums zu suchen, was ihm nur Enttäuschungen einbrachte und seine Frau fast dazu trieb, ihn zu verlassen.

Im ersten Teil dieses Buches zeigten wir am Beispiel eines jungen Ehepaares, wie das unrealistische Ideal des «Einswerdens» die beiden Partner schon in den ersten Tagen ihrer Ehe in die einengenden Klauseln des traditionellen Vertrages trieb, in ein Verhaltensmuster von übertriebener Selbstverleugnung und gegenseitigen Mißverständnissen, das die ganze Dauer ihrer Ehe anhalten wird. Nur wenigen Paaren, die danach streben, «eins zu werden», gelingt das auch; sie erreichen damit lediglich, daß einer dem anderen das Recht auf eine individuelle Identität versagt und daß sich dadurch beide unglücklich fühlen. Natürlich kommt es hin und wieder vor, daß ein Ehepaar dieses «Ideal» tatsächlich erreicht. Wohl jeder von uns hat ein solches Paar schon beobachten können: Da sitzt es in einem Restaurant, ein grauhaariges, verhutzeltes Ehepaar, das in seinem von der Umwelt isolierten Gefängnis des Zusammenseins schon seit so vielen Jahren «zusammengewachsen» ist, daß Mann und Frau sich auch äußerlich gleichen. Ihre Gesichter sind leer, ihr Blick ist stumpf, und während der ganzen Mahlzeit wechseln sie höchstens ein paar belanglose Bemerkungen. Sie sind so aufeinander eingespielt, daß ihre Reaktionen rein mechanisch sind – ein nichtssagendes Ritual, das praktisch im leeren Raum abläuft. Das Zusammensein hat ihre Identitäten so miteinander verschmelzen lassen, daß beide ihre Persönlichkeit verloren haben. Jedem der beiden ist es gelungen, aus dem Partner einen Niemand zu machen.

Wir haben immer wieder die Bedeutung der Identität betont. Alle bisher diskutierten Richtlinien befassen sich auf die eine oder andere Art damit. Wir haben auf das Bedürfnis nach Alleinsein hingewiesen, damit man sein eigenes Selbst entdecken und erforschen kann, auf die Notwendigkeit einer offenen Kommunikation, damit man sein eigenes Selbst und das des Partners besser verstehen kann, auf die Wichtigkeit der flexiblen Rollenverteilung, damit man seine Identität von den vorbestimmten Reaktionen der männlichen bzw. weiblichen Rolle trennen kann, und auf die Bedeutung der Außenkontakte, damit man jene Begabungen und Neigungen nutzen kann, die in der Persönlichkeit des Partners keinen Widerhall finden. Wir haben gezeigt, wie eng die Verwirklichung der Gleichberechtigung zwischen den Partnern mit der Frage der Identität verknüpft ist. In diesem Kapitel wollen wir auf einige zusätzliche Aspekte eingehen, die unserer Meinung nach geeignete Hilfsmittel sein können, um sich des eigenen Selbst so bewußt zu werden, wie es für eine offene Ehe notwendig ist.

Besänftigungspolitik: ein Pflaster für die verwundete Identität

Rachel ist eifrig beim Auf- und Umräumen, um Platz für die alte Mutter ihres Mannes zu schaffen, die demnächst bei ihnen einziehen wird. In einem vollgestopften Kellerraum, wo die Koffer und Kisten ihrer Schwiegermutter gestapelt werden sollen, findet Rachel unter einer dicken Staubschicht Andys alte Posaune. Also wirklich, denkt sie, was hat es für einen Sinn, *die* noch weiter aufzubewahren? Andy hat die Posaune bei jedem Umzug mitgeschleppt. Er hat sie seit fünfundzwanzig Jahren nicht mehr angerührt, aber sie ist sein ganz persönliches Eigentum und die einzige greifbare Erinnerung an eine der schönsten und sorglosesten Perioden seines Lebens, als er zwei Jahre lang mit einer Jazzband durch die Lande zog. Rachel entscheidet, daß Andys sentimentale Anhänglichkeit an seine Posaune inzwischen bestimmt vergangen ist, und so wandert die Posaune auf den Haufen Gerümpel, der noch am selben Tag abgeholt werden soll.

Aber irgendwie fühlt Rachel sich schuldbewußt. Obwohl sie den ganzen Tag hart gearbeitet hat, gibt es zu Andys Überraschung und Entzükken ein festliches Abendessen bei Kerzenlicht. Andy kommt in eine romantische Stimmung und spielt seine alten Glenn-Miller-Platten, die Rachel unglückseligerweise wieder an die Posaune erinnern. Sie tanzen ein bißchen, und der Abend endet mit einem ungewöhnlich spontanen Liebesakt. Rachel reagiert mit so viel Temperament und Hingabe wie schon seit Monaten nicht mehr. Erst als Andy am Wochenende in den Keller geht, entdeckt er, daß die Posaune nicht mehr da ist. Es kommt zu einer heftigen Auseinandersetzung, aber keinem von beiden wird klar bewußt, daß Rachels festliches Dinner und ihre sexuelle Reaktionsbereitschaft eine Art von Besänftigung waren, um ihr Schuldgefühl über die weggegebene Posaune zum Schweigen zu bringen.

Als Rachel die Posaune hinauswarf, hat sie nicht nur gegen das in unserer Kultur verankerte Gesetz über die Achtung vor dem Eigentum anderer verstoßen (ein Gesetz, das in der Ehe durch das «Einssein» verwischt wird), sondern sie ist auch in die Intimsphäre ihres Mannes eingebrochen. Mit der Posaune hat sie symbolisch auch seine Erinnerungen, also einen Teil seines inneren Selbst, hinausgeworfen. Diese Attacke gegen die Identität ihres Mannes geschah nur aus Gedankenlosigkeit und nicht aus böser Absicht, aber die Wirkung war genauso verletzend. Angriffe dieser Art kommen in der traditionellen Ehe sehr häufig vor. Auf tausenderlei verschiedene Arten – jede für sich zwar harmlos, in der Gesamtheit jedoch schädlich – greift ein Partner die Identität des anderen an, unterminiert und zerstört sie. Manchmal geschieht das, weil man sich selbst verletzt fühlt, manchmal aus reiner Gedankenlosigkeit oder aus Rache. Und dann, getrieben von Reue oder Schuldgefühlen, versucht man sich gegenseitig zu besänftigen.

Die Besänftigungspolitik kann die verschiedensten Formen und Gründe haben. Sie kann z. B. der Beschwichtigung der eigenen Schuldgefühle dienen, wie es bei Rachel der Fall war. Sie kann als Buße für einen Verstoß gegen irgendeine Klausel des traditionellen Vertrags gedacht sein. In solchen Fällen ist es aber durchaus möglich, daß das «Unrecht» mehr an der betreffenden Klausel liegt als an ihrer Übertretung. Wenn ein Ehemann z. B. eine Freundin aus alten Zeiten zum Mittagessen einlädt und dadurch gegen die «Besitzklausel» des traditionellen Vertrages verstößt, wird er vielleicht am nächsten Sonnabend seine Frau in ein Luxusrestaurant ausführen, um ihren Zorn zu besänftigen und seine eigenen Schuldgefühle zu beschwichtigen. In einer Partnerschaftsehe wäre es nicht der Ehemann, der sich schuldbewußt fühlen müßte, sondern die Ehefrau, weil sie ihm das Recht auf Außenkontakte und auf die Wahrung seiner eigenen Identität versagt hat.

Es gibt noch eine dritte Form der Besänftigungstaktik, die zwar sehr häufig geübt, aber selten als solche erkannt wird. Der Ehemann verspricht seiner Frau z. B. ein neues Auto, wenn sie darauf verzichtet, eine Stellung anzunehmen, oder er verspricht ihr eine schöne Reise, wenn sie ihre aktive Mitarbeit bei einer politischen Partei aufgibt, die ihm nicht paßt. Das bedeutet nicht mehr und nicht weniger als eine Besänftigung im voraus oder, grob gesagt, Bestechung. In der traditionellen Ehe ist die Ehefrau daran gewöhnt, für ihren Identitätsverlust in irgendeiner Form besänftigt bzw. entschädigt zu werden. Es ist fast ein Lebensstil. Viele Ehemänner wünschen sich ihre Frau als ruhenden Pol in einer Welt der ständigen Veränderungen. Der Mann muß im Berufsleben Veränderungen akzeptieren, sie sogar begrüßen und unterstützen, ganz gleich, wie bedrohlich oder schädlich die Auswirkungen für ihn sein mögen, während die Ehefrau die hoffnungslose Aufgabe hat, einem Idealbild zu entsprechen, das im vorigen Jahrhundert Gültigkeit hatte.

Uber dieser Art von Besänftigungspolitik, die eine Bewahrung der Identität und die sich daraus naturgemäß ergebenden Veränderungen verhindern soll, sagte uns ein Psychoanalytiker folgendes: «Ich wünschte, ich könnte Ihnen beweisen, wie viele Ehefrauen mir erzählen, daß ihre Männer ihnen Autos, Pelzmäntel und Reisen versprechen, nur damit sie keine Analyse machen lassen. Sie versuchen, ihre Frauen durch solche Bestechungsversuche davon abzuhalten, sich zu verändern.» Manchmal ist es natürlich auch die Ehefrau, die sich vor einer Veränderung fürchtet und die vorbeugende Besänftigungspolitik anwendet, z. B. damit ihr Mann seine sichere Stellung nicht aufgibt und sich selbständig macht, obwohl das seine Identität fördern würde.

Aber gleichgültig, von welchem Ehepartner und aus welchem Grund eine solche Besänftigungspolitik praktiziert wird, sie ist genau betrachtet ein Auswuchs des irrigen und letzten Endes zerstörerischen Glaubens: «Ich bin du, du bist ich, und wir sind eins.»

Die Frau: Auf Abhängigkeit programmiert

Ebenso wie die Gleichberechtigung stellt auch die Frage der Identität die Frau vor besondere Probleme. Das hat eine junge Frau, die geschieden ist und nach einem neuen Ehemann Ausschau hält, sehr präzise formuliert: «Es gefällt mir nicht», sagte sie, «und ich will es auch nicht, aber es ist nun mal so. Für eine Frau bedeutet die Ehe Erfüllung, für einen Mann nicht. Er hat seinen Beruf und so vieles andere, um ein erfülltes Leben führen zu können. Aber eine Frau fühlt sich nicht komplett, wenn sie nicht Teil einer Verbindung ist. Sie hat es viel mehr nötig, auf alle möglichen Arten nach einem Ausgleich für ihre Unvollständigkeit als Individuum zu suchen.»

Unsere Gesellschaft versucht, die Frau für einen abhängigen Status zu programmieren, sie zu überzeugen, daß die Ehe eine Identität in sich selbst ist. Das heißt, daß sie *durch* die Ehe eine Identität erlangt, die sie dann durch die Verschmelzung mit der Identität des Mannes festigt. Bis vor kurzem haben die Frauen diese Programmierung als naturgegeben und unvermeidlich akzeptiert. Da sie vor der Verheiratung kaum Gelegenheit hatten, eine eigene Identität aufzubauen, fanden sie nichts dabei, ihren eigenen Namen aufzugeben und einen anderen anzunehmen oder auf gewisse Eigentums- und andere juristische Rechte zu verzichten. Aber all das ändert sich jetzt durch den Einfluß des bereits erwähnten ESE-Faktors. Immer mehr Frauen erkennen, daß sie auf Abhängigkeit programmiert worden sind. Manche von ihnen wehren sich heftig gegen eine solche Programmierung und begreifen, daß weder die Ehe noch die Mutterschaft eine Identität an sich liefern. Aber noch immer gibt es Gegenstimmen, wie folgender Auszug aus einem Artikel in einer führenden Frauenzeitschrift schlagend beweist:

«Die Fähigkeit, den Mann zu verstehen, ist viel wichtiger als Schönheit, Intelligenz oder Bildung . . . eine echte Frau wird ihren Ehemann als die wichtigste Person in ihrem Leben betrachten. Sie wird ihn über alle anderen Menschen stellen – auch über sich selbst.» Eine solche Ermahnung läuft auf eine Verleugnung der Identität hinaus und fordert, daß die Frau das Gefühl ihres eigenen Werts und ihrer menschlichen Würde opfert.

Trotz der Aufmerksamkeit, welche die Presse und andere Medien dem Kampf für die Befreiung der Frau widmen, geben die meisten «Briefkastentanten» immer noch die gleichen überholten und bornierten Ratschläge wie in dem oben wiedergegebenen Zitat. Eine Frau, die nach diesem Image der Selbstverleugnung strebt, kann sogar gesundheitliche

Schäden davontragen. Die Statistik zeigt, daß Frauen viel mehr als Männer zu «psychologischen Störungen» wie Nervosität, Kopfschmerzen, Abgeschlagenheit, Schlaflosigkeit und so weiter neigen. Es steht außer Frage, daß die Unterdrückung der Persönlichkeit und das Gefühl des Unerfülltseins in hohem Maße zu all diesen Beschwerden beitragen. Natürlich wird von vielen Seiten behauptet, die Depressionen und «Störungen» hätten ihren Ursprung in der «Natur der Frau», womit Menstruation, Hormonproduktion und Menopause gemeint sind. Aber dagegen spricht, daß in Gesellschaften, wo sich die Frauen nicht nur auf das Haus und die Pflichten der Mutterschaft beschränken müssen, die gleiche weibliche «Natur» nur selten solche Probleme verursacht.

Daraus geht hervor, daß für die Natur der Frau der gleiche oberste Grundsatz gilt wie für die Natur des Mannes: Um ein emotional gesunder und produktiver Mensch sein zu können, muß man Identität haben; sie allein ist die Grundlage für die Weiterentwicklung der Persönlichkeit.

Identität ist ein kontinuierlicher Prozeß

Sie wissen jetzt eine ganze Menge darüber, was Identität *nicht* ist. Identität heißt nicht nur Ehefrau oder Mutter sein: das kann zwar ein Teil des Gesamtbildes der Identität einer Frau sein, muß es aber nicht. Ebensowenig verleiht die Rolle des Brotverdieners dem Mann Identität. Natürlich gibt es Männer, die ihre Identität mit ihrem Beruf gleichsetzen, aber das geht fast immer auf Kosten aller anderen Interessen und ist eine Form der Selbstzerstörung. Identität ist kein fest umrissener Einzelbegriff – sie ist ein kontinuierlicher Prozeß.

Identität haben heißt, eine eigene Persönlichkeit sein und das auch ausdrücken können. Es bedeutet, daß man sich selbst kennt, daß man fähig ist, all die verschiedenen Bilder, die man im Laufe der Jahre von sich selbst gewonnen hat, in ein integriertes Ganzes einzufügen, das noch Raum für zukünftige Bilder läßt.

Unser Streben nach Identität umfaßt *Sein* und *Werden*, denn wir verändern uns unablässig. Ein Mensch, der sich niemals verändert, hat nicht etwa seine endgültige Identität gefunden, vielmehr fürchtet er sich, nach ihr zu suchen, und klammert sich wie eine Klette an seine statische Rolle.

Identität haben bedeutet, daß man genau weiß, wer man ist, und sich so mag, wie man ist. Es bedeutet, daß man Integrität hat, an sich selbst glaubt und die Verantwortung für das eigene Tun und Handeln trägt; daß man seine eigene Meinung hat und auch die Meinung anderer gelten läßt, daß man auf seine eigenen Fähigkeiten vertraut und die Fähigkeiten anderer respektiert. Die Fähigkeit, für sich selbst wählen zu können und als Einzelwesen zu funktionieren, ist Ausdruck der persönlichen Unabhängigkeit. Gerade dieser wesentliche Aspekt der Identität ist es, der in der traditionellen Ehe so oft fehlt, wo statt dessen die gegenseitige Abhängigkeit die Hauptrolle spielt.

Die persönliche Unabhängigkeit

Partner in einer traditionellen Ehe, deren Ziel das «Einssein» ist, stützen sich im Laufe der Zeit immer mehr aufeinander – vereint stehen sie, getrennt fallen sie. Sie stellen sich auf die Erfüllung ihrer Bedürfnisse durch den anderen in solchem Maße ein, daß sie nicht mehr als unabhängiges Einzelwesen handeln können. Man denke nur an die Ehefrau, die keine Konservendose selbst öffnen, an den Ehemann, der sich seine Krawatten nicht selbst aussuchen kann oder völlig hilflos ist, wenn seine Frau einmal krank wird.

In einer solchen Beziehung neigt jeder Partner dazu, einen Teil von sich selbst auf den anderen zu projizieren. Der Partner wird praktisch zu einer Erweiterung des eigenen Selbst. Man sieht seine Fehler als die eigenen Fehler. Wenn er etwas tut, was man selbst nicht tun würde, schämt man sich für ihn. Jede Kritik, die an ihm geübt wird, faßt man als Kritik an sich selbst auf. Manchmal verteidigt man den Partner wie sich selbst, um gleich darauf eine Kehrtwendung zu machen und ihn heftig zu kritisieren, weil man sich durch sein Verhalten bloßgestellt und beschämt fühlt. Hier zeigt sich ein bedenklicher Mangel an Unabhängigkeit. Da es einem an eigener Identität fehlt, ist man nicht fähig, den Partner als selbständigen Menschen zu sehen. Und dadurch macht man es ihm gleichzeitig schwerer, selbständig zu *sein* und seine eigene Identität zu festigen. Das eigene Ich ist mit dem seinen so verwoben, daß eine Abgrenzung der beiden Persönlichkeiten unmöglich geworden ist.

In der traditionellen Ehe ist jeder Partner tatsächlich aktiv bemüht, auf die verschiedenste Art und Weise die Unabhängigkeit des anderen zu beschneiden. Weil sie zu viel zusammen und zu abhängig voneinander sind, versagt einer dem anderen die persönliche Entscheidungsfreiheit, wodurch die normalerweise zur Wahl stehenden Möglichkeiten drastisch reduziert werden. Die traditionelle Ehe schreibt vor, daß kein Partner selbständig Entscheidungen fällen darf, die ihn persönlich betreffen – nur die vom anderen gutgeheißene Unabhängigkeit ist erlaubt. Wenn Hans das Kleid gefällt, das Susanne gekauft hat, darf sie es behalten. Wenn Susanne mit den Kegelbrüdern von Hans einverstanden ist, darf er sich mit ihnen treffen. Geht es um finanzielle Belange, ist das Reglement natürlich etwas gelockerter. Susanne läßt Hans widerspruchslos übers Wochenende zu einer Tagung fahren, wenn dadurch seine Aussichten auf Beförderung steigen. Aber sie schmollt, wenn er mit ein paar Freunden zum Angeln fahren will. Hans wiederum fühlt sich verlassen, wenn Susanne an einem Abend in der Woche zu ihrem eigenen Vergnügen Tanzunterricht nimmt, aber er gibt freudig seine Zustimmung, wenn sie stundenlang auf der Schreibmaschine hämmert, um einen Zuschuß zum Haushaltsgeld zu verdienen oder für ihn einen Bericht zu schreiben. Mit anderen Worten: Eine von der Zustimmung des Ehepartners abhängige «Autonomie» ist keine. Es gibt allerdings Paare, die dieses Spiel mit so viel Geschick betreiben, daß jeder den Partner glauben macht, er habe viel mehr Freiheit, als es tatsächlich der Fall ist.

In der traditionellen Ehe wird keinem der Ehegatten klar, daß er durch die Beschneidung der Unabhängigkeit des Partners und die damit verbundene Schwächung der Identität auch die Fähigkeit zu lieben beeinträchtigt. Denn ohne die Selbstachtung, die zur Identität gehört, ist es viel schwieriger, mit anderen Menschen Liebe und Intimität zu teilen. Wie Erik Erikson in seinen Untersuchungen über die Bildung der Identität bemerkt, ist ein Mensch erst dann, wenn er Identität besitzt, «für die Intimität bereit, das heißt, fähig, enge Bindungen und Partnerschaften einzugehen . . .» Die traditionelle Ehe mit ihren vielen Klauseln, welche die Handlungsfreiheit beider Partner einschränken, hat also eher die Tendenz, gerade die Intimität zu verhindern, die eigentlich ihr Hauptanliegen ist.

Die Gegenwart des Selbst

Das Bewußtsein der eigenen Identität, gleichgültig ob man es bereits vor der Heirat hatte oder in einer offenen Ehe erlangt, bedeutet, daß man das Leben bejaht; es kennzeichnet einen Menschen, der von den neurotischen Vorstellungen, die eine persönliche Entwicklung hemmen, relativ frei ist. Niemand hat den Nutzen, der aus einer positiven Identität fließt, besser beschrieben als Dr. Abraham Maslow, dessen Lebenswerk das Studium jener Menschen ist, die er «Selbstverwirklicher» nennt. Selbstverwirklicher sind schöpferische, unabhängige und realistische Menschen mit einem vitalen Interesse am Leben und der Entwicklung der Persönlichkeit, Menschen, die ihre Begabungen, ihr Leistungsvermögen und ihre Möglichkeiten voll ausschöpfen und sich die Fähigkeit bewahren, «frisch und naiv das Schöne im Leben mit Ehrfurcht, Vergnügen, Erstaunen und sogar Entzücken zu genießen . . .» Vor allem aber sind diese Menschen in ihren intimen Beziehungen zu einer Liebe ohne Besitzansprüche fähig.

Eine Person, die sich selbst verwirklicht, sagt Maslow, «bejaht in ihren Liebesbeziehungen die Individualität des Partners, ist an dessen Entwicklung lebhaft interessiert und achtet . . . seine Persönlichkeit . . . Die Achtung vor einem anderen Menschen weist sie als unabhängiges Wesen und als selbständiges und autonomes Individuum aus. Ein Selbstverwirklicher wird niemals einen anderen Menschen gedankenlos behandeln, ihn beherrschen oder seine Wünsche ignorieren. Er wird dem Menschen, den er achtet, eine grundsätzliche und unverletzbare Würde zugestehen . . .» Unserer Meinung nach ist das eine ganz ausgezeichnete Beschreibung dessen, was die Beziehung zwischen Mann und Frau in der Partnerschaftsehe sein sollte.

In der offenen Ehe können Mann und Frau auf eine derartige Beziehung hinarbeiten und ihre eigene Fähigkeit zur Selbstverwirklichung entdecken, indem sie einen Begriff nutzen, den wir die *Gegenwart des Selbst* nennen. Dieser Begriff kann als eine Erweiterung unserer ersten Richtlinien gelten: Im Jetzt leben. Identität kann man in keiner Zukunft finden; wohl greift sie in die Vergangenheit zurück, weil sie von der Summe der gemachten Erfahrungen geformt wird, aber sie muß in der Gegenwart *gefühlt* werden. Die Erforschung des Selbst, die wir im Kapitel über das Eigenleben besprochen haben, ist ein weiterer wichtiger Aspekt der Gegenwart des Selbst. Ohne genügend Zeit zur Selbstentdekkung kann man nie seine volle Identität erlangen. Aber es handelt sich dabei nicht nur um ein Nach-innen-Schauen. Man muß sein Selbst auch inmitten der Aktivität des Alltags suchen. Die neue Bewußtheit der Umwelt, die Freude, die man bei ganz gewöhnlichen Routinearbeiten empfindet, können dabei eine gute Unterstützung sein. Die breitere Perspektive und die neuen Erfahrungen, die sich aus der flexiblen Rollenverteilung ergeben, sind eine unschätzbare Hilfe, um sich von gewohnheitsmäßigen, rein reflektorischen Reaktionen auf die Umwelt freizumachen und die Gegenwart unmittelbarer und intensiver zu empfinden.

Auf einer komplizierteren Reaktionsebene muß man die Gegenwart seines Selbst in den Beziehungen zu anderen Menschen zu finden versuchen. Es dürfte klar sein, daß Außenkontakte dieses Bestreben fördern, denn sie geben einem die Möglichkeit, auch die Kontaktpunkte zu verwerten, für die der Partner keine passende Gegenreaktion bieten kann. Und in dem Maße, wie man sich der Welt gegenüber immer mehr öffnet und sich selbst immer besser kennenlernt, wird man entdecken, daß es immer leichter wird, die Gegenwart des eigenen Selbst in der Intimität der Beziehung zum Partner zu empfinden – und daß der Partner die gleiche Erfahrung macht.

So paradox es auch klingen mag – je mehr man sich seiner selbst bewußt wird und je mehr auch der Partner dieses Gefühl verspürt, desto reicher und inniger wird die Beziehung zueinander und desto mehr kann einer dem anderen geben. Wie wir schon früher sagten, heiraten die meisten von uns ja deshalb, weil sie das Selbst ihres Partners lieben. Doch im traditionellen Ehevertrag verlangt eine Klausel nach der anderen die Unterdrückung dieses Selbst und engt die Möglichkeiten für die persönliche Entwicklung ein, so daß im Laufe der Jahre jeder Partner immer weniger von dem Selbst, das ursprünglich geliebt wurde, verschenken kann. Wenn beide Partner der Welt gegenüber offen sind und ihren eigenen individuell angepaßten Ehevertrag ausarbeiten, entwickelt jeder von ihnen ein stärkeres Persönlichkeitsbewußtsein, und das befähigt ihn, mehr von sich selbst zu geben. «In dem Maße, wie ein Mensch immer mehr zu einem in sich geschlossenen Selbst findet», schreibt Maslow, «steigt seine Fähigkeit, sich mit der Welt zu verschmelzen . . .»

Die Partnerschaftsehe öffnet den Weg zu einer stärkeren Selbstverwirklichung, und diese wiederum ermöglicht es jedem der Partner, sich dem anderen immer mehr zu öffnen. Zwei Menschen, die auf das Leben und aufeinander so reagieren können, werden stets eine viel reichere gegenseitige Beziehung haben als solche, die sich nach Kräften bemühen, sich selbst und den Partner auf eine so kleine Größe zurechtzuschnitzen, daß sie beide zusammen in jenen engen Raum passen, den der am Anfang dieses Kapitels zitierte Ehemann mit den Worten umriß: «Ich bin du, du bist ich, und wir sind eins.» Das schier unmögliche Bemühen, «eins zu werden», kann nur Enttäuschungen und Bitterkeit bringen, und sollte es doch gelingen, so würde es nur eine graue und freudlose Anonymität beider Partner bewirken. Das wäre nichts anderes als eine Art Tod; wenn man leben will, muß man als erstes nach der Gegenwart seines Selbst suchen.

Die Wiederherstellung der Identität

Die traditionelle Ehe erstickt die Identität; wenn man aber einige Jahre in einer solchen Ehe gelebt hat und gerade anfängt, sich auf eine offene Ehe zuzubewegen, auf welche Art kann man dann seine Identität wiederherstellen? Die bereits besprochenen Richtlinien führen alle auf dieses Ziel hin. Persönliches Eigenleben und Leben im Jetzt sind Vorbedingungen, um sich der Gegenwart des Selbst bewußt werden zu können. Die flexible Rollenverteilung und der Rollentausch steigern das Einfühlungsvermögen und helfen, den Einfluß der traditionellen Rollenbilder abzuschütteln, die die Skala der Erlebnisfähigkeit und der Emotionen einengten. Die Kommunikation ist Band und Brücke zwischen den Partnern und fördert mit Hilfe der Selbstenthüllung die Entwicklung der Selbsterkenntnis; ein aufrichtiger Feedback verhindert Mißverständnisse und läßt das Gefühl der Gleichberechtigung entstehen, auf dem sich die gegenseitige Achtung aufbaut, die für die Entwicklung der Selbstachtung in der Ehe unerläßlich ist. All dies führt zu größerer Freiheit für beide Partner und auch dazu, daß jeder den anderen als unabhängige Persönlichkeit betrachtet.

Jede dieser Richtlinien kann Ihnen dabei helfen, volleres Bewußtsein des eigenen Selbst und neues Format zu erlangen. Wir möchten hier noch ein paar weitere spezifische Vorschläge hinzufügen, die den Weg zur eigenen Identität erleichtern können.

1. *Lassen Sie Ihren Partner, wie er ist.* Die Ehe gibt niemandem das Recht, den Partner umzumodeln. Jeder Mensch hat Gewohnheiten, die anderen auf die Nerven gehen. Aber wenn es so weit kommt, daß Meinungsverschiedenheiten über das korrekte Ausdrücken von Zahnpasta zur Scheidung führen, dann steckt keine simple Gewohnheit dahinter, sondern etwas viel Schwerwiegenderes. Wenn man sich tatsächlich bewogen fühlt, den Partner zu ändern, dann soll man damit beginnen herauszufinden, weshalb einen irgendeine Gewohnheit des Partners so furchtbar stört. Das wahre Problem liegt vielleicht bei einem selbst. Die besten Veränderungen sind immer diejenigen, die aus dem eigenen Innern erwachsen. Jede Veränderung muß von dem Betreffenden als notwendig und nützlich für *ihn selbst* empfunden werden, als etwas, das ihm zum Vorteil gereicht. Die Gewohnheiten, Abwehrmechanismen und Abneigungen des Partners sind vielleicht ein Ausdruck seiner Individualität; ehe nicht beide Partner ihre Identität als selbständige Wesen erlangt haben, sollte also keiner versuchen, sein Ich auf den anderen zu projizieren.

2. Schauen Sie nicht zu Leuten auf, die Sie herabsetzen. Eine junge Frau erzählte uns von ihren wöchentlichen Besuchen bei ihrer Mutter, einer höchst kritikfreudigen Dame. «Mir geht es großartig, beruflich komme ich gut voran, mein Selbstbewußtsein wird immer stärker, und dann besuche ich meine Mutter und sage: ‹Sieh mal, Mutti, wie gut ich vorankomme, alles klappt wunderbar›, und sie sagt: ‹Aber Kind, schau doch nur, wie zerknautscht dein Kleid ist!›» Von solchen Menschen, die keine Gelegenheit vorbeigehen lassen, einen herabzusetzen, sollte man sich fernhalten. Wenn es sich dabei jedoch um den eigenen Ehepartner handelt, dürfte das kompliziert sein. Eine Scheidung ist immer ein möglicher Ausweg und manchmal sogar der einzig richtige. Wenn man zwischen seiner Ehe und seiner Identität wählen muß, dann hat unserer Meinung nach die Identität den Vorrang. Aber so weit muß es nicht unbedingt kommen.

Ein Mann hatte in zehnjähriger Ehe die Selbstachtung seiner Frau fast völlig zerstört. Immer wieder sagte er ihr, ihre Augen stünden zu eng zusammen, ihr Gesicht sei zu lang, ihre Oberschenkel zu plump – alles körperliche Merkmale, an denen sie nichts ändern konnte. Auf subtilere Art und Weise kritisierte er ihre Kleidung und ihre Freunde und versperrte ihr die Möglichkeit, als Schauspielerin Karriere zu machen. Schließlich verließ sie ihn, aber dann entschloß sie sich, alles genau zu überdenken.

Sicher, seine Kritik war mörderisch, aber andererseits hatte sie ihm jahrelang gestattet, sie derart herabzusetzen. Weil sie sich genug aus ihm, aus sich selbst und aus ihrer Ehe machte, kehrte sie zu ihm zurück und begann zu kämpfen. Sie behauptete sich und lernte allmählich, ihre Selbstachtung aufzubauen. Und weil auch ihm viel an seiner Frau lag, begann er darüber nachzudenken, warum er sie ständig herabsetzte. Ihre Ehe ist heute zwar noch nicht ein voller Erfolg, aber jeder Partner ist bemüht, mehr über sich selbst und die Struktur einer guten zwischenmenschlichen Beziehung zu lernen. Wenn Ihr Partner Sie herabsetzt, dann nehmen Sie es nicht einfach hin, sondern versuchen Sie ihn dazu zu bringen, daß er darüber nachdenkt, warum er sich so verhält.

3. Suchen Sie Ihr neues Selbst. Das bezieht sich sowohl auf die Flexibilität der Rollen als auch auf die Gegenwart des Selbst. Wir übernehmen so viele unserer Gewohnheiten, Vorlieben und Abneigungen von anderen. Eine Frau trägt z. B. ein bestimmtes Make-up, weil ihre beste Freundin auf der Schule (die überaus beliebt war) sich so herrichtete. Ein Mann kauft vielleicht nur eine bestimmte Art von Krawatten, weil sein Vater diese bevorzugte. Suchen Sie also nach Ihrem Ich, das unter der akzeptierten Rolle und den übernommenen Gewohnheiten begraben liegt. Folgen Sie dem Impuls, den Sie für gewöhnlich unterdrücken. Schon so unbedeutende Kleinigkeiten wie der Kauf einer gewagten Krawatte oder eine völlig neue Frisur können der Anfang für tiefgreifendere Veränderungen sein und Ihnen helfen, daß Sie mit wachsendem Selbstvertrauen Ihren eigenen Stil entwickeln.

4. Finden Sie ein Leitmotiv. Ein Leitmotiv ist der rote Faden in unserem Leben; es bestimmt die Einordnung unserer Erfahrungen und gibt uns den Glauben an ein höheres Ideal. Alle Kulturen haben Leitmotive. Sie werden zwar nicht immer getreulich befolgt, geben jedoch Aufschluß über das Verhalten, das man in der betreffenden Kultur von einem anderen Menschen erwartet. Was ist Ihr eigenes Leitmotiv, das Sie in schweren Zeiten aufrechterhalten hat und Ihrem Wesen am besten entspricht? Wenn Sie ein positives Leitmotiv finden (ein negatives bringt nur Rückschritt mit sich), dann achten Sie auf Erlebnisse, die es verstärken können. Auf diese Weise können Sie sich selbst helfen herauszufinden, wie Sie auf die Umwelt reagieren müssen, um sich als selbständige Persönlichkeit zu erweisen.

5. *Setzen Sie sich ein sinnvolles Ziel.* Das Ziel selbst kann jede erdenkliche Form haben – ein echtes Anliegen, ein Studium, Ihre derzeitige Arbeit, eine neue Stellung, ein neues Interesse, aber es sollte sich stets um etwas handeln, das Sie *selbst* betrifft und nicht unbedingt auch Ihren Partner, Ihre Kinder oder Ihre Ehe. Auf jeden Fall sollte es ein übergeordnetes Ziel sein – etwas, das Ihre Energie und Ihre schöpferische Kraft anspornt, das Ihnen die Selbstentdeckung ermöglicht und gleichzeitig zum Wohl der Allgemeinheit beiträgt. In dem Maße, wie Sie ein Ziel nach dem anderen erreichen, sollten Sie fähig sein, Rückschau zu halten und zu erkennen, in welcher Beziehung die bisher verwirklichten Ziele zu Ihrem Leitmotiv stehen.

6. *Schaffen Sie sich Ihre eigenen Symbole.* Ein Identitätssymbol ist für einen Menschen immer dann am wichtigsten, wenn er sich am unsichersten fühlt. Je stärker seine Identität wird, desto weniger Bedeutung werden die äußerlichen Symbole, die das Vorhandensein dieser Identität bezeugen sollen, für ihn haben. Aber am Anfang können sie sehr wichtig sein. Für eine Ehefrau, die nur Hausfrau und Mutter ist, kann z. B. ein freier Tag in der Woche das Symbol für ihre Neugeburt als selbständige Persönlichkeit und ein Hilfsmittel sein, um sich selbst entdecken zu können.

Die üblichen Symbole der Identität, wie das Postgeheimnis, Telefonanrufe, private Besitztümer oder auch nur ein Winkel im Haus, den man für sich selbst reserviert, sollten von beiden Partnern respektiert werden. In unserer Gesellschaft ist das Privateigentum ein hochgeachtetes Symbol – ausgenommen in der Ehe, wo alles gern in einen Topf geworfen wird. In den meisten anderen bekannten Gesellschaften halten Mann und Frau auf eine klare Trennung ihres persönlichen Eigentums. Wenn es Ihr Identitätsbewußtsein fördert, dann sondern Sie gewisse Dinge aus und deklarieren Sie sie als Ihr Eigentum; sobald Sie Ihre volle Identität erlangt haben, werden solche Symbole an Bedeutung verlieren.

7. *Schaffen Sie sich ein individuelles Heim.* Wird die Identität der Frau zerstört, indem sie bei der Verheiratung ihren Mädchennamen und ihren Beruf aufgibt, so verschwindet die des Mannes vollständig, wenn es um die Einrichtung des Hauses oder der Wohnung geht. Gemäß dem traditionellen Ehevertrag gehört das zu den Aufgaben der Frau. Der Mann darf zwar dafür bezahlen und bei der Auswahl technischer Dinge helfen,

über die er angeblich besser Bescheid weiß, aber das ist oft die Grenze seiner aktiven Beteiligung. Manche Paare begehen den Fehler, sich nach Fotos von Versandhauskatalogen einzurichten, so daß ihr Heim weder die Identität des Mannes noch die der Frau widerspiegelt. Beide Partner sollten sich ihr Heim gemeinsam einrichten, und wenn's ein bißchen verrückt wird, wen geht das schon etwas an?

Zumindest wird jeder Besucher wissen, daß hier zwei individuell verschiedene *Menschen* wohnen und nicht nur zwei Roboter ihrer Rollen.

8. Versuchen Sie, getrennt Ferien zu machen. Ein gutes Mittel, um aus dem «Zusammensein für immer und ewig» herauszukommen, sind getrennte Ferien. Nichts kann so klar enthüllen, wie fest Sie aneinander gebunden sind. Viele Paare machen zwar getrennte Ferien, um Verwandte zu besuchen (das Programm für die Ehefrau) oder um zu einem Kongreß zu fahren (das Programm für den Ehemann), aber nur selten planen sie eine Reise, die nur ihrem persönlichen Vergnügen und Interesse dienen soll, und noch seltener eine, die ihnen die Möglichkeit zum Alleinsein bietet. Wir wollen damit keineswegs vorschlagen, daß Sie den sehr wichtigen gemeinsamen Urlaub mit Ehepartner und Kindern abschaffen, sondern wir empfehlen nur, daß Sie gelegentlich allein verreisen. Und wenn diese Idee Sie entsetzt, so hoffen wir, daß Sie zumindest herauszufinden versuchen, warum sie Ihr Mißfallen erregt. Wenn sie in Ihnen Angst oder Eifersucht erweckt, könnte das ein Zeichen für Mangel an Identität und Vertrauen sein. Warum fühlen Sie sich so unsicher, daß Sie Ihren Partner nicht allein verreisen lassen wollen? Warum fehlt es Ihnen an Enthusiasmus und Initiative, selbst allein wegzufahren? Sie könnten sich für den Anfang mit einem Tag begnügen. Das nächste Mal nehmen Sie sich zwei Tage und dann allmählich immer mehr, je nach den Gegebenheiten. Wenn Sie selbstsicherer geworden sind und Ihr Partner erkennt, wie gut Ihnen das tut, können Sie auch an eine längere Reise denken.

Vielleicht haben einige unserer Leser den Eindruck gewonnen, daß die Betonung, die wir in diesem Kapitel auf das Individuum und auf die Selbstentwicklung gelegt haben, eine Befürwortung der Selbstsucht ist. Nichts könnte verkehrter sein. Selbstsucht – Vorenthaltung von Liebe, Sympathie, Interesse und Hilfe – entspringt meistens der Furcht, daß man, wenn man zuviel gibt, nicht genug für sich selbst behält. Ein gesundes Identitätsbewußtsein bekämpft solche Befürchtungen und erleichtert das Geben. Identität und die Fähigkeit zu geben sind eng miteinander verknüpft. Die Entwicklung einer starken Identität macht großzügiger und nicht selbstsüchtiger.

14. Richtlinie Nr. 8: Vertrauen

Grade des Vertrauens

Wir wollen den Grad des Vertrauens prüfen, der in den drei hier beschriebenen Ehen vorhanden ist:

1. Martha und Roger sind seit zwanzig Jahren verheiratet. Den Grad des Vertrauens, das zwischen ihnen besteht, pflegt Martha so zu beschreiben: «Ich traue Roger nicht weiter, als ich ihn sehen kann.» Das verkündet sie jedem, der es hören will.

2. Dorothee ist seit zwölf Jahren mit Theo verheiratet und hat eine großzügigere Einstellung. «Eifersucht auf die Frauen, mit denen ein Mann arbeitet? Das ist doch albern. Mein Mann kommt beruflich mit vielen Frauen zusammen. Was sollte ich dagegen haben? Schließlich bin ich kein Computer-Experte – alles, was ich über Theos Arbeit weiß, ist das, was er mir davon erzählt. Wir vertrauen einander, was tut es da schon, wenn er mit einer Kollegin zusammen Mittag ißt und mit ihr fachsimpelt? Ich kann an diesem Teil seines Lebens nicht teilhaben, warum sollte ich es ihm da verwehren, ihn mit einem Arbeitskollegen zu teilen, selbst wenn der eine Frau ist?»

«Und wenn er mit einer von ihnen ins Bett geht?»

«Das wäre das Ende unserer Ehe», erwiderte Dorothee heftig und ohne eine Sekunde zu zögern.

«Selbst wenn es nur ein einziges Mal wäre?»

«Auch dann. Und wissen Sie, warum? Weil so etwas nie passieren würde, wenn in unserer Beziehung nicht irgend etwas faul wäre. Wenn man sich außerhalb der Ehe nach einem Partner umsehen muß, heißt das, daß zu Hause nicht alles in Ordnung ist. Ich weiß, daß Theo darüber genauso denkt wie ich.»

«Aber wenn er ein bißchen beschwipst wäre und bloß so hineinrutschen würde – vielleicht während eines Kongresses?»

Dorothee schüttelte den Kopf. «Das wäre keine Entschuldigung. Wenn es wirklich passieren würde, dann wäre das ein Zeichen dafür, daß es zwischen uns nicht mehr stimmt. Er würde es niemals tun, solange unsere Beziehung so ist, wie sie sein sollte. Wenn ich ihm nicht mehr genüge – dann weg mit Schaden.»

3. Robert und Gerda, seit vier Jahren verheiratet, wurden gefragt, wie sie in ihrer Ehe zu gegenseitigem Vertrauen fanden.

Gerda: «Zeit, das ist alles – und Arbeit. Wie alles im Leben erfordert auch das Zeit und Arbeit.»

Robert: «Das ist eine knifflige Frage. Vertrauen ist schwer zu erringen und schwierig zu begreifen. Wenn man es andersherum betrachtet – Mangel an Vertrauen ist ein Zeichen von Angst, und zwar meistens Angst vor sich selbst. Vor Jahren, auf einer Party, glaubte ich einmal, daß

Gerda einem anderen Mann schöne Augen machte. Natürlich tat sie es gar nicht, aber ich legte es so aus. Ich war damals in einer schwierigen Lage; ich konnte mich nicht entscheiden, ob ich an der Abenduniversität weiterstudieren sollte oder nicht, außerdem wechselte ich gerade die Stellung und fühlte mich sehr unsicher – es hatte also mehr mit mir selbst und meinen eigenen Gefühlen zu tun als mit Gerdas Verhalten. Ich glaube, all diese Ängste wie Eifersucht und so weiter sind Gefühle, die man selbst erzeugt und in sich trägt. Mit dem Vertrauen ist es genauso. Es ist ein Gefühl, das man in sich reifen lassen muß.»

Gerda: «Vertrauen bedeutet, daß man zuversichtlich an den Partner glaubt. Ich glaube an Robert, und er glaubt an mich. Sicher, das braucht seine Zeit, aber wir lieben uns genug, um offen zueinander sein zu können. Ohne diese Offenheit wäre es nicht möglich.»

Robert: «Vertrauen ist Freiheit – die Abwesenheit von Angst. Richtig betrachtet ist Vertrauen wirklich ein Glaube. Wir glauben daran, daß das, was wir zusammen haben, viel mehr ist, als eine kurzfristige Beziehung jemals sein könnte. Deshalb fürchtet keiner von uns die Beziehungen, die der andere zur Umwelt hat.»

Von den drei beschriebenen Zweierbeziehungen ist die letzte eindeutig am weitesten entwickelt, was das Vertrauen anbelangt. Die erste Ehefrau, Martha, hatte überhaupt kein Vertrauen. Ein so starkes *Mißtrauen* könnte natürlich aus dem einfachen Grund entstanden sein, daß der Ehemann nicht vertrauenswürdig ist. Aber in vielen Fällen, besonders wenn es so deutlich ausgesprochen wird, spiegelt diese Art von Mißtrauen lediglich eine tiefe innere Unsicherheit wider. Martha ist einfach von Natur aus argwöhnisch, und sie würde niemals ihrem Mann oder irgendeinem anderen Menschen vertrauen, gleichgültig, wie er sich verhält.

Das zweite Paar, Dorothee und Theo, besitzt zwar ein gewisses Maß an Vertrauen zueinander, aber nur auf bestimmten Gebieten. Wir wollen es ein *statisches Vertrauen* nennen.

Dorothees Glaube, daß sie Theo alles sein kann, ist unrealistisch und enthüllt gleichzeitig ihre eigene Unsicherheit. Die Grenzen ihres Vertrauens sind von den Erwartungen des traditionellen Ehevertrages bestimmt: Sie ist bereit, Theo mit seinen Berufskolleginnen zum Mittagessen gehen zu lassen, weil er sie überzeugen konnte, daß er niemals und unter gar keinen Umständen an einer anderen Frau sexuell interessiert wäre. Da Dorothee und Theo sich gemeinsam auf dieses kunstvoll ausbalancierte Vertrauen geeinigt haben, funktioniert es auch. Aber Dorothees heftige Reaktion auf die Möglichkeit einer Untreue ihres Mannes zeigt deutlich, daß das Gleichgewicht schon durch den *Anschein* der Untreue zerstört werden könnte. Theo ist daher gezwungen vorzugeben, daß er niemals auch nur für eine Sekunde für eine andere Frau sexuelles Interesse hat oder sich zu ihr hingezogen fühlt. Ihr Vertrauen basiert also viel mehr auf einer Fiktion als auf der Wahrheit und bietet keinen Spielraum für eine verständnisvolle Einstellung zur menschlichen Natur. Unrealistische Forderungen dulden keine Weiterentwicklung der Persönlichkeit.

Dorothee und Theo sind durch ihr eng begrenztes statisches Vertrauen auf einem toten Punkt angelangt.

Robert und Gerda hingegen arbeiten auf etwas hin, das wir *offenes Vertrauen* nennen wollen. Der wesentliche Unterschied zwischen offenem und statischem Vertrauen besteht in der Aufrichtigkeit. Theo darf nicht einmal ein flüchtiges sexuelles Interesse an einer anderen Frau offen zugeben, weil er befürchten muß, dadurch das Vertrauen, das zwischen ihm und Dorothee herrscht, zu gefährden. Aber Robert kann ohne weiteres sagen: «Ich finde Uschi sehr sexy», ohne das Vertrauensverhältnis zwischen sich und Gerda zu verletzen. Im Gegenteil, dieses aufrichtige Eingeständnis wird das Vertrauen zwischen ihnen weiter stärken.

Vertrauen ist das wichtigste Gefühl, das zwei Partner miteinander teilen können. Es ist absolut erforderlich für eine dynamische und wachsende Zweierbeziehung. Und doch wird in den modernen Ehehandbüchern nur selten darüber gesprochen. Vielleicht ist diese Tatsache auf die Vielschichtigkeit des Themas zurückzuführen, wahrscheinlicher ist jedoch die Erklärung, daß es übergangen wird, weil das Klima in der traditionellen Ehe der Entwicklung des Vertrauens unzuträglich ist – und die meisten der nach dem Kriege erschienenen Ehehandbücher befaßten sich nur damit, wie traditionelle Ehen gekittet werden können, und boten keinerlei brauchbare Alternativen an. Im Zusammenhang mit der Partnerschaftsehe ist es nicht nur möglich, über die Frage des Vertrauens zu sprechen, man *muß* sogar darüber sprechen. Das Vertrauen ist das Kernstück der offenen Gemeinschaft.

Natürlich braucht es Zeit, bis sich auch zwischen den verliebtesten Partnern ein offenes Vertrauensverhältnis entwickelt, wie Robert und Gerda übereinstimmend sagten. Wir lernen durch schmerzliche Erfahrungen, daß man Vertrauen nicht wahllos verschenken kann, daß es Menschen gibt, die weder liebevoll noch aufrichtig sind, die durch raffinierte Machenschaften, Aggressivität und Unehrlichkeit andere übervorteilen. Im allgemeinen – und bedauerlicherweise – muß ein Mensch uns erst Beweise für seine Vertrauenswürdigkeit liefern.

Das heißt also, daß wir, wenn wir in unseren intimen Beziehungen vertrauensvoll sind, in gewisser Weise gegen unsere eigene und gerechtfertigte Vorsicht ankämpfen. Nur weiß man in diesem Fall genau, mit wem man es zu tun hat. Menschen, die so voller Mißtrauen sind wie Rogers Frau Martha, muß Aufrichtigkeit tatsächlich wie ein aggressiver Akt vorkommen. In der Ehe wie im Leben müssen manche Ehegatten auf Grund von neurotischen Vorstellungen, Abhängigkeitsgefühlen und anderen psychologischen Problemen des einen oder beider Partner Vorsicht gegeneinander üben. In solchen Fällen wären uneingeschränkte Aufrichtigkeit und Offenheit unklug oder sogar schädlich. Ehepaare, auf welche dies zutrifft, sollten unsere Empfehlungen für den Aufbau eines offenen Vertrauensverhältnisses sehr vorsichtig angehen, obwohl wir überzeugt sind, daß unsere Richtlinien sogar diesen Leuten helfen können, eine Beziehung zu entwickeln, in der ein gewisses Maß an Vertrauen entstehen kann. Eine wahrhaft offene Ehe kann nicht innerhalb kurzer Zeit verwirklicht werden; das gleiche gilt für das offene Vertrauen, das ihre Grundlage ist. Aber jeder Schritt, den Sie durch die Anwendung der Richtlinien – und zwar in der Reihenfolge, die für Sie am geeignetsten ist – in Richtung auf Offenheit und Vertrauen tun, wird Ihnen helfen, eine realistischere und gleichzeitig dynamischere Zweierbeziehung zu entwickeln.

Täuschung ist die Feindin des Vertrauens

Claudia hält die Freundschaft mit ihrer ehemaligen Klassenkameradin Doris in aller Heimlichkeit und mit Hilfe von Täuschungsmanövern weiterhin aufrecht. Ihr Mann hat Doris nie leiden können und seine Frau gebeten, den Verkehr mit ihr abzubrechen. Aber das kann Claudia nicht beirren. «Ach, ich finde immer irgendeine Möglichkeit», sagt sie. «Er weiß nur, daß ich einkaufen gegangen oder beim Friseur bin oder irgend etwas zu erledigen habe. So können Doris und ich zusammen Mittag essen, oder wir gehen zusammen zum Friseur. Wenn ich ihm die Wahrheit sagen würde, wäre er schrecklich wütend. Aber was er nicht weiß, macht ihn nicht heiß – und mir schadet es auch nichts.»

Claudia gibt offen zu, daß sie damit nicht nur sich selbst, sondern auch ihren Mann verteidigt und beschützt. Beide sabotieren jede Möglichkeit, daß sich zwischen ihnen ein Vertrauensverhältnis entwickelt – er durch die Nichtachtung ihrer Individualität und die unrealistischen Forderungen in bezug darauf, mit wem sie befreundet sein darf oder nicht, sie durch ihre bewußten Täuschungsmanöver. In der offenen Ehe, wo jeder Partner die individuellen Neigungen und Wünsche des anderen respektiert, sind solche Ausflüchte nicht nötig. Die typische traditionelle Ehe ist ein guter Nährboden für Verschleierungstaktik.

Täuschung hindert uns daran, uns selbst und andere Menschen kennenzulernen; sie ist die erklärte Feindin des Vertrauens. Die meisten kleinen Schwindeleien in der Ehe und oft auch größere Täuschungsmanöver werden mit dem Mäntelchen der Humanität verkleidet. Ehemann und Ehefrau reden sich ein, daß sie dem Partner Unannehmlichkeiten oder Schlimmeres «ersparen», indem sie ihn täuschen. Wir glauben jedoch keineswegs, daß das Verschweigen der Wahrheit oder gar handfeste Lügen zur positiven Entwicklung einer Ehe beitragen oder daß diese Art von «Humanität» auf die Dauer gesehen etwas anderes bewirkt als eine Entfremdung der Ehepartner.

Auch in solchen Ehen, wo von Anfang an ein gewisses Maß an Aufrichtigkeit und Vertrauen besteht, muß der weitere Ausbau dieser Gefühle vorsichtig betrieben werden. Wenn der eine Partner besonders neurotisch oder abhängig ist, muß der andere ihn schützen, indem er nicht an wunde Punkte rührt und es vermeidet, den Partner zu tadeln, lächerlich zu machen oder massiv zu kritisieren. Wie wir in den Kapiteln über die Kommunikation bereits betont haben, gibt es keine Entschuldigung dafür, Grausamkeit als Aufrichtigkeit zu tarnen. Prüfen Sie zuerst Ihre Motivierungen. Verschweigen Sie vielleicht Freunde, bestimmte Neuanschaffungen oder Seitensprünge, um Ihren Partner zu schützen? Oder wollen Sie sich selbst schützen? Und wenn ja, warum? Wenn Sie Ihre eigenen Schwächen und die Ihres Partners sowie diejenigen Bereiche erkennen, in denen Sie beide am abhängigsten sind, können Sie rücksichtsvoll und einsichtig auf eine größere Offenheit hinarbeiten.

Offenheit und Aufrichtigkeit sollten bei den kleinen Dingen beginnen. Die Ehefrau kann z. B. dem Ehemann den wirklichen Preis irgendeiner Ware mitteilen, anstatt zu sagen: «Ich hab's in einem Ausverkauf erwischt» und durch diese Täuschung ihr Image als tüchtige Hausfrau hochzuspielen. Oder sie kann aufhören zu heucheln, daß ihr die gewagten Krawatten ihres Mannes gefallen, die sie in Wirklichkeit nicht ausstehen kann. Da der Ehemann meist nur zu gut weiß, daß sie nicht die Wahrheit sagt, wird er durch eine solche Heuchelei zu der Überzeugung getrieben, daß man dem Wort seiner Frau nicht trauen kann. Andererseits ist es keineswegs nötig, nur um der Ehrlichkeit willen zu sagen: «Die Krawatte ist scheußlich, du hast einen miserablen Geschmack.» Das wäre destruktive Kritik, besonders wenn der Ehemann in diesem Punkt empfindlich ist. Aber sie kann ohne weiteres sagen: «Du kennst mich ja, mein Geschmack ist ziemlich konservativ.» Auf diese Art und Weise ist sie in bezug auf ihre eigenen Gefühle ehrlich, ohne das Recht ihres Mannes auf seine eigenen Gefühle anzutasten.

Genauso kann der Ehemann sich z. B. in der Frage der hochmodischen Brille seiner Frau verhalten. Er kann seiner Frau auch sagen, daß es ihm keinen Spaß macht, schon wieder einen Abend bei den Müllers zu verbringen, oder daß er nicht zu der Party bei Mayers mitkommen will, weil er sich da zu albern vorkommt. Jedesmal, wenn die Ehegatten in unbedeutenden Dingen ehrlich sind, lernen sie, ihre Identität und ihren Glauben an sich selbst zu festigen. Während sie auf diese Weise entdekken, daß solche kleinen Wahrheiten viel weniger schmerzen, als sie gedacht hatten, bauen sie gleichzeitig das Vertrauen zueinander auf, so daß sie sich Schritt für Schritt in empfindlichere Bereiche vorwagen können.

Einer der wichtigsten dieser Bereiche, in dem Offenheit und Aufrichtigkeit herrschen sollten, ist die Sexualität – und gerade hier gibt es zahllose kleine Täuschungen. Man könnte fast sagen, daß das Festhalten an der These von der Vorherrschaft des Mannes, wie die traditionelle Ehe es vorschreibt, Täuschungsmanöver im Bett geradezu verlangt. Die Ehefrau täuscht oft einen Orgasmus vor, um das Ego ihres Mannes und ihr eigenes Image als reaktionsfähige Partnerin zu unterstützen. Andererseits fühlt der Ehemann sich zur Bestätigung seiner Männlichkeit verpflichtet, seine Frau jedesmal zum Orgasmus zu bringen. Solange die Frau weiterhin sagt: «Ja, ja, ich bin gekommen», wenn es gar nicht stimmt, und der Ehemann diese Worte zu hören *wünscht*, trägt keiner von beiden zum Aufbau des gegenseitigen Vertrauens bei. Sie versuchen lediglich, einem Mythos nachzuleben, der ihre Selbstachtung untergräbt und die seine künstlich aufbläht. Aber jedes Ehepaar, das bereit ist, die Richtlinien zu befolgen und sie einer individuellen Situation entsprechend anzuwenden, kann auch im sexuellen Bereich eine neue Aufrichtigkeit erreichen. Indem die Ehepartner sich von den vorbestimmten Geschlechterrollen freimachen, die Persönlichkeit des Partners anerkennen und offen über ihre wahren Bedürfnisse und Wünsche sprechen, können sie in echter Gleichberechtigung jenes Einfühlungsvermögen entwickeln, das zu vollkommenem gegenseitigen Verstehen und höchstem Genuß führt. Sobald die vorbestimmten Forderungen und falschen Erwartungen ein Ende haben, kann die Aufrichtigkeit im sexuellen Bereich beginnen. Und diese Aufrichtigkeit, verbunden mit dem Verständnis für die Verwundbarkeit des Partners in sexuellen Dingen, kann zur Entwicklung jener Art von Vertrauen führen, die nicht nur auf diesem Gebiet Täuschungen unnötig macht, sondern sich auch in anderen Bereichen der Ehe positiv auswirkt.

Zwei Arten von Vertrauen

Der Verzicht auf Täuschungsmanöver hilft den Partnern, ein Vertrauensverhältnis aufzubauen, aber es gibt noch andere Vorbedingungen, die genauso wichtig sind. Vertrauen in der Ehe kann niemals einseitig sein, es muß von beiden Seiten kommen. Jeder Partner muß sowohl vertrauenswürdig als auch vertrauensvoll sein. Das Vertrauen in der Ehe wächst, weil es von beiden Seiten gefördert wird, weil Mann und Frau ihre Erfahrungen miteinander teilen und im Laufe der Jahre ihr Vertrauen zueinander unter Beweis stellen können. Aber so richtig diese Erklärung auch sein mag, sie vereinfacht die Dinge zu sehr, denn es gibt Abstufungen des Vertrauens. Wir haben bereits am Anfang dieses Kapitels darauf hingewiesen, daß es sich nicht nur darum handelt, ob zwischen zwei Ehepartnern Vertrauen besteht oder nicht, sondern ob es ein *statisches* oder ein *offenes* Vertrauensverhältnis ist. Wir wollen uns diesen Unterschied einmal näher betrachten.

Das statische Vertrauen beruht auf Erwartungen und Verhaltensreaktionen, die man mit einiger Sicherheit vorhersagen kann. Wir verlassen uns darauf, daß Versprechen erfüllt, Rechnungen bezahlt und Verabredungen eingehalten werden. Das statische Vertrauen ist für jedwede Zusammenarbeit unerläßlich, aber da es sich nur auf das stützt, was man erwarten bzw. vorhersehen kann, paßt es sich nicht leicht Veränderungen an.

Wenn zwei Menschen heiraten, geloben sie einander ewige Liebe, Achtung, Fürsorge und Treue, bis daß der Tod sie scheidet. Sie machen Versprechungen, die nur Engel halten könnten. Und auf Grund dieser Versprechungen erwarten sie, daß das Vertrauen einfach da ist, als ob es Gottes Ratschluß sei. Sie erwarten voneinander nicht nur, daß jeder diese laut und deutlich gemachten Gelöbnisse einhält, sondern auch die stillschweigend darin einbegriffenen Klauseln des traditionellen Ehevertrages erfüllt. Leider sind diese Erwartungen, die sie als Grundlage für das gegenseitige Vertrauen ansehen, unrealistisch. Jeder Partner erwartet vom anderen, daß er so bleibt, wie er am Tag der Hochzeit war. Jede Veränderung löst Überraschungen, wenn nicht sogar einen Schock aus. Wie viele Ehegatten haben schon gesagt: «Ich weiß nicht, was seit neuestem mit meinem Mann/meiner Frau los ist, er/sie ist völlig verändert» oder «Das ist doch sonst nicht deine Art, was ist los mit dir?» (In Wirklichkeit soll das natürlich heißen: «Du verhältst dich nicht so, wie ich es von dir erwartet habe. Das macht mich mißtrauisch.»)

In solchen Ehen wird jedem Partner vom anderen ein starrer und absoluter Verhaltensstandard auferlegt, und wenn dieser, wie es nur natürlich ist, nicht erfüllt werden kann, hält jeder das für einen Vertrauensbruch. Erinnern wir uns an Dorothees Einstellung – ein einziger Verstoß gegen die Klausel der absoluten körperlichen Treue würde für sie das Ende ihrer Ehe bedeuten. Da jeder der Partner unablässig bemüht sein muß, sich diesem unrealistischen Standard entsprechend zu verhalten, was auf die Dauer seine Identität schwächt, hat jedes Versagen des Partners eine vergröberte Wirkung: «Ich opfere mich auf, und du machst einfach, was du willst!» Wie oft ist diese Äußerung bitterster Enttäuschung schon zwischen Ehepartnern gefallen? Unter solchen Umständen, wenn jeder sein eigenes Verhalten und sein Vertrauen zum Partner auf unrealistische Erwartungen stützt, kann ein einziger Fehler die ganze Beziehung wie ein Kartenhaus zum Einsturz bringen.

Im Umgang mit der Außenwelt sind die Erwartungen, daß man mit Sicherheit auf ein bestimmtes Verhalten rechnen kann, durchaus angebracht. Aber die Ehe ist eine persönliche Beziehung und kein geschäftlicher Vorgang. Sie ist eine kontinuierliche Beziehung zwischen zwei Menschen aus Fleisch und Blut, die im Laufe der Zeit Veränderungen durchmachen. Wenn man fest damit rechnet, daß der Partner unrealistische Erwartungen erfüllt (und auch selbst versucht, das zu tun), wird man von diesem statischen Vertrauen in eine eingeengte Beziehung gezwungen, in der jede Veränderung zum Trauma wird statt zu einem schöpferischen Anstoß. Dennoch ist es unzähligen Paaren gelungen, auf diesem statischen Vertrauen ein relativ glückliches Leben aufzubauen. Der traditionelle Ehevertrag hat während eines beträchtlich langen Abschnitts unserer Geschichte recht zufriedenstellend funktioniert und wird das wohl auch, wenngleich für eine stetig abnehmende Anzahl von Paaren, weiterhin tun. Aber in unserer Zeit des ständigen Wechsels ist eine flexiblere Form des Vertrauens in einer flexibler gewordenen Ehe notwendig. Die offene Ehe erfordert offenes Vertrauen.

Offenes Vertrauen

In der offenen Ehe muß Vertrauen mehr sein als eine Bemühung, zu beweisen, daß man sich an die Spielregeln hält. Statisches Vertrauen verhindert nicht nur Veränderungen, es ist nicht einmal ein Beweis für

Aufrichtigkeit oder Vertrautheit. Man kann ein Versprechen halten, ohne es wirklich ehrlich zu meinen. Man kann Versprechen brechen, wie z. B. die Klausel über die absolute Treue, ohne es jemals offen zuzugeben. Für den Fortbestand des statischen Vertrauens genügt der äußere Anschein. Solange der Schein gewahrt bleibt, gleichgültig, wie die Wahrheit aussieht, bleibt auch das statische Vertrauen gewahrt. Und da die Erwartungen, um die es geht, vom ethischen Standard, der für die einzelnen Rollen vorgeschrieben ist, bestimmt werden, kann zwischen den Partnern keine echte Vertrautheit entstehen – man kennt nur die Rolle und nicht den Menschen. Daher handelt es sich bei der Grundlage für ein offenes Vertrauensverhältnis um mehr als nur darum, daß man vertrauensvoll und vertrauenswürdig ist, mehr als um eine reine Frage der Verantwortung und Zuverlässigkeit – man muß auch in seinen Gefühlen und in der Kommunikation offen und ehrlich zueinander sein.

Offenes Vertrauen schließt einen Grad von Intimität, Aufrichtigkeit und Offenheit ein, der weit über das hinausgeht, was in einem statischen Vertrauensverhältnis möglich ist. Eine solche Offenheit bedeutet, daß man an die Fähigkeit und an den guten Willen des Partners glaubt, die *eigene* Aufrichtigkeit in den Gefühlen und der Kommunikation zu schätzen und zu respektieren. Ein guter Freund von uns hat diese Art des Vertrauens mit folgenden Worten beschrieben: «Vertrauen ist das Gefühl, daß man nicht kritisiert wird, gleichgültig, was man sagt oder tut – daß man keine peinlichen Geheimnisse mit sich herumtragen muß und bereit ist, zu sagen, was man denkt und fühlt, weil man genau weiß, daß der andere diese Offenheit nicht später gegen einen verwendet. Das Vertrauen *zu* jemandem und nicht einfach Vertrauen schlechthin. Es gibt nicht nur eine körperliche Nacktheit, sondern auch eine seelische. Die Grundidee ist, daß wir wissen, wir sind nicht vollkommen, daß wir aber auch wissen, wir werden nicht für das getadelt, was wir sind.»

Wenn man weiß, daß man seinem Partner gegenüber so offen sein und ihm voll und ganz vertrauen kann, schafft das eine Atmosphäre des *Glaubens* aneinander. Jeder weiß, wie er mit dem anderen dran ist. Bei dieser Art von Vertrauen kann jeder sich zu seinen vollen Dimensionen entwickeln. Das muß nicht unbedingt jahrelang dauern. Wir sind der Meinung, daß Partner, die sich – und sei es auch nur allmählich – einander öffnen, bald entdecken werden, daß Aufrichtigkeit, Liebe und Vertrauen in Wechselwirkung zueinander stehen und sich untereinander und gegenseitig verstärken.

Auch hier wird wieder deutlich, wie die Richtlinien für die Partnerschaftsehe ineinandergreifen. All das, was wir über die offene und ehrliche Kommunikation gesagt haben, gilt auch für die Entwicklung des offenen Vertrauens, doch ist zu letzterem noch zusätzlich einiges zu sagen.

Aufrichtigkeit und persönliche Entwicklung sind eng miteinander verknüpft. Aufrichtigkeit ist nicht immer leicht, noch ist sie immer schwarz oder weiß, denn sie hängt davon ab, wie man selbst die Dinge sieht. Trotzdem kann sie nach und nach auf konstruktive Art verwirklicht werden. Je mehr man sich dem Partner gegenüber öffnen und ihm seine wahren Gefühle zeigen kann, ohne kritisch oder destruktiv zu sein, desto näher lernt man einander kennen. Je mehr man sich bemüht, desto näher wird man sich durch Aufrichtigkeit und Vertrauen kommen.

Partner, die bisher in einem überwiegend statischen Vertrauensverhältnis lebten, haben das Gefühl, die Welt breche zusammen, wenn sie zu große Dosen Aufrichtigkeit schlucken müssen oder wenn sie in der Hitze des Gefechts Dinge sagen, die sie normalerweise nie enthüllen würden, auch wenn sie sie ehrlich so empfinden. Wenn Tatsachen auf diese Weise ans Licht kommen, muß man sie als Lehr-Erfahrung und nicht als absolute Offenbarung betrachten. Es kann nicht oft genug gesagt werden: Die Menschen ändern sich im Laufe der Zeit. In einer traditionellen Ehe ändern sie sich vielleicht weniger (was gleichzeitig heißt, daß sie sich weniger weiterentwickeln), aber sie verändern sich auch. Und sie werden fortfahren, sich zu verändern, lange nachdem das Argument oder die Enthüllung, um die es ging, ihre ursprüngliche Bedeutung verloren haben. Wenn eine neue Tatsache über den Partner ans Licht kommt, selbst wenn es sich z. B. um das unerwartete Eingeständnis eines Seitensprungs handelt, so ist das eine *neue Information*, und so schmerzlich sie auch sein mag, die einzige vernünftige Reaktion darauf ist, auf eine möglichst konstruktive Art und Weise zu untersuchen, was diese Information bedeutet.

Man mag einwenden, daß man sich mit der plötzlichen Neuigkeit von der Untreue des Partners unmöglich auf eine konstruktive Art und Weise befassen kann. Aber wenn man seinen Partner wirklich liebt und auf die Beziehung zu ihm Wert legt, ist es viel wichtiger herauszufinden, *warum* er einen getäuscht hat, als dem Schmerz oder dem Zorn aus dem Weg zu gehen, den diese Aufrichtigkeit vielleicht mit sich bringt. Ein Mensch wie Dorothee beweist durch die Bemerkung, eine Untreue wäre «das Ende», nichts anderes, als daß er oder sie mehr Wert auf das Image des Partners legt als auf den eigentlichen Menschen. Dorothee sagt damit, daß sie lieber die Vertreterin einer Rolle sein möchte und ihren Partner gleichfalls nur als den Vertreter einer Rolle sehen will, statt als einen selbständigen Menschen mit einer Beziehung zu einem anderen selbständigen Menschen. Und in vielen Fällen bietet die Tatsache, daß all die Dorothees dieser Welt lieber die Vertreterin einer Rolle statt ein selbständiger Mensch sein wollen, vielleicht die primäre Erklärung dafür, warum sie von ihren Partnern überhaupt betrogen werden.

Rollen sind statisch. Menschen verändern sich. Wenn man eine individuelle Persönlichkeit sein will, muß man bereit sein, eine neue Tatsache über den Partner zur Kenntnis zu nehmen, selbst wenn dadurch die Erwartungen, die man von ihm hatte, erschüttert werden, und ebenso muß man diese neue Tatsache als Ausgangspunkt für einen Dialog benützen, der möglicherweise zu einer realistischeren und aufrichtigeren Einschätzung der gemeinsamen Beziehung führt. Durch einen solchen Dialog können Partner nach besserem gegenseitigen Verständnis suchen, das ihnen gestattet, ihre Beziehung auf einer neuen Ebene des Vertrautseins mit dem Wesen des Partners zu festigen, auf einer Ebene, die der vollen Aufrichtigkeit und dem Vertrauen, wie sie zwischen Ehegatten herrschen sollten, näherkommt. Erst dann sind eine Auswertung der unvermeidlichen Veränderung und eine gemeinsame Entwicklung möglich. Man braucht Mut, um angesichts der starren, rollenabhängigen Klauseln des traditionellen Vertrages, nach denen zu viele von uns zu lange gelebt haben, die Verantwortung für das eigene Tun und Handeln zu übernehmen. Von Partnern, die einander vertrauen und aneinander glauben, wird eine solche Verantwortung als Bestandteil der persönlichen Entwicklung freiwillig akzeptiert. Für die Partner, die noch in einer traditionellen Ehe leben, kann sie mehr oder minder schmerzhaft sein. Aber ebenso wie körperlicher Schmerz ein Warnsignal dafür ist, daß irgend etwas nicht stimmt, und uns bewegt, nach der Ursache der Störung zu suchen, ist auch der psychologische oder emotionale Schmerz oft notwendig, um seelisch gesunden zu können.

Je größer die Aufrichtigkeit zwischen den Partnern ist, desto geringer wird der Schmerz im Laufe der Zeit werden, denn volle Aufrichtigkeit bedeutet, daß Mann und Frau wirklich entspannt miteinander sein können, sich gegenseitig in aller Offenheit begegnen können, ohne daß eine Notwendigkeit für Täuschungsmanöver oder Selbstschutzmaßnahmen besteht. Offenes Vertrauen und uneingeschränkte Aufrichtigkeit bedeuten ferner, daß keine Veränderung des einen Partners den anderen überrascht. Ein Ehepaar, das eine solche Vertrauensbeziehung aufbauen kann, schmiedet für sich ein festeres Band, als es jemals durch ein rollengebundenes, unrealistisches und statisches Vertrauensverhältnis möglich wäre.

Offenes Vertrauen birgt die Fähigkeit zum Vergeben in sich, und zwar in dem Sinne, daß jeder Partner dem anderen zugestehen muß, menschliche Schwächen zu haben, Fehler zu machen, unvollkommen zu sein, sich weiterzuentwickeln und sich den Veränderungen, die das Leben mit sich bringt, anzupassen. In einer offenen Vertrauensbeziehung stehen die Partner ehrlich zu den Realitäten des menschlichen Lebens, sehen Veränderungen realistisch an und sind mutig und vertrauensvoll, wenn es zu einer Herausforderung oder Krise kommt. Sie wissen, daß nichts auf dieser Welt vollkommen ist und daß eine Veränderung oftmals zuerst einen Schritt zurück erfordert, ehe man zwei Schritte vorwärts machen kann.

Das für eine Partnerschaftsehe charakteristische Vertrauen bedeutet, daß die Partner sowohl zusammen als auch getrennt allein sein können, zusammen oder getrennt ausgehen und sowohl gemeinsame als auch getrennte Freundeskreise haben können. Sie respektieren die persönliche Eigenart des Partners und kommen sich dadurch näher. Sie können ihre Probleme und ihre zeitweilige Abhängigkeit miteinander teilen, weil einer dem anderen so viel von seinem inneren Selbst enthüllt hat, daß sie sich im richtigen Zeitpunkt gegenseitig helfen können.

Offenes Vertrauen hat also nichts damit zu tun, daß man in der Ehe spezifische und vorbestimmte Dinge erwartet oder tut, sondern damit, daß man das Wissen über die eigenen Wünsche und Bedürfnisse mit dem Partner teilt, für das Jetzt lebt und nicht für die Vergangenheit oder die Zukunft, sein Leben nicht nach Rollenerwartungen einrichtet, die jemand anders einem vorgeschrieben hat, sondern mit Hilfe einer guten Kommunikation und durch die gemeinsame Entwicklung mit dem Partner für sein eigenes Selbst lebt. Vertrauen ist also Freiheit – Freiheit, die Verantwortung für das eigene Selbst zu tragen und dann dieses Selbst voller Liebe mit dem Partner in einer Ehe zu teilen, die der persönlichen Entwicklung oder dem Streben nach Erfüllung keine Grenzen zieht.

15. Liebe und Sexualität ohne Eifersucht

Die Wurzeln der Eifersucht

Für die meisten Ehepaare gehören Liebe, Sexualität und Eifersucht ganz natürlich und unvermeidlich zur Ehe. Wir stimmen voll und ganz zu, daß Liebe und Sexualität zu den Grundelementen einer jeden Ehe gehören, sei es nun eine traditionelle oder eine offene Ehe. Aber jedem, der die Richtlinien aufmerksam gelesen hat, sollte bekannt sein, daß unserer Meinung nach die Eifersucht in einer Partnerschaftsehe keinen Platz hat. Die Tatsache, daß sie in der traditionellen Ehe so häufig vorkommt, bedeutet keineswegs, daß Liebe und Sexualität immer von diesem dunklen Schatten begleitet sein müssen.

Als erstes möchten wir mit der Vorstellung aufräumen, daß die sexuelle Eifersucht natürlich, instinktiv und unvermeidlich ist. Die Eifersucht ist in erster Linie eine *erlernte*, von der Gesellschaft bestimmte Reaktion. Bei einigen Völkern, zum Beispiel den Eskimos, den Lobi in Westafrika, den Siriono in Bolivien, ist die Eifersucht auf ein Minimum reduziert; und bei anderen, zum Beispiel den Toda in Indien, ist sie nahezu völlig unbekannt. Wenn sie in anderen Gesellschaftsordnungen stark reduziert oder praktisch nicht existent ist, kann man sie auch nicht als «natürliche» Veranlagung betrachten. Warum ist sie dann in unserer Gesellschaft so verbreitet?

Um diese Frage beantworten zu können, müssen wir zuerst klar zwischen Eifersucht und Neid unterscheiden. Die Eifersucht ist ein Gefühl, das etwas betrifft, was einem bereits gehört. Neid entwickelt sich, wenn man etwas sieht, das einem nicht gehört, das man aber gern haben möchte. Ein Ehemann kann zum Beispiel einen anderen Mann beneiden, dessen Frau ihn mit Aufmerksamkeiten überschüttet und von vorn bis hinten bedient. Aber derselbe Mann würde eifersüchtig werden, wenn seine eigene Frau jemand anders als ihn mit den gleichen Aufmerksamkeiten verwöhnen würde. Er wäre eifersüchtig, weil er glaubt, daß diese Aufmerksamkeiten ihm *gehören*.

Weil hier ein Besitzanspruch erhoben wird, der Eifersucht schafft, wird es also wichtig, zwischen Eifersucht und Neid zu unterscheiden. Kein Mensch kann einen anderen «besitzen». Aber in der traditionellen Ehe entwickelt sich etwas wie Eigentum oder Besitz, und unsere herkömmlichen Vorstellungen von Liebe und Sex verstärken diese Begriffe nur.

Die Idee von der sexuell ausschließlichen Monogamie und dem gegenseitigen Besitzanspruch erzeugt eine tiefverwurzelte Abhängigkeit, kindische und kindliche Gefühle und Unsicherheiten. Je unsicherer man sich fühlt, desto mehr neigt man zur Eifersucht. Die Eifersucht, sagt Abraham Maslow, «erzeugt praktisch immer weitere Ablehnung und tiefere Unsicherheit». Sie ist also nicht ein Ausdruck unserer Liebe, sondern unserer Unsicherheit und Abhängigkeit. Sie ist die Angst vor dem Verlust der Liebe eines anderen Menschen, und sie zerstört gerade diese Liebe. Sie ist nicht nur der Identität der geliebten Person abträglich, sondern unterdrückt sie auch. Die Eifersucht ist also ein ernstes Hindernis für die Entwicklung von Sicherheit und Identität, und daran sind die Besitzvorstellungen der traditionellen Ehe unmittelbar schuld.

Wir wollen in diesem Kapitel einige der falschen Vorstellungen untersuchen, die zum Entstehen der Eifersucht in der traditionellen Ehe beitragen, und darlegen, wie die Partnerschaftsehe dadurch, daß sie mit diesen Mißständen aufräumt, helfen kann, Eifersucht von Liebe und Sexualität zu trennen.

Liebe ist ein Gefühl

Vielleicht kann man die Vielschichtigkeit der Liebe besser verstehen, wenn man sie sich als ein *Gefühl* vorstellt, das wir mit emotionaler *Energie* ausstatten. Emotion ist also praktisch eine Art von «Bewegungsenergie» der Seele, und mit Hilfe der Richtlinien können wir zumindest teilweise lernen, die Richtung und die Ausdruckskraft dieser Energie zu steuern. Die Menge an Energie, die wir dem Gefühl der Liebe zuführen, hängt von der jeweiligen Situation, dem Objekt, der Person, unserer Vorstellungskraft und ähnlichem ab, das heißt, unser Gefühl ist mit der emotionalen Intensität gekoppelt, welche von dem betreffenden Menschen oder Objekt erweckt wird. Wir können für einen Menschen oder ein Objekt viel oder wenig Zuneigung empfinden. Die Zuneigung ist der Liebe verwandt; sie kann sich zur Liebe steigern, wenn die emotionale Energie, die man ihr zuführt, stark genug ist. Ein Mensch kann z. B. seinem Gefühl für das Stammhaus seiner Familie oder für sein Elternhaus mehr emotionale Energie zuführen als dem für eine andere Person. Aber das fällt dem flüchtigen Beobachter nicht auf, weil Gefühle auf die verschiedenste Art und Weise ausgedrückt werden können. Manchmal leiten wir auch unsere Gefühle in die falsche Richtung oder wenden zuviel emotionale Energie für sie auf.

Die besitzerische Liebe ist das Produkt eines Zuviels an emotionaler Energie aus den falschen Quellen – Energie aus dem Gefühl der Abhängigkeit und Unsicherheit. Die Natur dieses Überschusses wird vielleicht durch einen Vergleich mit dem Gefühl des Hasses deutlicher. Ist das Gefühl der Ablehnung nicht sehr stark, empfinden wir nur Abneigung; führen wir demselben Gefühl aber eine große Menge emotionaler Energie zu, wird Haß daraus. Sie mögen Spinat nicht, aber Sie *hassen* Hummer, besonders wenn Sie einmal eine lebensgefährliche Fischvergiftung hatten. Wenn Sie jemanden nicht mögen, weil er einfach nicht Ihr Typ ist, wird Ihre Abneigung nur schwach ausgeprägt sein. Aber Sie empfinden Haß gegen jemanden, der Ihnen direkten Schaden zugefügt hat. Natürlich könnte sich dieses Gefühl als irrational erweisen, wenn Sie beide Seiten des Problems berücksichtigen würden. Aber – und das ist es, worauf es ankommt – die besitzerische Liebe ist ebenfalls nicht rational.

Romantische Liebe: ein irrationales Erbe

«Himmelhochjauchzend» – eine bessere Beschreibung für die romantische Liebe gibt es nicht. Wenn jemand im Zustand der romantischen Liebe ist, hat sein Grundgefühl der Liebe ein Zuviel an Energie, und er kommt sich wie ein Rennfahrer beim Bergrennen vor. Das ist natürlich eine aufregende Geschichte, und die meisten von uns haben diesen Zustand irgendwann einmal durchgemacht. Aber im Grunde genommen ist dieses Gefühl eine Verzerrung der Wirklichkeit und verbindet sich stets mit anderen unrichtigen Vorstellungen, die dann ein völlig falsches Verständnis über das Verhältnis von Liebe und Sexualität bewirken.

Der Begriff von der romantischen Liebe entwickelte sich aus der höfischen Tradition des Mittelalters – nur pflegten die Beteiligten weder miteinander verheiratet zu sein, noch dachten sie daran, diese Liebe jemals körperlich zu vollziehen. Diese Form der Liebe hatte nie die Ehe zum Ziel, und doch haben wir viele Aspekte der höfischen Liebe (die romantischen Ideale kamen erst später hinzu) auf die moderne Ehe übertragen. Troubadours und ihre Damen (einer oder beide immer mit jemand anders verheiratet) beteten sich an, schwärmten miteinander und voneinander und schwelgten in Umarmungen, die nie in der Befriedigung schnöder Triebe gipfelten. Oder jedenfalls nicht gipfeln sollten. Die höfische Liebe war ideal, nicht real; ein Spiel, das lediglich der Unterhaltung diente. Da die zauberhaften Damen damals kaum mehr zu tun hatten, als Taschentücher zu besticken und vom Altan flattern zu lassen, verwendeten sie ihre Mußezeit darauf, dieses Spiel der höfischen Liebe künstlich zu stimulieren. Sie stellten feste Spielregeln auf, die an den «Liebeshöfen» des zwölften Jahrhunderts praktiziert wurden. Wir möchten hier einige zitieren, um zu verdeutlichen, wie unmittelbar die heutigen Vorstellungen von Liebe und Eifersucht noch aus diesen alten Quellen stammen:

- Für eine neue Liebe verläßt man die alte.
- Echte Eifersucht steigert immer den Wert der Liebe.
- Mißtrauen und die Eifersucht, die es entzündet, steigern den Wert der Liebe.
- Der leiseste Anschein verpflichtet den Liebenden, Böses von seinem Rivalen zu glauben.

Durch diese Regeln der höfischen Liebe ziehen sich zwei Ideen: nämlich daß die Liebe begrenzt ist und man nicht mehr als einen Menschen auf einmal lieben kann und daß die Eifersucht der Beweis für die Liebe ist. Für ein höfisches Spiel sind diese Regeln hervorragend geeignet, denn sie machen es abwechslungsreicher und aufregender. Aber wenn man sie ernst nimmt und auf die moderne Ehe anwendet, sind sie ein Rezept für Unglück, denn sie stützten sich nicht auf die Wirklichkeit der menschlichen Natur.

Begrenzte Liebe

Die begrenzte Liebe ist jenes lauwarme Gefühl, das den Partnern in der traditionellen Ehe genügen muß, nachdem der Überschwang der romantischen Liebe vorbei ist. Es ist die Art von Liebe, die sich in einer der hauptsächlichen Klauseln des traditionellen Vertrages widerspiegelt: Man kann immer nur für einen Menschen auf einmal Liebe, Verpflichtung und das Gefühl der Intimität empfinden. Diese Klausel, die sich ursprünglich vom höfischen Liebesspiel ableitet, wurde von Freud (einem echt-viktorianischen Gentleman) wissenschaftlich akzeptabel gemacht, indem er sagte, daß jeder Mensch nur über eine bestimmte und begrenzte Menge an allgemeiner sexueller Energie (Libido) verfügt. «Freud ging von der Annahme aus», schreibt Abraham Maslow, «daß man nur ein bestimmtes Quantum an Liebe hat, und je mehr von dieser Liebe für eine Person aufgewendet werde, desto weniger bleibe für andere übrig.»

Der verderbliche Einfluß dieser Idee wird oft in der Beziehung deutlich, die viele junge Ehepaare zu ihrem ersten Kind haben. Wenn man nämlich glaubt, daß man nur eine bestimmte Menge Liebe zu verschenken hat und der Partner nur eine genauso begrenzte Menge zurückgeben kann, folgt daraus, daß jede Zuneigung oder Liebe, die der Partner für jemand anders fühlt, die Liebe verringert, die er für einen selbst empfinden kann.

Natürlich stellt man dann Regeln oder Klauseln auf, die den Partner daran hindern, so viel von jemand anderem zu halten, daß er einen Teil seiner Liebe darauf verwenden könnte. Diese irrige Idee ist so allgemein verbreitet, daß viele sogar auf die Liebe, die der Partner den eigenen Kindern entgegenbringt, eifersüchtig sind. In jedem der unzähligen Ehebücher steht, daß das erste Kind einen unheilvollen Einfluß auf die Ehe haben kann, weil der Vater oft auf die Beziehung seiner Frau zu dem Kind eifersüchtig wird.

Wenn man an die Idee von der begrenzten Liebe glaubt, wird man sorgfältig darüber wachen, sie sparsam auszuteilen, und sogar darum feilschen. Im Laufe der Zeit wird durch dieses Verhalten die tatsächliche Fähigkeit, Liebe zu geben, verringert. Man lernt, seine Liebe zurückzuhalten, statt sie zu verschenken. Und sobald sich die Fähigkeit, Liebe zu geben, zurückbildet, ist man mehr und mehr der Meinung, man könne überhaupt nur so viel geben. Der Begriff von der begrenzten Liebe bringt also eine Verminderung der Liebesfähigkeit mit sich, die unglücklicherweise nicht nur die Ehepartner betrifft, sondern auch ihre Kinder.

Der Mensch ist nicht von Natur aus monogam

Die Verwirrung, die durch die verzerrten Aspekte der romantischen Liebe und durch das falsche Konzept von der begrenzten Liebe gestiftet wird, ist eng mit der sehr eingeschränkten Definition der Monogamie verknüpft, die in unserer Kultur vorherrscht. Danach bedeutet Monogamie, daß man nur mit dem Ehepartner sexuelle Beziehungen haben darf. Im wissenschaftlichen Sinne des Wortes bedeutet Monogamie ganz schlicht und einfach, daß man nur mit einem Partner auf einmal *verheiratet* ist. Das heißt also, daß je nach der Gesellschaftsordnung, in der sie leben, die Partner in einer monogamen Ehe entweder nur untereinander oder aber auch mit anderen Personen sexuelle Beziehungen haben dürfen. Das Wort Monogamie an sich beinhaltet nicht, ob die sexuellen Verhaltensregeln in einer bestimmten Gesellschaft eng oder großzügig ausgelegt werden.

In vielen Gesellschaftsordnungen der Welt, die auf nur jeweils einem Ehepartner bestehen, bedeutet Monogamie keineswegs sexuelle Exklusivität; es sind auch andere Sex-Partner gestattet, und vielfach werden sie sogar von der Gesellschaft spezifiziert. Selbst in jenen Gesellschaftssystemen, wo die Mehrehe eingeführt ist (Polyandrie = 1 Frau + x Männer; Polygamie = 1 Mann + x Frauen; oder Gruppenehe = x Männer + x Frauen), ist der Sex nicht nur auf diese Ehepartner beschränkt. Unsere Gesellschaftsordnung mag ruhig darauf bestehen, daß *sexuelle* Monogamie die *best*mögliche existierende Form ist. Doch man sollte nicht vergessen, daß sie nicht die *einzig* mögliche Form ist.

Ferner muß man begreifen, daß der Mensch – also beide Geschlechter – weder von Natur aus noch auf Grund seiner Entwicklung oder aus Gewohnheit sexuell monogam veranlagt ist. Sosehr ihm das auch in den einzelnen Gesellschaften eingeschärft worden ist (und das betrifft die wenigsten *Kulturen* auf der Welt, wenngleich in diesen Kulturen die meisten Menschen leben), er war unfähig, diesen Standard zu erfüllen. Ob er glanzvoll, schamlos, nonchalant, mit Bedauern oder mit Gewissensbissen versagt – er versagt immer wieder, und zwar so häufig, daß dieses Versagen bedeutungsvoll ist. Selbst in jenen Gesellschaften, wo man in bezug auf Sex sehr strikt und unnachgiebig denkt, kommt dieses menschliche «Versagen», das wir gemeinhin «Untreue» nennen, sehr, sehr oft vor. Und das bringt uns zu der unvermeidlichen Frage: Ist es der «untreue» Mensch, der versagt, oder ist es der Standard?

Natürlich ist es so, daß manche Menschen ihr ganzes Leben lang sexuell monogam sein können. In manchen Ehen hat keiner der Partner jemals das Bedürfnis nach einer außerehelichen Sexualbeziehung. Aber das ist selten und wird immer seltener. So gibt es jenes «Musterbeispiel» von Ehemann, der sechsmal verheiratet war und sich rühmt, keiner seiner jeweiligen Ehefrauen untreu gewesen zu sein. Man muß sich tatsächlich fragen, ob die Förderung der sexuellen Monogamie in einer so vielschichtigen und pluralistischen Gesellschaft wie der unseren, in der sich der Lebensstil ständig verändert, die Lebenserwartung steigt und Mann und Frau sich immer wieder neuen Situationen anpassen müssen, überhaupt noch daseinsgerecht oder lebensfähig ist. Aber selbst wenn man das bejaht, darf man sich einem mitfühlenden Verständnis für die Schwankungen im sexuellen Standard des Menschen nicht verschließen. Noch sollten wir vergessen, daß die sexuelle Monogamie in Verbindung mit dem verzerrten, kulturell bestimmten Begriff von der Liebe höchst unerfreuliche Nebenwirkungen hat. «Die Monogamie», schreibt Albert Ellis, «begünstigt nicht nur direkt die Entwicklung einer starken sexuellen Eifersucht, sondern legt auch durch die irrige Ansicht, daß ein Mensch immer nur einen Partner des anderen Geschlechts auf einmal lieben und nur von einer Person sexuell angezogen sein kann, die Saat für noch heftigere Ausbrüche der Eifersucht.»

In unserer kulturellen Vorstellung ist die Monogamie der traditionellen Ehe gleichzusetzen. Sie impliziert Besitztum, fordert sexuelle Exklusivität und leugnet Gleichberechtigung und Identität. Ja, sie macht die Eifersucht sogar zu etwas «Gutem». Tatsächlich wollen viele Männer und Frauen ihren Ehepartner wenigstens «ein bißchen» eifersüchtig machen, um an der Reaktion ablesen zu können, ob sie auch wirklich «geliebt» werden. Hier soll Eifersucht also zeigen, ob man an jemandem hängt. Aber egal, ob ein bißchen oder viel Eifersucht: gut oder konstruktiv ist sie nie. Mag sie auch beweisen, daß man an etwas hängt – es ist dann viel mehr auf einen selbst gemünzt als auf den Partner.

Aber die Monogamie muß nicht unbedingt diese Auswirkungen haben. Unsere Richtlinien sollen eine neue Definition des Begriffs der Monogamie ermöglichen, eine Form der Monogamie schaffen, in der die Gleichberechtigung ein natürlicher Bestandteil ist, in der die Identität sich voll entwickeln kann und Eifersucht und sexuelle Ausschließlichkeit keine Hauptrolle spielen, in der Entscheidungen frei getroffen und nicht aufgezwungen werden und die Liebe sich in einer Atmosphäre der Freiheit entfalten kann. In den folgenden Abschnitten wollen wir zeigen, wie die Monogamie mit der offenen Ehe gleichgesetzt werden kann.

Bisher haben wir einige falsche Auffassungen von Liebe und Sexualität untersucht. In den folgenden Abschnitten wollen wir nun zeigen, wie die Monogamie mit der offenen Ehe gleichgesetzt werden kann.

Sympathie ist der Schlüssel zur Liebe

Mann und Frau können einander «lieben», ohne sich gern zu haben. Viele Paare sind bei der Hochzeit noch im Überschwang der romantischen Liebe befangen und haben noch nie mit klarem Kopf geprüft, ob sie einander auch gern haben oder nicht. Selbst wenn die Romantik abgeklungen ist und sie entdecken, daß sie sich nicht gern haben, «lieben» sie sich vielleicht weiterhin, sei es aus einem Besitzergefühl heraus oder weil zwischen ihnen ein übertriebenes Abhängigkeitsverhältnis besteht. Aber Ehepartner, denen es an Autonomie und an der Erfüllung ihrer individuellen Wünsche mangelt und die voneinander abhängig sind, lehnen sich häufig gegen eine solche Abhängigkeit auf, und wenn dann keine Sympathie vorhanden ist, kann aus der Liebe sehr schnell Haß werden.

Sympathie ist unserer Meinung nach der Schlüssel zur Liebe. Es ist das Element, das Rollo May Freundschaft – oder *philia* – in der Liebe nennt, es ist «die Entspannung in der Gegenwart des geliebten Menschen, das Genießen des Beieinanderseins . . . Philia verlangt nur, daß wir den geliebten Menschen akzeptieren, bei ihm sind, ihn genießen. Es ist Freundschaft in der einfachsten, direktesten Form. Sympathie ist nur ein Aspekt der Liebe, aber wir glauben, daß sie der Schlüssel zur Kreativität des einzelnen, zur gegenseitigen Achtung und zur erotischen Erfüllung ist – alles Aspekte, die echte, reife Liebe – offene Liebe – kennzeichnen.

Romantische Liebe ist blind und meist irrational. Jemanden gern haben aber ist rational und basiert auf Achtung vor dem anderen und nicht auf blinder Leidenschaft. Das soll nicht heißen, daß die Leidenschaft unwichtig ist, wohl aber, daß eine Liebe, die sowohl Sympathie als auch Leidenschaft umfaßt, viel stärker ist als eine Liebe, die nur der Leidenschaft entspringt. Wir sind der Meinung, daß ohne Sympathie und die damit verbundene Achtung keine offene Liebe möglich ist, denn gegenseitige Achtung ist eine Grundvoraussetzung für Identität, Gleichberechtigung und offene Kommunikation zwischen den beiden Partnern, ja, für jede einzelne der Richtlinien, will man sie in die Praxis umsetzen. Allerdings braucht diese Achtung zu Beginn nicht mehr zu sein als der gemeinsame Wunsch, es zu *versuchen*; denn die richtige Anwendung der Richtlinien vergrößert natürlich auch die anfängliche Achtung und baut darauf auf.

Offene Liebe kennt keine Grenzen

In ganz ähnlicher Weise baut sich auch die offene Liebe auf sich selbst auf und vergrößert sich. Hat man einmal die irrige Vorstellung abgelegt, daß Liebe begrenzt sei, hat man einmal begonnen, Liebe frei zu schenken, wird man feststellen, daß die Fähigkeit, Liebe zu geben, mehr und mehr wächst. In ihrer begrenzten Form ist Liebe wie Geld: Je mehr man ausgibt, um so weniger hat man. Und deswegen spart man Liebe. Aber Liebe zu geben ist nicht wie Geld ausgeben – eher wie Investieren. Je mehr man investiert, um so mehr hat man davon. Die Reichen werden reicher, weil Geld Geld erzeugt. Aber Liebe erzeugt auch Liebe. Je mehr man gibt, um so mehr bekommt man und um so mehr kann man auch annehmen. Und je mehr man hat, um so mehr kann man wiederum geben.

Weil die Grundlage der offenen Liebe von der Identität und der Gleichberechtigung beider Partner gebildet wird, ist sie keine besitzerische Liebe. In dem Maße wie die eigene Persönlichkeit Erfüllung findet, wird die Liebe, wie ein Psychoanalytiker es ausdrückte, zum «Überfluß der eigenen Erfüllung». Sie beruht also eher auf dem Gefühl des *Zusammengehörens* als auf dem Gefühl, *jemandem zu gehören.* Die offene Liebe ist frei von den Einschränkungen, Vorschriften und Verboten, welche die besitzerische und begrenzte Liebe kennzeichnen. Partner, die einander auf diese Weise offen akzeptieren, zwischen denen eine aufrichtige und ehrliche Kommunikation besteht, können so ungezwungen miteinander verkehren, wie es in einer traditionellen Ehe nicht möglich ist. Eine solche Ungezwungenheit begünstigt auch das persönliche Wachstum. Jeder hilft dem anderen, das zu erreichen, was er oder sie sein könnte. Weil beide sich weiterentwickeln und sich verändern, weder besitzerisch sind noch dem Partner Einschränkungen auferlegen, bleibt ihre Beziehung lebendig, frisch und spontan. Beide *sind* und *werden* zur gleichen Zeit.

Über diese Art der Liebesbeziehung, die er bei Menschen, die sich selbst verwirklichen, beobachtet hat, schreibt Abraham Maslow: «Was wir sehen . . . ist eine Verschmelzung einer starken Liebesfähigkeit, großer Achtung vor dem Partner und großer Selbstachtung. Dies zeigt sich in der Tatsache, daß diese Menschen einander nicht im gewöhnlichen Sinne des Wortes brauchen, wie es beim normalen Liebespaar üblich ist. Sie können einander außergewöhnlich nahe sein und doch sehr leicht ihre eigenen Wege gehen. Sie klammern sich nicht aneinander . . . Auch in der intensivsten und ekstatischsten Liebesbeziehung bleiben diese Menschen immer sie selbst und auch Herr über sich selbst, indem sie ihrem eigenen Standard treu bleiben, auch wenn sie einander intensiv genießen.»

Wenn sich also zwei Menschen ihren inneren Möglichkeiten und der durch gegenseitige Achtung entstehenden Freiheit öffnen, können sie an sich eine neue Art der offenen Liebe in höchster Vollendung erfahren.

«Das Paradoxe in der Liebe ist», sagt Rollo May, «daß sie das höchste Maß an Selbst-Bewußtsein ist und zugleich das höchste Maß an Verschmelzung mit dem Partner.»

Das ist ähnlich paradox wie bei der Identität: Je mehr man zu sich selbst findet, um so mehr kann man sich anderen mitteilen; und je weniger besitzerisch man liebt, desto stärker ist man mit seinem Partner verbunden. Und weil sich infolgedessen die beidseitige Liebe ständig vergrößert, wird es auch möglich, andere in den sich erweiternden Radius seiner Liebe leichter einzubeziehen.

In dem Maße, wie die offene Liebe wächst und ausströmt, umschließt sie auch andere, z. B. die eigenen Kinder. Aber sie erstreckt sich auch über die unmittelbare Familie hinaus. Trotz der in unserer Gesellschaft geübten begrenzten Liebe kann man den Ehepartner innig lieben und doch gleichzeitig für andere eine tiefe und dauerhafte Zuneigung empfinden. Und diese zusätzliche Dimension der Liebe strömt in die Beziehung zum Partner zurück. Ein Ehemann hat das so ausgedrückt: «Es ist unglaublich, sobald man einmal die Fesseln gelockert hat und weiß, daß die Freiheit ein Bestandteil der Liebe ist – ich kann nur sagen, daß das in meinem Leben einen Riesensprung nach vorwärts gegeben hat, nicht nur in bezug auf meine Frau und das, was wir miteinander teilen, nicht nur in unseren Beziehungen zu den wenigen wirklich guten Freunden, mit denen wir diese Liebe teilen, sondern dieser Riesensprung ist auch in mir selbst geschehen, in meinem Selbst – all meine Beziehungen sind anders geworden, ich sehe alles mit anderen Augen an, alles öffnet sich mir – es ist so, als ob es keine Grenzen gäbe.»

Guter Sex kommt aus einer guten Beziehung

Unsere Einstellung gegenüber dem Sex hat sich seit dem Zweiten Weltkrieg stark verändert. Zwar glauben immer noch einige, Sex gehöre hinter verschlossene Türen und in verdunkelte Zimmer, aber deren Zahl nimmt mehr und mehr ab. Die meisten modernen Menschen sehen die Sexualität als das, was sie tatsächlich ist: eine natürliche Funktion, die man ohne Heuchelei und unbefangen genießen soll. Je kleiner die Welt durch die rapiden Kommunikations-Möglichkeiten wird, desto mehr Menschen stellen fest, daß sexuelle Sitten von den speziellen Kulturkreisen vorgeschrieben werden, in denen man lebt, und daß Tabus in der einen Gesellschaftsordnung durchaus zum guten Ton in der anderen gehören können. Jede Kultur hat bestimmte Regeln über das sexuelle Verhalten von Mann und Frau. Die Kultur der Viktorianischen Ära diktierte, daß der Mann die Sexualität genießen durfte, die Frau hingegen nicht. Diese Zweigleisigkeit drückt sich auch heute noch in der Ansicht aus, der Mann könne Sex ohne Liebe genießen, die Frau aber nicht. Je schneller wir mit diesem Mythos und Irrglauben über die sexuellen Rollen von Mann und Frau aufräumen, desto eher können wir sexuelle Erfüllung und ein besseres Verständnis für den Partner finden. Es gibt unzählige Bücher und neuerdings auch Filme, die uns erklären, wie wir unseren sexuellen Genuß verbessern können. Natürlich müssen wir soviel wie möglich wissen, damit wir Mythen, Irrglauben und Fehlinformationen der Vergangenheit ablegen können. Man kann es nur begrüßen, daß heute all diese Informationen zur Verfügung stehen. Aber die Ballung dieses Materials schafft für viele Menschen echte Probleme:

Das erste Problem ist, daß die mechanischen und technischen Aspekte der Sexualität meist überbetont werden, während die Gefühlsseite vernachlässigt wird.

Das zweite Problem ist, daß diese Informationen in ihrer Gesamtheit einen neuen Komplex von Erwartungen erzeugen, der unrealistisch ist.

Diese Erwartungen zeigen die Tendenz, zu neuen Normen zu werden. Und die Idee, einer Zweierbeziehung irgendeine kulturelle Norm aufzuerlegen, gehört zum Gedankengut der traditionellen Ehe. In der Partnerschaftsehe sollte man sich in allen Dingen hauptsächlich von der Rücksicht auf die individuellen und gemeinsamen Bedürfnisse leiten lassen. Erscheinen die neuen kulturellen Normen jedoch so attraktiv, daß man sie übernehmen möchte, dann läßt die Partnerschaftsehe den Ehegatten volle Entscheidungsfreiheit.

So natürlich Sexualität auch ist: Sie *ist* erlernt. Man darf nur nicht vergessen, daß sie von traditionellen Vorschriften und individuellen Abwandlungen geprägt ist. Lernen Sie, soviel Sie wollen; aber denken Sie an diese Einflüsse und beurteilen Sie selbst, was für Sie allein gut und richtig ist.

Eine Idee, von der wir uns lösen sollten, ist die Annahme, daß der sexuelle Ausdruck eines Menschen, also seine körperlichen Funktionen beim Koitus, in der Ehe *das Eigentum* des Partners werden. Diese Annahme ist typisch für die traditionelle Ehe. Aber nichts könnte einer guten sexuellen Beziehung abträglicher sein. Die Sexualität ist ein persönlicher Besitz, eine persönliche Ausdrucksform, eine persönliche Funktion. Die tiefste und innigste Verschmelzung von psychologischen und physischen Vorgängen im Sexuellen ist sowohl Teil der persönlichen Identität wie auch Ausdruck des Selbst-Seins in jeder anderen Lebenssphäre. Das sind Funktionen, die jedem Einzelwesen gehören – nicht einem Ehepartner. Sex, Liebe, Zuneigung, Fürsorge, Interesse und Verantwortungsbewußtsein sind der Ausdruck der Identität eines Menschen; all diese Gefühle gehören ihm allein, und nur er kann sie *geben* oder teilen, und kein anderer Mensch hat das Recht, über sie zu verfügen oder sie als sein Eigentum zu betrachten. Eine gute sexuelle Beziehung kann sich nur aus dem gleichen Geben und Miteinanderteilen und aus der gleichen Achtung, Freiheit, Autonomie, Gleichberechtigung und demselben Identitätsbewußtsein entwickeln, die in allen anderen Bereichen der Ehe existieren. Wenn guter Sex sich auch aus einer guten und langfristigen Beziehung entwickelt, so heißt das noch lange nicht, daß man ihn nicht auch mit jemandem genießen kann, den man noch nicht lange kennt. Man kann – und wer das Gegenteil behauptet, hängt immer noch den viktorianischen Mythen an, die wir bereits früher erwähnten. Die Behauptung, Sexualität ohne Liebe sei zerstörerisch, gefühlstötend und unerfreulich, ist eine rein kulturgebundene Bewertung und der Behauptung, Sexualität sei etwas Schmutziges, sehr verwandt. Jeder weiß, daß Sex mit Liebe am besten ist, aber das bedeutet keineswegs, daß jede andere Art von sexueller Beziehung unrecht, erniedrigend oder das Ergebnis einer neurotischen Störung ist. Man kann Sexualität mit den unterschiedlichsten Abstufungen von Zuneigung, Sympathie und Kameradschaft genießen. Ohne Liebe bietet sie vielleicht nicht so viel Befriedigung oder Erfüllung, kann aber trotzdem genußvoll und aufregend sein und das Leben verschönern.

Eine langfristige Beziehung zwischen zwei Menschen beeinflußt jedoch auch die Qualität ihrer sexuellen Beziehung zueinander. Guter Sex ist noch lange keine Garantie dafür, daß sich eine langfristige Beziehung entwickelt, noch kann er eine Ehe retten oder kitten, die in anderen Bereichen gestört ist. Mit anderen Worten: Sexualität ist nicht der wichtigste Einzelfaktor in der Ehe. Er gehört zu den Grundelementen, ist aber mit vielen anderen Bereichen der Ehe eng verknüpft. Das wichtigste daran ist, daß er eine Ausdrucksmöglichkeit für die Liebe bietet, die man für den Partner empfindet. Neue Techniken können zwar das sexuelle Repertoire erweitern und auffrischen, aber nicht die Gefühle an sich aufbessern. Im Gegensatz dazu können jedoch *Gefühle* die sexuellen Ausdrucksmöglichkeiten verbessern und dem sexuellen Repertoire tiefere Bedeutung geben. Und schließlich verleiht ja die Bedeutung, die wir den Dingen zumessen, ihnen Sinn.

Je offener und aufgeschlossener man dem Partner gegenübersteht und je offener die Gemeinschaft mit ihm wird, desto besser sollte auch die sexuelle Beziehung werden. Jede Richtlinie, die man benutzt, um seine Beziehung zum Partner zu verbessern, weiterzuentwickeln und zu festigen, wird auch den sexuellen Genuß steigern. Stellen Sie sich jede Richtlinie in Zusammenhang mit Sex vor: Gleichberechtigung, realistische Erwartungen, im Jetzt leben, eigene Identität, flexible Rollenverteilung, aufrichtige Kommunikation und Vertrauen. Offene Kommunikation in Verbindung mit Achtung und Gespür für des anderen Gefühle und Bedürfnisse können jeden Partner aufgeschlossener und geduldiger machen, wenn es um Schwächen im sexuellen Bereich geht. Gleichberechtigung und flexible Rollenverteilung können das Sexleben praktisch bereichern. Das gegenseitige Vertrauen kann eine Abstimmung der Sexualität beider Partner ermöglichen, worin sich die ganze Skala ihrer Gefühle und Empfindungen ausdrückt. In seiner höchsten Vollendung kann das sexuelle Erlebnis zu einer totalen Verschmelzung führen, zu jenem paradoxen Moment vollkommenen Zusammenseins, in dem die Partner sich gegenseitig ganz durchdringen und gleichzeitig doch das Gefühl des höchsten Selbsterlebens haben. In einem solchen Augenblick wird die Sexualität zum totalen Ausdruck ihrer Persönlichkeiten, ihrer getrennten Identitäten, ihrer tiefen Bindung aneinander und ihrer Kenntnis von sich und dem Partner.

Aber das sexuelle Erlebnis muß nicht immer eine tiefgründige Erfahrung sein, Sex verfügt noch über viele andere Dimensionen, die alle Genuß bereiten können. Er kann vergnüglich oder ernsthaft sein, experimentierfreudig oder entspannend, schöpferisch, zärtlich, oberflächlich oder mit Spaß verbunden, er kann leidenschaftlich, einfallsreich, erotisch oder ganz einfach lustvoll sein. Und vor allem kann er verspielt sein, wie Maslow es beschreibt: «Es ist charakteristisch für die Selbstverwirklicher, daß sie sich an Liebe und an Sex freuen können. Die Sexualität wird oft zu einem Spiel, bei dem man ebensoviel lacht wie seufzt . . . Es ist nicht die Fürsorge für die Erhaltung der Art oder die Pflicht zur Fortpflanzung, noch Sorge für die Zukunft der Menschheit, die zwei Menschen zueinander hinzieht. Obwohl es oft Gipfel der Ekstase erreicht, kann man das sexuelle Spiel mit dem Spiel von Kindern oder jungen Hunden vergleichen. Es ist fröhlich, humorvoll und verspielt.»

Intelligenz in der Sexualität

Wir glauben, daß die Sexualität die vollen Fähigkeiten eines Menschen herausfordert – Gefühle und Emotionen, Empfindungsfähigkeit, Sinnlichkeit und auch Intelligenz. In unserer Kultur hat man uns seit Generationen beigebracht, die Dinge zu akzeptieren, wie sie sind, und, wenn man ins Bett geht, zusammen mit der Kleidung auch die Intelligenz abzulegen, denn hier gilt der Grundsatz: Wenn du denkst, kannst du nicht fühlen, wenn du denkst, verdrängst du das Gefühl. So schrieb auch ein Psychoanalytiker: «Wir können die Freude nicht besitzen; die Freude besitzt uns. Sie ist im Körper, unabhängig von unserem Willen, als reine Empfindung im Moment des Geschehens. Sobald das Gehirn die Kontrolle über den Körper übernimmt, hört die Freude auf.» Das halten wir für übertrieben. Es stimmt zwar, daß die sexuelle Reizbeantwortung eine physiologische Reaktion ist, die durch Hemmungen, bewußte Kontrolle, Angst oder Furcht blockiert werden kann; aber es stimmt keineswegs, daß man seinen Verstand ausschalten muß, um Sex richtig zu genießen. Viele Menschen müssen zwar noch lernen, sich richtig gehenzulassen, um sexuelle Freuden zu erfahren und zu genießen, damit den hemmenden Einflüssen, die Tradition und Gesellschaft uns auferlegt haben, begegnet werden kann. Aber Intelligenz und Erfahrung sind ganz sicher schlagkräftige Waffen gegen Unterdrückung und Hemmung. Im Gegensatz zu der Ansicht, daß nur willenloser und gedankenloser Sex Freude bringe, glauben wir, daß er besser wird, wenn man sowohl Körper wie Verstand einsetzt, wenn man Intelligenz, Neugier, Voraussicht, Erfahrung und Entdeckerlust ebenso wie Sinnlichkeit und wache Bewußtheit mitbringt. Eine offene Beziehung zum Partner, sei es im Bett oder außerhalb des Bettes, hängt immer davon ab, daß man seine Intelligenz gebraucht, daß man einander kennt und vertraut und sich der eigenen Bedürfnisse und Vorlieben und derer des Partners bewußt ist.

Was eine offene Beziehung zueinander, was Wissen und Erfahrung für den Sex in der Ehe bedeuten können, hat sich in verschiedenen Therapien gezeigt, die für Paare mit sexuellen Problemen entwickelt wurden. Bahnbrechend auf diesem Gebiet waren Dr. William H. Masters und Mrs. Virginia Johnson, die ein umfassendes und vielseitiges Programm aufbauten. Sie gehen auf alle Aspekte der Sexualität ein, legen jedoch besonderen Wert auf die Kommunikation zwischen den Partnern und auf die Ausräumung von Mißverständnissen und Tabus im sexuellen Bereich. Therapien dieser Art sind hauptsächlich deswegen so erfolgreich, weil die betroffenen Ehepartner gezwungen sind, ihr Problem *zusammen* anzugehen. Und das bedeutet, daß sie die *Beziehung* zueinander entwikkeln. Sie lernen, in jedem Bereich ehrlich und ohne Hemmungen zu kommunizieren (durch Berührungen, Gestik, Worte), ihren Bedürfnissen Ausdruck zu geben und Gespür für die Bedürfnisse des anderen zu entwickeln. Sie lernen, Freude zu geben und zu empfangen, nicht zuviel zu verlangen oder zu erwarten und des Partners Individualität zu achten, selbst wenn sie sich mit den technischen und physischen Aspekten der Sexualität befassen. Und es ist die neu gewonnene offenere Beziehung zueinander, die schließlich eine bessere sexuelle Anpassung bringt – nicht allein die Technik.

Ob Ihr eigenes Sexualleben zufriedenstellend oder unzulänglich ist, die Fortschritte in der Beziehung zu Ihrem Partner, die Sie durch die Anwendung der Richtlinien erzielen, werden auch eine Steigerung Ihres Sexualgenusses mit sich bringen.

Wir haben bisher immer wieder betont, daß eine offene Beziehung davon abhängig ist, wie Sie Ihre Intelligenz in jedem Bereich Ihrer Beziehung einsetzen. Das heißt, Sie müssen die Alternativen kennen. Es heißt auch, daß traditionelle Vorstellungen, Irrglauben und Überlieferungen sexueller und sozialer Art überprüft werden müssen, damit jeder seine eigene Wahl treffen und seinen eigenen Weg zur Erfüllung finden kann.

Eine neue Begriffsbestimmung der Treue

Die sexuelle Treue ist der falsche Götze der traditionellen Ehe, ein Götze, dem sich die Partner immer aus unrichtigen Beweggründen unterwerfen (oder widersetzen), oftmals auf Kosten gerade der Beziehung, die der Götze eigentlich beschützen sollte. Die Sexualität ist in der traditionellen Ehe unlösbar mit dem Begriff der Treue gekoppelt, so daß sie das A und O der Liebe ist, statt daß man sie in ihrer richtigen Perspektive als einen von vielen Aspekten der viel größeren Realität der Liebe sieht. In der traditionellen Ehe ist die Treue der Maßstab für *begrenzte* Liebe, *vermindertes* Wachstum und *bedingtes* Vertrauen. Diese Fixierung zerstört jedoch ihren eigenen Zweck, weil sie zu Täuschungen ermutigt, den Keim zu Mißtrauen legt und das Wachstum beider Partner und somit auch ihre Liebe begrenzt.

Im ursprünglichen Sinne bedeutet Treue das Festhalten an einer Pflicht oder Verpflichtung. Aber Liebe und Sexualität sollten nicht als Pflicht oder Verpflichtung angesehen werden, wie es in der traditionellen Ehe geschieht, sondern als Erfahrung, die man miteinander teilt und genießt, wie es in der offenen Ehe der Fall ist. In der offenen Ehe erfährt der Begriff Treue also eine neue Deutung in dem Einsatz gegenüber Ihrem und des Partners Wachstum und im Miteinanderteilen der Selbstentdeckung, die dieses Wachstum mit sich bringt. Es ist keine sexuelle oder psychologische Abhängigkeit, die die Partner aneinanderschmiedet, sondern Loyalität und Verantwortungsgefühl gegenüber dem Wachstum des Partners, der Integrität des Ich und der gegenseitigen Achtung.

In der offenen Ehe, in der jeder der beiden Partner seiner eigenen Identität sicher ist und dem anderen vertraut, wird es immer neue

Möglichkeiten für zusätzliche Beziehungen geben, und die offene Liebe (im Gegensatz zur begrenzten) kann sich auf andere ausweiten. Die Treue muß kein so eng ausgelegter Begriff sein wie in der traditionellen Ehe, in der man sofort Untreue wittert, sobald man jemanden anders als den Partner anschaut. In der Partnerschaft kann man auch Vertreter des anderen Geschlechts kennenlernen, ihre Gesellschaft genießen und mit ihnen Freundschaft schließen. Solche Beziehungen wirken sich auf eine offene Partnerschaft nur belebend und bereichernd aus.

Natürlich können solche Außenkontakte auch sexuellen Kontakt einschließen. Die Entscheidung darüber liegt einzig und allein bei dem betreffenden Partner. Wenn Partner, die in einer offenen Gemeinschaft leben, auch außerhalb ihrer Ehe sexuellen Kontakt haben, dann geschieht das auf der Basis ihrer eigenen Beziehung zueinander. Da sie die reife Liebe kennen, einander wirklich vertrauen und fähig sind, aus sich herauszugehen und auch andere Menschen zu lieben, können sie diese Liebe und dieses Vergnügen zurück in die eigene Ehe bringen, ohne Eifersucht zu erregen.

Wir empfehlen keineswegs außereheliche Sexualkontakte, aber wir sagen auch nicht, daß man sie vermeiden soll. Die Entscheidung darüber liegt immer bei einem selbst und kann sich nur nach dem eigenen Wissen über den Grad des Vertrauens, das zwischen einem selbst und dem Partner herrscht, nach der Entwicklung der Identität beider Partner und auch danach richten, ob die Kommunikation zwischen ihnen so offen ist, daß jede Eifersucht ausgeschaltet werden kann. Außereheliche Sexualkontakte können sich für eine offene Ehe als wertvoll und wohltuend erweisen, wenn sie auf einer wirklichen Beziehung basieren. Aber solche außerehelichen Beziehungen gehören nicht unbedingt zum Wesen der offenen Ehe. Es ist nur eine Alternative, die man aufgreifen kann oder auch nicht. Deswegen heißt es ja auch *offene* Ehe: Je nach seiner persönlichen Entscheidung kann jeder Partner die Alternativen wahrnehmen oder nicht.

Wenn man eine außereheliche Beziehung eingeht, bevor die eigene Entwicklung und die des Partners genügend fortgeschritten ist, könnte ein solcher Schritt jede Möglichkeit für den Aufbau einer echten offenen Ehe vereiteln. Man muß mehr tun, als den Begriff der Treue nur als eine mit dem persönlichen Wachstum zusammenhängende Verpflichtung zu betrachten, man muß diesen Begriff in der eigenen Ehe auch verwirklichen. Die Freiheit in der offenen Ehe bedeutet keineswegs die Freiheit, daß man tun kann, was man will, ohne dafür die Verantwortung zu übernehmen. Es ist die Freiheit, die eigenen Fähigkeiten durch die Liebe voll zu entwickeln – und ein Aspekt dieser Liebe ist, daß man um das Wachstum und das Wohlergehen des Partners genauso besorgt ist wie um das eigene.

Wir möchten noch weitergehen. Wenn eine außereheliche Beziehung mehr sein *soll* als nur oberflächlicher oder gesellschaftlicher Art, und es dabei auch zu sexuellen Kontakten kommen kann, sollte man sie mit der gleichen Verpflichtung zum gemeinsamen Wachstum und mit der gleichen Achtung eingehen, die man dem eigenen Ehepartner entgegenbringt. Man muß auch in den außerehelichen Beziehungen aufrichtig sein, oder die Täuschung, die man in dieser Beziehung praktiziert, wird in die eigene Ehe einsickern.

Was in dem Kapitel «Die Verringerung der Risiken» von einem jungen Ehepaar zum Thema Außenkontakte gesagt wird, spiegelt die Aufrichtigkeit, das Verantwortungsgefühl und die gegenseitige Achtung wider, die jeder dann unbedingt wahren muß. Wenn man in der eigenen Ehe eine vertrauensvolle und aufrichtige Beziehung aufgebaut hat und sich fähig fühlt, auch außereheliche Verbindungen zu genießen, dann sind Sorge und Rücksichtnahme für *alle* Beteiligten von vorrangiger Bedeutung. Oft, aber nicht immer, wird schließlich auch der Ehepartner (oder die Ehepartner, falls zwei in offener Gemeinschaft lebende Paare sich durch je einen Partner aus beiden Ehen kennengelernt haben) in diese außereheliche Verbindung miteinbezogen. Daraus entwickelt sich dann ein Miteinanderteilen zu dritt oder zu viert, das nicht unbedingt sexueller Art sein muß, sondern auch aus gegenseitiger Freundschaft und Aufgeschlossenheit bestehen kann.

Wir glauben, daß Ihre eheliche Beziehung reicher und erfüllter sein wird, wenn Sie in einer offenen Ehe leben, und daß Sie sich ständig weiterentwickeln und immer wieder Neues entdecken werden. Unter diesen Umständen wäre es nur natürlich, wenn Sie Ihre Liebe auch auf andere Menschen ausdehnen und Beziehungen zu ihnen anknüpfen wollen, sei es mit oder ohne Sex. Und dieses zusätzliche Miteinanderteilen kann Ihre Ehe zu einer noch tieferen, noch reicheren und lebensvolleren Erfahrung machen. Wenn Sie erst einmal ein echtes Partnerschaftsverhältnis in Ihrer Ehe erreicht haben, dann sind der weiteren Entwicklung keine Grenzen gesetzt.

16. Synergie: Die Partnerschaft wächst mit der Persönlichkeit der Partner

Ein dynamischer Prozeß

Bei der offenen Ehe handelt es sich nicht um eine neue Form der Freiheit für die Ehepartner; ihr wahres Ziel ist das gemeinsame Wachstum, das durch diese Freiheit gefördert wird. Wenn man die Richtlinien befolgt, wird die offene Ehe zu einem immerwährenden Entwicklungsprozeß ohne abschließende Grenze und nicht nur zu einem neuen Zustand. Die Formel, mit deren Hilfe man alle Richtlinien aneinanderfügen und die offene Ehe als einen dynamischen Prozeß begreifen kann, ist der Begriff der *Synergie.*

Synergie nennt man den dynamischen Prozeß, der in Gang kommt, wenn die Zusammenwirkung zweier Kräfte eine bessere oder größere Leistung zustande bringt, als sie durch die Summe der beiden getrennt wirkenden Kräfte erzielt werden könnte. Es ist ein Prozeß, bei dem das Ganze einen größeren Wert hat als die Addition der Einzelteile, die dabei gleichzeitig ihre Individualität behalten. Man kann z. B. einen einzelnen Beinmuskel gesondert bewegen, wenn man jedoch alle Beinmuskeln gleichzeitig bewegt, kann man gehen oder tanzen oder rennen. Trotzdem bleiben dabei die Einzelfunktion und die Besonderheit jedes Muskels erhalten. Beim Kuchenbacken ist es ganz anders; auch hier erzielt man ein Ergebnis, das mehr ist als die Summe aus Mehl und Zucker und den anderen Zutaten, aber jeder dieser Bestandteile hat seine Identität verloren. Bei einem echten synergetischen Prozeß entsteht etwas Neues, ohne daß die zusammenwirkenden Einzelteile einen Identitätsverlust erleiden.

Ein synergetischer Prozeß liegt vor, wenn das Zusammensein oder die Kombination zweier Menschen ein Ergebnis oder eine Wirkung erzeugt, die intensiver ist als die Summe der beiden Wirkungen, die jeder Partner einzeln erzielen könnte. In einer Synergie ergibt die Addition von eins plus eins also drei und nicht nur zwei. Es ist diese besondere Wirkung, diese Steigerung, die es den Partnern in einer offenen Ehe ermöglicht, als Einzelpersönlichkeiten zu existieren und sich weiterzuentwickeln und sich doch gleichzeitig über ihr Zwei-Sein zu erheben und auf einer anderen, höheren Ebene ein Eins-Sein zu erreichen, das sich aus der Liebe, die sie füreinander empfinden, und aus ihrem individuellen Wachstum entwickelt. Je stärker jede Persönlichkeit in sich geschlossen ist und je mehr sie sich selbst verwirklicht, desto mehr kann sie dem Partner bieten. Je harmonischer jeder mit sich selbst lebt, desto mehr kann er lieben, Freiheit zugestehen und am Wachstum des Partners Anteil nehmen, und je mehr jeder Partner wächst, desto anregender und dynamischer wird er für den anderen.

Die Entstehung des Begriffs

Der Begriff der funktionellen Synergie wurde erstmals von der Anthropologin Ruth Benedict formuliert, als sie Vergleiche zwischen Kulturen mit weniger synergetischer Aktivität anstellte, wie die Dobuans in der Südsee, die feindselig und aggressiv waren und vor allem in Unsicherheit lebten, und Kulturen mit hoher synergetischer Aktivität wie z. B. die Zuni-Indianer im Südwesten Amerikas, die in Sicherheit lebten und kooperativ waren. Dr. Abraham Maslow, dessen Untersuchungen über Menschen, die sich selbst verwirklichen, wir mehrfach erwähnt haben und der mit Ruth Benedict zusammenarbeitete, als sie ihre Theorie entwickelte, wendete die neuen Erkenntnisse auf die zwischenmenschlichen Beziehungen an. In Gesellschaften mit hoher synergetischer Aktivität, so hatte Dr. Benedict festgestellt, ist das, was für das individuelle Mitglied der betreffenden Gesellschaft von Vorteil ist, auch von Nutzen für die Allgemeinheit. Laut Dr. Benedict ist eine Kultur mit hoher synergetischer Aktivität eine Gesellschaft, «in der jede Handlung oder Begabung, die dem einzelnen Vorteile bringt, gleichzeitig dem Wohl der ganzen Gruppe dient . . .» Maslow erklärte seine weiterführende Auslegung dieser Erkenntnis wie folgt:

« . . . wenn es mir mehr Freude bereitet, meine geliebte kleine Tochter, die für ihr Leben gern Erdbeeren ißt und begeistert dabei schmatzt, mit meinen Erdbeeren zu füttern, und ich eine tiefe Befriedigung verspüre und mit Vergnügen zuschaue, wie sie die Erdbeeren verspeist, die auch für mich selbst ein Genuß gewesen wären, was soll ich dann über die selbstsüchtigen oder selbstlosen Aspekte dieser Handlung sagen . . . Mein Verhalten ist weder vollkommen selbstsüchtig noch vollkommen selbstlos, aber man kann es auch gleichzeitig selbstsüchtig und selbstlos nennen . . . Das heißt, was gut ist für mein Kind, ist gut für mich, was gut ist für mich, ist gut für mein Kind, was dem Kind Vergnügen bereitet, verschafft auch mir Vergnügen, und was mir Vergnügen bereitet, verschafft auch dem Kind Vergnügen.»

Man kann unschwer sehen, wie dieses Prinzip zwischen Ehemann und Ehefrau funktioniert. Für jeden ist es ein Vergnügen, dem anderen eine Freude zu bereiten. Das kann man natürlich auch ganz nüchtern sehen: Wenn der Ehemann eine Gehaltserhöhung bekommt oder einen höheren gesellschaftlichen Status erringt, werden auch seine Frau und seine Familie davon profitieren. Das gleiche wäre der Fall, wenn die Ehefrau das große Los zieht. Diese Art von «was gut ist für dich, ist auch gut für mich» gilt natürlich sowohl für die traditionelle als auch für die offene Ehe. Wir glauben jedoch, daß die offene Ehe den Begriff der Synergie auf eine ganz neue Ebene der wechselseitigen Beziehungen weiterträgt.

Durch Synergie zu neuen Höhen

Gehen wir in der Auslegung des Begriffs der Synergie noch einen Schritt weiter und betrachten wir die beiden Seiten zugute kommende Wertsteigerung, die er beinhaltet. In der offenen Ehe wirken sich der Weiteraufbau, der Feedback und das persönliche Wachstum so aus: Was gut ist für dich, ist nicht nur gut für mich, sondern *besser für uns beide.*

Für die Ehepartner entfalten die unzähligen Aspekte ihres Wachstums eine synergetische und für beide Seiten wertsteigernde Wirkung. Wenn Hans gern angeln geht, Susanne sich jedoch nichts daraus macht, kann er, wenn sie in einer offenen Ehe leben, trotzdem seinem Vergnügen nachgehen. Der Genuß, den er empfunden hat, macht ihn glücklicher und zufriedener, und von dieser Stimmung profitiert auch seine Frau. Durch den positiven Feedback erzeugt das Wohlbehagen des einen Partners auch glückliche Zufriedenheit beim anderen – das ist das Wesen der Synergie. Wenn es Susanne Vergnügen bereitet, ein bestimmtes Buch zu lesen oder irgendeinen Kurs zu besuchen und daraus neue Einsichten gewinnt, teilt sie diese mit Hans, und auch er profitiert davon, nicht nur von ihrem Genuß oder ihrer Begeisterung, sondern vielleicht auch, weil er etwas Neues dazulernt. Sie gibt mehr Anregungen, er freut sich über ihre gute Stimmung und wird seinerseits von ihrer Begeisterung angeregt – ihr gemeinsames Wachstum wird durch das Zusammenwirken der beiderseitigen positiven Reaktion gefördert. Wir können diesen Vorgang sogar in einzelne Stufen aufteilen:

1. Es macht mich glücklich, dich glücklich zu sehen.
2. Wenn ich sehe, daß du auf Grund irgendeiner Handlung von mir glücklich bist (weil ich dir ein Geschenk gemacht habe, vielleicht das Geschenk der persönlichen Freiheit) oder weil ich irgend etwas für uns beide getan habe, macht deine Freude auch mich glücklicher.
3. Offene Liebe und offenes Vertrauen befähigen mich, deine Freude zu teilen, auch wenn diese Freude durch jemand anders oder durch etwas anderes hervorgerufen wurde.
4. Deine glückliche Stimmung *verstärkt* sich, weil du siehst oder weißt, daß meine Freude durch dein Glück vermehrt und gesteigert wird.
5. Diese sich wechselseitig steigernde Wirkung gibt uns synergetisches Wachstum.

Diese Theorie der Wertsteigerung kann auf jeder Wachstumsebene und in jedem Stadium der Verwirklichung der Richtlinien für die offene Ehe angewendet werden. Sie kann für jeden Aspekt des gemeinsamen Lebens gelten, gleichgültig, ob es sich um berufliche Dinge, sexuellen Genuß oder um die Freude an einem besonders schönen Sonnenuntergang handelt. Hier ist ein einfaches Modell für eine synergetische Steigerung:

Synergetische Wechselwirkung → Steigerung → Hochstimmung → Transzendenz

Transzendenz bedeutet, daß man die Grenzen seiner bisherigen Erfahrung überschreitet. Die gehobene Stimmung kann ihren Ursprung in Vorfreude, reinem Genuß, Bestätigung des Selbst durch den Partner oder jemand anders oder in der Bewältigung einer neuen Situation haben. Dieses Prinzip der Steigerung entspricht dem Gefühl, das Frank (5. Kap. 12, «Offene Gemeinschaft») zu der Aussage bewog, sein Leben sei durch Irenes private Interessen reicher geworden und daß ihr Glück seine eigene Freude steigere. Wenn Ehepartner sich von Eifersuchts- und Rivalitätsgefühlen befreit haben, wenn sie Identität und Gleichberechtigung errungen haben und zwischen ihnen offene Liebe und offenes Vertrauen herrschen, werden all ihre Handlungen – sowohl die individuellen als auch die gemeinsamen synergetisch. Die Erfahrungen des einen Partners bereichern die des anderen. Das steht in direktem Gegensatz zu der wachstumsmindernden Einstellung der Partner in der traditionellen die deutlich ausdrückt: «Du darfst keinen Spaß haben, wenn ich nicht gleichzeitig genauso viel Spaß haben kann», und das ist ein negativer, wachstumsmindernder Feedback.

Wer den negativen, wachstumsmindernden Feedback einsetzt, ist ein «Verminderer» – also jemand, der seinen Partner oder andere ständig herabsetzt. Ein solcher Dämpfungseffekt bringt den Enthusiasmus des Partners, sein Selbstbewußtsein und seine Kreativität zum Erliegen und führt schließlich zur Ausschaltung jeglichen Feedbacks und damit zu einem statischen Zustand.

Ein Mensch, der mit einem positiven Feedback auf andere reagiert, ist ein «Mehrer»: Er erweckt in seinem Partner und in anderen Personen Begeisterung und Lebensfreude und teilt diese Gefühle mit ihnen. Er ist sich seiner selbst bewußt und kann dadurch auch andere anfeuern.

Synergetischer Aufbau

Ist ein synergetischer Prozeß einmal in Gang gekommen, setzt er sich wie eine Kettenreaktion immer weiter fort und intensiviert und erweitert seine Wirkung. Und in dem Maße, wie er sich ausdehnt, liefert er neue Einsichten, Entdeckungen und Erkenntnisse über das eigene Selbst und das des Partners in ein selbstverstärkendes, sich immer wieder erneuerndes und wachstumsförderndes System, das keine Grenzen hat außer denen, die man selbst zieht.

Die Synergie ist derjenige Prozeß, der es der offenen Ehe ermöglicht, sich immer weiter auszudehnen. Sie ist mehr als nur ein positiver Feedback zwischen den Partnern – sie ist die Nutzbarmachung des *positiven, mehrenden Feedbacks als System für die Erzeugung weiteren Wachstums.* Dieses System funktioniert in allen Bereichen: Liebe erzeugt mehr Liebe, Wachstum mehr Wachstum, Wissen mehr Wissen. Je mehr man weiß, desto mehr kann man dazulernen. Je mehr Informationen man hat, desto leichter kann man neue Informationen begreifen und verarbeiten. Je mehr man über sich selbst und seinen Partner weiß und je mehr man das beiderseitige Wissen gemeinsam erforscht, desto größer ist die Intimität, die sich zwischen den Partnern entwickeln kann. Eine offene und ehrliche Kommunikation bereichert und vertieft also die zukünftige Kommunikation.

Die traditionelle Ehe mit ihren engen Grenzen und Vorschriften funktioniert nach dem System eines geschlossenen Energiekreises. Da die Liebe als eine begrenzte Emotion angesehen wird, muß auch das Wachstum begrenzt sein. Die traditionelle Ehe entwickelt sich entlang einer vorgezeichneten, geraden Linie, die nur eine einzige Entwicklungsebene gestattet. Die offene Ehe dagegen entwickelt sich in der Form einer sich immer weiter ausdehnenden Spirale (s. Diagramm). Die traditionelle Ehe wirkt mindernd, sie hemmt das Wachstum der Ehepartner. Die offene Ehe ist ein offenes Energiesystem, in dem nicht nur jeder Partner zum Wachstum des anderen beiträgt und es fördert, wodurch neue Energie entsteht, sondern in dem jeder Partner als eigenständige Persönlichkeit aus Umweltreizen zusätzliche Energie aufnehmen kann, die dann in die Ehe eingebracht wird.

Die offene Ehe ist mehr als das bloße Zusammensein oder die bloße Freiheit, sich individuell entwickeln zu können. Sie wird zur höchsten Form des Zusammenwirkens zweier Menschen, zu einem dynamischen System, das durch immer stärkeren Feedback und größeres Wachstum ein *synergetisches Paar* entstehen läßt.

Werfen wir noch einmal einen Blick auf die Gegensätze zwischen der offenen und der traditionellen Ehe:

Offene Ehe	*Traditionelle Ehe*
der Struktur nach dynamisch	der Struktur nach statisch
der Umwelt geöffnet	sperrt die Umwelt aus
zueinander offen	aneinander geschmiedet, nur aufeinander eingestellt
spontan	berechnend
mehrend	mindernd
schöpferisch, wachsend	einengend, rückbildend
unbegrenzte Möglichkeiten	begrenzte Möglichkeiten
Offenheit und Wahrheit	Täuschung und Schauspielerei
Leben im Jetzt	Leben in der Zukunft oder mit altem Gepäck aus der Vergangenheit
Freiheit zur persönlichen Weiterentwicklung	erstickendes Zusammensein
Flexibilität der Rollen	starre Rollen-Vorschriften
Anpassungsfähigkeit	wird durch Veränderungen bedroht
persönliche Eigenständigkeit	Besitz des Partners
persönliche Identität	die Einzelpersönlichkeit wird vom Paar-Sein unterjocht
bezieht andere mit ein, wächst durch Gemeinschaft mit anderen	sperrt andere aus; Ausschließlichkeit hemmt Wachstum
gleichberechtigter Status	ungleicher Status
offenes Vertrauen	statisches Vertrauen oder Vertrauen mit Vorbehalt
offene Liebe	begrenzte Liebe
ein offenes, sich ausdehnendes Energiesystem	ein geschlossenes, sich selbst begrenzendes Energiesystem
Freiheit	Versklavung

Ein Vergleich zwischen diesen beiden Formen der Ehe zeigt auf, welche Möglichkeiten für eine freie Wahl sie bieten: Die traditionelle Ehe mag zwar eine scheinbare Sicherheit und ein gewisses Maß an statischer Zufriedenheit bieten, aber sie wird unweigerlich das Wachstum hemmen. Die offene Ehe bietet uns allen die Möglichkeit, unseren geistigen

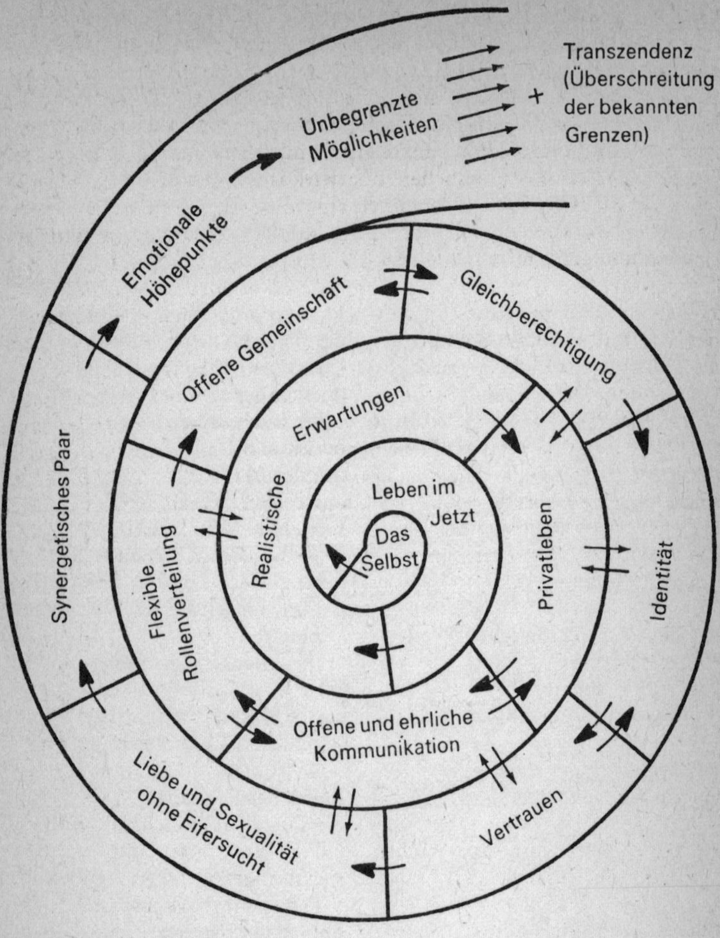

Sich ausdehnende Spirale der offenen Ehe

Horizont zu erweitern, und es bleibt uns überlassen, in welchem Ausmaß und auf welche Art wir dieses Angebot nutzen wollen. In Gemeinschaft *mit* dem Partner in einer offenen Ehe Selbsterkenntnis und Selbsterfüllung zu finden – statt *durch* den Partner, wie es in der traditionellen Ehe der Fall ist –, wird zu einer Reise ins Neuland. Das ist nicht nur eine stimulierende Herausforderung, sondern schult auch unsere Anpassungsfähigkeit. Es bietet Ihnen den Gegensatz zwischen Hochstimmung und bloßer Zufriedenheit.

Die Natur der Hochstimmung, die wir meinen, entspricht dem, was

Abraham Maslow als emotionale Höhepunkte bezeichnet – plötzliche Erkenntnisse und Entdeckungen, ein schöpferischer Moment –, einzigartige und zutiefst aufwühlende Augenblicke, in denen ein Mensch in einem Zustand der Selbstlosigkeit, des Sicherhebens über das eigene Selbst die Empfindung des restlosen Aufgehens in diesen einen Augenblick verspürt. Solche Höhepunkte gibt es nur ab und zu, aber sie sind die Glanzlichter, die unvergeßlichen, überwirklichen Momente in unserem Leben – jene Momente, in denen wir am reinsten und am vollkommensten wir selbst sind. Wenn solche emotionalen Höhepunkte häufiger vorkommen, wie es in der offenen Ehe der Fall sein kann, wenn die von den Partnern erzeugte Synergie sehr stark ist, dann haben sie die Fähigkeit, die ihnen bisher bekannten Grenzen ihrer Erfahrungen zu überschreiten und auf einer neuen und höheren intellektuellen, emotionalen und geistigen Ebene weiterzuwachsen und miteinander zu leben.

Die Höhepunkte sind da – Sie und Ihr Partner können sie ignorieren und geduckt im engen Tal leben, oder Sie können bewußt nach ihnen suchen. Sie als Paar können die Schöpfer eines neuen Lebensstils für sich selbst und für Ihren Partner sein, und nur Sie allein können die Möglichkeiten für eine Überschreitung der Grenzen Ihrer eigenen Erfahrungen schaffen.

Ausgewählte Literaturhinweise

(Für den vollständigen wissenschaftlichen Apparat verweisen wir auf die amerikanische Originalausgabe)

Bach, Georg R., und Wyden, Peter: *Streiten verbindet*. Formeln für faire Partnerschaft in Liebe und Ehe, Gütersloh 1970.

Berne, Eric: *Spiele der Erwachsenen*. Psychologie der menschlichen Beziehungen, Reinbek 1967.

Bierce, Ambrose: *Aus dem Wörterbuch des Teufels*, Zürich 1964.

Bowlby, John: *Mutterliebe und kindliche Entwicklung*, München 1972.

Brecher, Ruth und Edward (Hrsg.): *Sexualität*. Beratung und Forschung, Frankfurt 1969.

de Beauvoir, Simone: *Das andere Geschlecht*. Sitte und Sexus der Frau, rororo-Taschenbuch.

Deutsch, Helene: *Psychologie der Frau*, 2 Bände, Bern, Band 1, 2. Auflage 1959, Band 2 1954.

Ellis, Albert: *Lieben ohne Schuldgefühl*, München o. J.

Erikson, Erik H.: *Kindheit und Gesellschaft*, Stuttgart, 3. Auflage 1968.

–: *Identität. Jugend und Krise*, Stuttgart 1970.

Ford, Clellan S., und Beach, Frank A.: *Das Sexualverhalten von Mensch und Tier*, Berlin, 6. Auflage 1968.

Friedan, Betty: *Der Weiblichkeitswahn* oder *Die Mystifizierung der Frau*, rororo-Taschenbuch.

Ginott, Haim G.: *Eltern und Kinder*. Zeitgemäße Antworten auf zeitlose Fragen, Bern, 2. Aufl. 1969 (auch rororo-Taschenbuch).

Homans, George C.: *Elementarformen sozialen Verhaltens*, Köln 1968.

Kinsey, Alfred C., Pomeroy, Wardell B., Martin, Clyde E., und Gebhard, Paul H.: *Das sexuelle Verhalten der Frau*, Frankfurt 1970 (Fischer Bücherei).

–: *Das sexuelle Verhalten des Mannes*, Frankfurt 1970 (Fischer Bücherei).

Lederer, William J., und Jackson, Don D.: *Ehe als Lernprozeß*, München 1972.

Maslow, Abraham H.: *Motivation and Personality*, New York 1954 (Harper & Row).

–: *Toward a Psychology of Being*, Princeton, N. J., 2. Auflage 1968 (D. Van Nostrand Co. Inc.).

Masters, William H., und Johnson, Virginia E.: *Die sexuelle Reaktion*, Frankfurt 1967 (rororo-Taschenbuch).

–: *Funktionelle Sexualstörung*. Impotenz und Orgasmusstörung, Frankfurt 1972.

May, Rollo: *Der verdrängte Eros*, Hamburg 1970.

Mead, Margaret: *Jugend und Sexualität in primitiven Gesellschaften*, dtv-Taschenbuch.

–: *Mann und Weib*, Rowohlts Deutsche Enzyklopädie.
Morris, Desmond: *Der nackte Affe*, München o. J. (auch Knaur-Taschenbücher).
–: *Der Menschen-Zoo*, München 1969 (auch Goldmanns Gelbe Taschenbücher).
Robinson, Marie N.: *Die erfüllte Frau.* Wesen, Ursachen und Behandlung der weiblichen Gefühlskälte, Zürich, 3. Auflage, 1967 (auch Goldmanns Gelbe Taschenbücher).
–: *Die Macht der sexuellen Unterwerfung.*
Rosenfeld, Albert: *Die zweite Schöpfung.* Neue Aspekte des menschlichen Lebens, Düsseldorf 1970.
Schutz, William C.: *Freude.* Abschied von der Angst durch Psycho-Training, Reinbek 1971.
Toffler, Alvin: *Der Zukunftsschock*, Bern und München 1970.

Die Autoren

Dr. George O'Neill und Nena O'Neill sind miteinander verheiratet und haben als ausgebildete Anthropologen in Mexiko, Peru, Amerika und in der Karibik Forschungen betrieben. Artikel und Abhandlungen über ihre Projekte sind in anthropologischen und anderen Fachzeitschriften, z. B. «Family Coordinator» erschienen. Seit 1967 hat sich das Schwergewicht ihrer Untersuchungen auf die moderne Ehe verlagert.

Dr. George O'Neill promovierte als Anthropologe an der Columbia University in New York und ist seit zwölf Jahren Professor für Anthropologie am City College of New York.

Nena O'Neill studierte Anthropologie und Psychologie an der Columbia University und der New School for Social Research und arbeitet zur Zeit an ihrer Doktorarbeit für die City University New York.

Die O'Neills sind seit 28 Jahren verheiratet und haben zwei erwachsene Söhne.

Linda Goodman
Astrologie – sonnenklar
432 Seiten / Leinen

«Die Astrologin Linda Goodman hat hineingeleuchtet in die letzten Seelenwinkel der zwölf Tierkreiszeichen. Diese Charakterisierung kann tatsächlich Lebenshilfe sein.»
Welt am Sonntag

In den Sternen steht's geschrieben

Scherz

Diana Hunt
Partner unter guten Sternen
304 Seiten / Leinen

Diana Hunt schrieb dieses Buch für Frauen. Es soll ihnen helfen, das zu erreichen, was jede Frau sich sehnlichst wünscht: eine erfüllte, positive, tragfähige Partnerschaft.

832/1

Zu diesem Buch

Starre Rollenverteilung und die Erwartung, als Paar einander alle wirtschaftlichen, sexuellen, intellektuellen und emotionalen Bedürfnisse erfüllen zu können, haben die traditionelle Ehe zur Falle gemacht. Sie zerbricht, sobald sie nicht mehr durch Kinder, Konvention und Kalkül geklammert wird. Zurück bleiben durch Anpassung oder Heuchelei beschädigte Menschen.

In einer offenen Ehe bewahren beide Partner ihre Identität und geben sich den nötigen Freiraum zu ihrer Entwicklung, die ohne vielfältige Beziehungen zur Welt außerhalb der Ehe nicht denkbar ist. Zum Abschied von alten Traditionen und ererbten Vorurteilen gehört das Einverständnis darüber

- *daß jeder Partner verschiedene Bedürfnisse, Fähigkeiten, Wertmaßstäbe und Erwartungen hat*
- *daß das Eins-werden-Wollen ein falsches Ideal ist, man vieles, aber nicht alles miteinander teilt*
- *daß jeder Partner sich ändern wird und daß Veränderungen sowohl die Folge von Konflikten als auch von allmählichen Entwicklungen sein können.*

Die Anthropologen Nena und George O'Neill werten in dieser lebendig geschriebenen Orientierungshilfe Erfahrungen einer dreißigjährigen Ehe und systematische Untersuchungen aus. Ihr flexibles Konzept für einen neuen Typus der Monogamie bietet gangbare Wege zu einer zeitgemäßen Ehe, die sich als höchstes Vertrauensverhältnis zwischen Mann und Frau versteht.